Thomas Franke

Russian Angst

Thomas Franke

RUSSIAN ANGST

Einblicke in die postsowjetische Seele

edition Körber-STIFTUNG

Bibliografische Information der Deutschen Nationalbibliothek

Die Deutsche Nationalbibliothek verzeichnet diese Publikation in der Deutschen Nationalbibliografie; detaillierte bibliografische Daten sind im Internet unter http://dnb.d-nb.de abrufbar.

Umschlag: Groothuis. www.groothuis.de
Covermotive: James Hill/laif
Herstellung: Das Herstellungsbüro, Hamburg|
www.buch-herstellungsbuero.de
Druck und Bindung: CPI – Clausen & Bosse, Leck
Printed in Germany

ISBN 978-3-89684-196-4

www.edition-koerber-stiftung.de

*Mein Dank gilt Julia Smirnowa
und Gesine Dornblüth*

Inhalt

Wachsendes Unbehagen

Anfang 2017 saßen meine Frau und ich mit unseren Nachbarn in Moskau in der Küche und aßen zu Abend. Ich erzählte ihnen von diesem Buch. »Es heißt ›Russian Angst‹«, sagte ich, »darin geht es um die Rückkehr der Angst.« Mascha, Mitarbeiterin einer Umweltorganisation, nickte heftig. Und Kostja, Finanzmanager, sagte: »Ja, wir überlegen uns auch wieder, mit wem wir worüber reden und wo wir das tun.« Ob man das für übertrieben hält oder nicht, ist egal. Wichtig ist nur: Die Angst ist wieder da, wenn sie denn jemals wirklich weg war. Dabei deutete vor ein paar Jahren noch alles darauf hin, dass die russische Gesellschaft beginnen würde, sich gegenüber dem Staat zu emanzipieren. Der Mittelstand wurde immer größer und begann auf den Straßen Moskaus für seine Interessen zu demonstrieren. Als Journalist begleite ich die Entwicklung in Russland seit dem Ende der Sowjetunion, zuletzt lebten und arbeiteten meine Frau und ich bis Anfang 2017 fünf Jahre in Moskau. Die Geschichten, die wir erzählten, waren meist sehr spannend. Russland war selten einfach zu erklären.

Aber »Russian Angst« ist kein klassisches Korrespondentenbuch. Es erzählt von der Rückkehr der Angst in Russland und vor Russland. Es geht um mein inneres Unbehagen, das immer weiter wuchs, je aggressiver die Politik der russischen Regierung wurde. Ich sah, wie absurde Gesetze ihre Wirkung entfalten und Menschen einladen, andere anzugreifen – verbal wie körperlich. Und ich bekomme Angst, wenn junge Männer sich anmaßen, moralisch über anderen zu stehen, und daraus das Recht ableiten, diese zu unterdrücken. Wenn sie auf den Hinweis, dass sie sich in privaten Räumen befinden, breit lächeln und entgegnen: »In Moskau gibt es kein privates Gelände.« Was im Endeffekt heißt, niemand ist vor den selbst ernannten Sittenwächtern sicher. Angst macht es, wenn die Polizei dieser Amtsanmaßung keinen Riegel vorschiebt, sondern sie sogar unterstützt.

Es erschreckt mich, wenn Jugendliche Putins Geburtstag auf der Straße feiern und ihn als »großen Führer« bezeichnen. Es macht mir Angst, wenn in Kindersendungen Krieg verherrlicht wird. Es besorgt mich, wenn im Kindergarten Panzer statt Marienkäfer gemalt werden. Und ich bekomme eine Gänsehaut, wenn Putin sagt: »Wir sind ein Siegervolk! Das liegt in unseren Genen! Die Schlacht um Russland geht weiter! Der Sieg ist unser!«

In den vielen Jahren, die ich Russland nun schon bereise, erscheinen mir die letzten Jahre, als rüsten sich Teile der Bevölkerung für die Fortsetzung eines imaginären Krieges. Ein Krieg gegen westliche Werte, gegen freie und offene Gesellschaften. Und die landesweiten Fernsehsender beschallen die Bevölkerung mit einem Ausschnitt und einer Interpretation des Weltgeschehens, für die der Begriff »postfaktisch« grob verharmlosend ist. Eine freie Presse existiert fast nicht mehr.

Die Mächtigen in Russland vermitteln ihrer Bevölkerung, dass das Ende der Sowjetunion eine Niederlage Russlands war, nicht eine Chance, sich von der Unterdrückung der Sowjetunion zu befreien. Die »Heimholung« der Krim und der Krieg im Osten der Ukraine erscheinen daher vielen Russen als legitime Schritte, den Zustand, den sie als normal empfinden, wiederherzustellen. Es gibt fast kein Unrechtsbewusstsein. Und wer eines besitzt, traut sich kaum, es zu benennen. Die Regierung Russlands unter Putin hat in den letzten fünf Jahren immer deutlicher gemacht, dass sie an friedlicher Kooperation mit gleichberechtigten Nachbarn nicht interessiert ist. Sie hat offen das Scheitern liberaler Gesellschaften verkündet und führt einen »hybriden Krieg«. Putin spricht von Demokratie und schaltet Medien gleich, spricht von Partnerschaft und startet Propagandasender in anderen Ländern. Deren Botschaften sind erstaunlich erfolgreich. Rechte wie Linke und eine Menge Sozialdemokraten in Deutschland rechtfertigen das Handeln der russischen Regierung. In Frankreich finanziert die russische Regierung den rechtsextremen Front National, Antidemokraten wie der ungarische Präsident Viktor Orban zeigen offen Sympathie für Putins Kurs, der US-Geheimdienst erklärt, er habe Beweise, dass Russland die Präsidentschaftswahlen beeinflusst hat.

Auch in Russland hörte man um den Jahreswechsel 2016/2017 viele Menschen sagen, sie seien froh, dass das Jahr vorüber ist. Das hat mit der Veränderung der Weltlage zu tun, mit der Wahl Donald Trumps zum US-Präsidenten, mit den Erfolgen von Populisten in ganz Europa, mit sogenannten Fake-News, mit dem Erstarken von Propaganda. Die Situation war lange nicht mehr so unüberschaubar. Die Menschen in Westeuropa sind zu Recht verunsichert, machen sich Sorgen um ihre Sicherheit und Zukunft und sollten das meiner Ansicht nach auch.

Eine Kollegin in Moskau sprach unlängst aus, was uns eigentlich erschrecken sollte: 2016 sei doch gar nicht so schlecht gewesen, immerhin sei kein neuer Krieg in Europa ausgebrochen. Das mag sehr negativ klingen, die Möglichkeit dazu war aber mehr als einmal gegeben. Krieg ist das, was sich hierzulande viele nicht vorstellen können, was in Russland aber täglich gezeigt und verherrlicht wird. Darum geht es – auch in diesem Buch. Deshalb ist es so wichtig, bedrohliche Entwicklungen frühzeitig aufzuzeigen, den Verstand und das Gewissen zu benutzen, um so letztlich Krieg eventuell noch verhindern zu können.

Mein Unbehagen ist in den letzten fünf Jahren langsam gewachsen. Vieles, was passiert ist, schien irrational und bis dahin unvorstellbar. Erst war es nur ein Verdacht, ein dumpfes Bauchgefühl. Als die Äußerungen mächtiger russischer Politiker aber immer aggressiver wurden, als Medien anfingen, unter anderem offen gegen Demokraten in der Ukraine zu hetzen, als Russland jede Art der Kooperation mit den westlichen Mächten in Syrien verweigerte, als es fast zur Regel wurde, dass Politiker das eine sagen und etwas völlig anderes tun, da wurde das Bauchgefühl zur Gewissheit. Die derzeitige russische Regierung bekämpft nicht nur die

Freiheit im eigenen Land, sie bedroht auch die Demokratien in Westeuropa. Die Erlebnisse, die mich zu diesem Schluss bringen, stehen auf den folgenden Seiten. Für die meisten, die, so wie ich, nach 1968 aufgewachsen sind, zumindest im ehemaligen Westdeutschland und in vielen anderen westeuropäischen Ländern, ist das Bedrohungsgefühl neu. In den liberalen Schulen in Westdeutschland ging es zwar mehrfach im Unterricht darum, Freiheit zu verteidigen. Es ging aber meist um das »Dritte Reich«, seltener um die Diktatur in der DDR oder der Sowjetunion. Es war einfach, sich auf der richtigen Seite zu sehen und sich mit den Dissidenten zu identifizieren. Als meine Schule irgendwann in Carl-von-Ossietzky-Gymnasium umbenannt wurde, wurde es mir Verpflichtung, mich für Freiheit, Demokratie und Menschenrechte einzusetzen, wenn ich sie bedroht sehe.

Niemand weiß, was noch kommt und wo das Ganze endet. Ich suche Antworten und Orientierung, als Autor, Journalist und Chronist in einem immer antidemokratischeren Umfeld in Russland: Welche Aufgabe haben wir als Chronisten einer solchen Entwicklung in einem fremden Land? Und ist das überhaupt vergleichbar mit früheren Zeiten? Übertreibe ich? Klar ist, 70 Jahre Frieden in Europa sind eine lange Zeit, aber der Frieden ist bedroht wie lange nicht mehr. Ich hole Bücher hervor, die ich länger als 20 Jahre nicht angeschaut habe. Bücher über Journalismus, über das »Dritte Reich«, über die Sowjetunion und den KGB.

Aufklärung ist der Ausgang des Menschen aus seiner selbst verschuldeten Unmündigkeit. Ich beobachte das Gegenteil. Das macht Angst.

Kapitel 1

Hoffnung auf Umbruch

Der Winter 2011/2012

Die Angst vor Russland sitzt tief in der deutschen Gesellschaft. Eigentlich ist es die vor der Sowjetunion, dem Land, aus dem die Väter nicht zurückgekehrt sind, die Brüder, die Freunde. Die Generationen, die den Krieg gefochten haben, wurden verheizt in der Kälte der Sowjetunion. Und wenn sie wiederkamen, und es kamen nicht viele zurück, waren sie gebrochen, kaputt oft, lange nicht mehr fähig zu lachen. Immer, wenn ich an diese Männer denke, erinnere ich mich an Onkel Kuno. Den Schwager meiner Großmutter. Ich habe ihn nur ein Mal gesehen. Er war bei uns zu Besuch, warum, weiß ich nicht. Er hat das Bein über die Armlehne des Sessels gehängt, das durfte ich nicht.

Es war die Zeit, als alte Männer auf dem Roten Platz standen und Raketen an ihnen vorbeifuhren, Raketen, die uns bedrohten, damals in Westdeutschland, in Hamburg. Raketen, gegen die hierzulande Pershing-II-Raketen stationiert wurden. Ich war dagegen, wollte unbedingt nach Bonn fahren zur großen Friedensdemonstration 1983 – und durfte nicht. Breschnew, Reagan, das SDI-Programm, die Verlegung des Krieges ins Weltall – klar machte uns das Angst. Aber es blieb unvorstellbar. Wird schon gut gehen. Wir sind ja für den Frieden. »Stell dir vor, es ist Krieg, und keiner geht hin.« Lösungen konnten so einfach sein. Ich war auf einer linken Schule, das fand ich toll. »Mein Gott, der Russe steht ja schon vor Lauenburg«, sang unser Schulchor damals, »und er kommt bestimmt noch durch.« Immerhin stand er, der Russe. Gesungen haben sie es zur Melodie von »Joshua Fit the Battle of Jericho«. Den Text hatte ein Musiklehrer geschrieben. Der hatte strohig abstehende Haare, trug Jeans und Turnschuhe und ließ sich von den älteren Schülern duzen. Er kam mir damals unglaublich progressiv vor.

Wir wuchsen mit einer diffusen Angst vorm Russen auf, der damals die Sowjetunion war – real und abstrakt zugleich. Russland und die Sowjetunion waren damals für uns das Gleiche. Moskau war das Zentrum des Bösen hinter einem Vorhang, der eisern genannt wurde. Den kannte ich. Das waren der Grenzzaun bei Lübeck und die Mauer in Berlin. Von dort aus wurden Gesellschaften unterdrückt, Diktatoren gestützt, Reformer gestürzt, Dissidenten verhaftet, verfolgt und in Psychiatrien gebrochen. Mein Vater las den »Archipel Gulag« von Alexander Solschenizyn, und auch mein Klassenlehrer in der sechsten Klasse hat uns von dem Buch erzählt.

Onkel Kuno war in Russland, das war das Erste, was mir über ihn gesagt wurde. Meine Mutter war todunglücklich. Sie hatte Kohlrouladen gemacht. Kuno aß keine Kohlrouladen. Überhaupt keinen Kohl. Wegen Russland, wegen der Kriegsgefangenschaft. »Da gab es immer Kohl. Kapusta.«

Vielleicht war Kapusta das erste Wort, das ich auf Russisch sagen konnte.

Kuno war Dorfschullehrer in Mulak gewesen, einem Ort bei Rastenburg in Ostpreußen. Unerreichbare verklärte Heimat. Kuno war der Mann von Tante Grete, der Schwester meiner Großmutter. Sechs Kinder hatten sie, Grete trug das Mutterkreuz, war aktive Nationalsozialistin. Glaubte an den Endsieg. Glaubte noch, als das Ende nah und klar war, dass es nicht siegreich wird. Sie blieb, als alle gingen. Wollte kämpfen. Mit der Waffe in der Hand »für Führer, Volk und Vaterland«. Ihre Kinder behielt sie bei sich, als die Rote Armee kam. Grete ward nie mehr gesehen, wurde vom Russen verschleppt, hieß es, ihre Kinder landeten in einem Waisenhaus, kamen später über das Rote Kreuz zur Familie nach Westdeutschland. Gretes Tod, wie auch die verlorene Heimat, waren Themen beim familiären Kaffeetrinken. Nach Russland ging man nicht, da war man froh, wenn man herausgekommen war.

Als meine Frau und ich nach Moskau zogen, war die Zeit, in der Menschen in Europa Angst vor Russland haben mussten, eigentlich vorbei. Die Sowjetunion war an der eigenen Großmachtlüge zugrunde gegangen. Männerfreundschaften, wie die zwischen Kohl und Jelzin sowie Putin und Schröder, festigten den Frieden. Es gibt den Nato-Russland-Rat, Russland ist 2011 noch Mitglied der G8, des Clubs der reichsten demokratischen Wirtschaftsnationen. Die deutsche Wirtschaft macht gute Geschäfte, und auch kulturell wird getauscht, was man austauschen kann: Schüler und Studenten, Bilder, Filme, Künstler und so weiter. Trotzdem, nach Moskau geht man immer noch nicht. Aus Sicherheitsgründen. Die Skepsis schwingt bei den Abschiedsfeiern mit, bei jedem Gespräch, das wir führen, gerade mit den Älteren. »Moskau ist schneller zu erreichen als Madrid«, beruhige ich. »Gut zwei Stunden Flug. Wir werden eine schöne Wohnung haben. Wir besorgen euch ein Visum, und dann kommt ihr gucken.« Wir verschenken kitschige Bücher über Moskau mit all dem Gold und den Türmchen und dem schönen Schnee. Das soll beruhigen. Wir sagen: »Schaut, die Sowjetunion ist seit 20 Jahren Geschichte. Die 90er Jahre mit ihren Mafiakriegen sind auch vorbei.« Doch die Nachrichten zeigen im Winter 2011/2012 all diese Menschen auf der Straße. Seit der gefälschten Parlamentswahl im Dezember demonstrieren immer wieder Zigtausende. Das beunruhigt Menschen, die an die Ruhe in der EU gewöhnt sind. »Das ist ein gutes Zeichen«, sage ich, »die Menschen sind auf der Straße und demonstrieren gegen Wahlfälschungen. Sie wollen Demokratie.« Man kann argumentieren, wie man möchte: Moskau ist im deutschen Bewusstsein mehr oder weniger unterschwellig negativ belegt. Russland ist vielen Deutschen noch immer fremd, zumindest viel fremder als Frankreich oder Großbritannien. Gleichzeitig ist Russland die verkitschte Kulisse von ARD-Reisedokumentationen.

»Russland ist nicht gefährlich, Russland ist für Journalisten spannend«, erzähle ich, seit ich 1992 das erste Mal dort gewesen bin. Die Menschen sind nett, nein, es gibt keine Probleme, wenn du Deutscher bist, eher so eine Verbundenheit. Die Leute trinken viel und gern auf die Aussöhnung, darauf, dass Menschen nicht mehr aufeinander schießen, dass sie das sowieso nicht wollen, die einfachen Leute. Nein, ich hatte nie Schwierigkeiten wegen meiner deutschen Herkunft, nicht mal mit Überlebenden des Holocaust. Viele Russen unterscheiden zwischen Deutschen und Faschisten.

Wir sind erwartungsfroh, nahezu euphorisch, als wir für den Umzug nach Moskau packen. Wir sind Reporter, die am Tiefpunkt des Landes angefangen haben, aus Russland zu berichten, die selbst nach Essen Schlange standen, die nach dem Ende der Sowjetunion Armut gesehen haben und mit den Menschen über ihre Angst vor der ungewissen Zukunft gesprochen haben, die durchs Land gereist sind und Reportagen über stillstehende Fabriken gemacht haben. Vor McDonald's in Moskau standen lange Schlangen. McDonald's und Coca-Cola in Moskau klang damals noch paradox. Pepsi gab es allerdings bereits in den letzten Jahren der Sowjetunion. Recherchen in Moskau waren in den 90er Jahren immer auch so geplant, dass man an Schnellrestaurants vorbeikam, in denen es berechenbares Essen gab und vor allem die Gelegenheit, die Hände zu waschen und auf die Toilette zu gehen, bei McDonald's oder in großen Hotels.

Abflug an einem Montag im Januar 2012. Unsere Möbel befinden sich in einem Container irgendwo auf dem Weg zur weißrussischen Grenze. Dort werden sie etwa zehn Tage stehen, sagt die Spedition. Tauwetter, Moskau im Matsch. Gedrängel, Dreck, Stau. Ich habe schlechte Schuhe, stelle ich fest. Tauwetter war nie gut für Moskau, denke ich. Die Abflüsse funktionieren nicht, erfahre ich, und in der Sowjetzeit wurden Straßenbaustudenten aus dem ganzen Ostblock nach Moskau gebracht, um zu lernen, wie man es nicht macht.

Bald nach unserer Ankunft schneit es mehrere Tage. Auf der breiten Einfallstraße, an der wir wohnen, patrouillieren die Räummaschinen zu sechst versetzt hintereinander mehrfach täglich. Lkws bringen die Schneemassen zu Schneeschmelzmaschinen. Grau-schwarze Schneeberge liegen neben den Straßen der Hauptstadt. Nach dem vielen Schnee wird es hell. Und kalt. Die Stadt ist weiß, der Himmel blau. Auf den Dächern Kolonnen von Arbeitern, die aus Angst vor Dachlawinen den Schnee hinunterschippen. Auch sie sind meist Gastarbeiter aus Zentralasien, Tadschiken, Usbeken, Kirgisen.

Das Land ist im Wahlkampf. Am 4. März sind Präsidentenwahlen. Wer weiß, vielleicht wandelt sich Putin in einer dritten Amtszeit ja doch noch zu einem Liberalen. Die Demonstranten glauben nicht daran. Die Menschen sind sauer, zu durchschaubar ist der Platztausch von Putin zu Medwedew 2008 und nun wieder zurück.

Es ist Samstag, der 4. Februar. Minus 25 Grad. Die Menge staut sich. Metalldetektoren am Eingang zur Demonstration. Jeder muss da durch. Die Strecke bis zum Bolotnaja-Platz, auf dem die Abschlusskundgebung geplant ist, ist mit Gittern abgesperrt. Ich gehe nicht in einen Demokessel, denke ich. Die Erfahrung bei Demonstrationsberichterstattung in Deutschland hat mich gelehrt, darauf zu achten, dass ich schnell wegkommen kann, sollte es Ausschreitungen geben. Die Absperrungen seien üblich, sagen russische Freunde, »und die Metalldetektoren sind gut, damit man keine Waffen mit hineinbringen kann«. Skeptisch gehe ich mit.

Ich freue mich über meine neuen Schuhe, die ich in Moskau gekauft habe. In dieser Mischung aus Wasser und Kälte müssen sie gefüttert, knöchelhoch und wasserdicht sein, nichts ist mieser als kalte Füße. Als Reporter steht man bei Demonstrationen stundenlang draußen, und das ist es, was wir in der ersten Zeit machen: Demo-Berichterstattung. »Putin ist ein Dieb«, skandieren angeblich 120 000 Menschen, und »Russland ohne Putin«. Die Demonstranten wärmen sich an der Vorstellung, bald in einem normalen Land zu leben, ohne die »Gauner und Diebe«, wie Alexej Nawalnyj, Antikorruptionsblogger und Oppositionsaktivist, die Beamten und die Politiker der Regierungspartei Einiges Russland von der Bühne herab nennt. Die Oppositionsbewegung ist weit gefächert, sie reicht von Monarchisten, Neonazis und Stalinisten bis hin zu überzeugten Basisdemokraten und Menschenrechtlern. Alles, was sie eint, ist der Wille, Putin und seine Machtclique loszuwerden. »Ihr habt großes Glück«, sagen Freunde, die sich in Russland auskennen, »ihr werdet unmittelbare Zeugen, wie Russland jetzt demokratisch wird.«

Die Korrespondenten, die schon länger da sind, sind begeistert. Ich habe Zweifel, traue mir aber noch nicht zu, die Bedeutung dieser Demonstrationen seriös einzuschätzen. 100 000 Menschen demonstrieren in einer Stadt, in der wahrscheinlich 15 Millionen Menschen leben – ist das eine große Demonstration, die die russische Regierung in ernsthafte Schwierigkeiten bringt? Russland ist sehr groß, und in der Provinz ist es viel ruhiger. Doch die enthusiastische Atmosphäre überlagert die Zweifel.

Manchmal scheint es, als dränge der Protest aus allen Löchern der Stadt gegen die Widerstände der Staatsgewalt. Wir leben an einer Einfallstraße, auf der jeden Tag viele Reiche und Mächtige ins Zentrum fahren. Tag und Nacht, stadteinwärts, stadtauswärts staut sich in Stoßzeiten der Verkehr. Ab und zu wird die große, breite Straße ruhig. Polizisten stehen am Straßenrand und winken die Autos, die noch fahren, an den Rand. Stille tritt ein – nur kurz, dann schwillt ein Rauschen an, die Luft vibriert, Sirenen heulen, Blaulichter blinken, und Polizeiautos fahren von links nach rechts und wieder nach links, pendeln die Fahrbahnen entlang, und eine lange schwarze Limousine mit russischem Wimpel und mit Putin oder Medwedew im Fond rast vorbei. Und aus den Nebenstraßen, in denen die Moskauer geduldig warten, quillt ein Hupen und ebbt erst ab, als die Macht vorbeigerauscht ist und den Protest nicht mehr hören kann. Denn dieses Hupen ist nicht Ungeduld, es ist ein Aufbegehren. Danach quellen die Autos erneut aus allen Ecken und Winkeln, um sich durch das Verkehrschaos der Stadt zu drängeln.

Der Januar bleibt kalt, der Februar wird kälter. Mehrfach sinkt die Temperatur unter 20 Grad. Die Gullys dampfen, die Leute drücken sich an Häuserwände, eilen von Einkaufszentrum zu Einkaufszentrum. Es ist so kalt, dass beim Schritt nach draußen die Nasenschleimhäute austrocknen. Der Temperaturunterschied zu den Wohnhäusern ist so stark, dass man sich gegen die Tür stemmen muss, um sie zu öffnen. Ich lerne Sergej kennen. Er hat ein Bündel weißer Bänder in der Hand und keine Handschuhe an. Seine Hände sind lila. Als ein älteres Ehepaar vorbeikommt, hält er ihnen zwei Bänder hin, sie schütteln den Kopf, zeigen auf ihre Jacken, dort prangen bereits weiße Schleifen. Sergej gehört zu einem harten Kern von etwa 100 Aktivisten. Seit Wochen treffen sie sich in einem Café, entwerfen Losungen für Handzettel, probieren Sprechchöre aus, diskutieren, wie sie reagieren wollen, wenn die Polizei Gewalt anwendet. In Küchen schneiden sie weiße Bänder zurecht und verteilen sie in der Stadt. Auch eine Freundin von uns macht mit. Die Schleifen finden reißenden Absatz.

Unsere Nachbarin trägt eine an der Handtasche. Im Gedränge der Metro, in der meist jeder vor sich hin starrt, lächeln Menschen mit weißen Schleifen einander wissend an. 10 000 Bänder haben die Aktivisten aus dem Café in die Provinz verschickt. Ihr Kreis ist überschaubar, wer dazukommt, wird integriert. Jeden Tag tragen immer mehr Menschen dieses Symbol der Freiheitsbewegung. An Daunenjacken, Pelzmänteln und Taschen geknotet, an den Antennen ihrer Autos werden sie bald so grau wie der Moskauer Schnee im Winter. Durch Moskau weht zu dieser Zeit ein Hauch von Revolution. »Bis vor Kurzem kannte ich niemanden, der aktiv ist«, sagt Sergej, »nun verteile ich weiße Schleifen, ist das nicht toll?«

Wir haben uns zur nächsten Demonstration verabredet. Sergej ist spät dran. Sein Gesicht ist gerötet, seine Finger wieder lila, er trägt wieder keine Handschuhe. An den Pelzmützen gefriert der Atem. Sergej will nach vorn an die Spitze des Zugs, dort geht der Block der Demokraten. Doch vor uns sind zu viele Menschen, er kommt nicht durch. Plötzlich ein Schrei durch die Menge. Olga! Die beiden umarmen sich. »Das erste weiße Band haben Olga und ich gemeinsam geschnitten.« Sergej strahlt, Olga auch: »Es ist kalt, aber ich denke, diese menschliche Wärme, diese Nähe wärmt uns alle«, sagt sie.

Sergej und Olga haben sich in einem »Awtosak« kennengelernt. Das sind die hohen weißen Gefangenentransporter mit dem blauen Streifen. Es war am 6. Dezember 2011 bei einer Demonstration gegen Wahlfälschungen. Sergej stand in der Menge. Plötzlich fingen Männer an zu schubsen. Vier von ihnen in Zivil griffen ihn und brachten ihn zu dem Awtosak. »Hast du dir diese bedrohlichen Gefangenentransporter mal genau angeschaut?« Sie hielten seine Hände fest und warfen ihn gegen die Stufen.

Er konnte sich nicht abstützen, fiel, ohne den Fall abfedern zu können.

Das war der Moment, in dem aus einem unpolitischen jungen Mann ein Aktivist wurde. Die Polizei, die Exekutive mit ihrer Gewalt gegen Demonstranten, hat den Widerstand gegen sie provoziert. Jetzt geht es für die Mächtigen darum, den Trotz in Angst zu ersticken.

»Im Awtosak traf ich die nettesten Menschen der Welt«, erzählt Sergej. »Da waren ein Schauspieler, ein Musiker, ein Geschäftsmann. Und Olga.« Sie redeten und sangen, verbrachten die Nacht zusammen im Arrest. Sie bekamen keine Erklärungen und kein Essen, durften weder trinken noch austreten. Sie wurden nicht geschlagen.

Olga ist zierlich, Rastazöpfchen, klarer Blick. Sie arbeitet für die tschechische Botschaft. Vor Kurzem hat sie sich ausgezogen, als Aktion gegen Putin. Erst in einem Fotostudio, später mit anderen im Schnee zwischen Birken. Das ZDF hat sie dabei gefilmt. Olga zieht sich gern aus, setzt ihre Brüste als Mittel des Protests ein. Gierig nehmen ihr die Leute Aufkleber aus der Hand: »Wremja Wyschlo« steht darauf: »Die Zeit ist abgelaufen«, dazu ein Bild von Putin in einer Uhr. Sie zeigt 12 Uhr. Ein anderer Aufkleber ist weiß, blau, rot, die russischen Farben, dazu viele Hände, die nach oben gereckt werden, und die Forderung: »Für ein Russland ohne Putin« oder »Faire Wahlen«. Putin ist auch auf einem weiteren Aufkleber zu sehen. Dazu der Satz: »Genug geklaut und gelogen«. »Ist es nicht erstaunlich«, Sergejs Stimme überschlägt sich ein wenig, »so viele Leute kommen trotz der Kälte. Ich treffe dauernd Bekannte und Freunde. Einige habe ich erst vor Kurzem auf Kundgebungen oder auf der Polizeiwache kennengelernt, andere kenne ich schon lange – Gott, was ist das für ein Glück!« Zehntausende strömen an Olga und Sergej vorbei zur wahrscheinlich größten Kundgebung in Russland seit dem Ende der Sowjetunion, lächeln, freuen sich, dass es immer mehr werden. Auch Olgas Tante verteilt Aufkleber. Angeblich sind an diesem Tag in 111 Städten Russlands die Menschen auf der Straße.

Noch vor einem Jahr wollte Olga auswandern. »Jetzt hoffe ich, dass wir das Land ohne Gewalt verändern können. Mein Land ist ein sehr schönes Land. Und ich liebe dieses Land und möchte hier leben.« Früher hat sie es gemacht wie viele in Moskau, in Russland. Sie hatte ihre Freunde, traf nur die. »Alle anderen lohnten nicht. Aber jetzt weiß ich, es gibt viel mehr Leute in Russland, die ich treffen möchte. Ich habe das Gefühl, inmitten wunderbarer Menschen zu leben.« Immer wieder ist da so ein seliges Lächeln. Ungewohnt in einer Stadt, in der sonst wenig auf den Straßen gelächelt und geflirtet wird. Die Demonstranten brüllen sich warm: »Russland soll frei sein!« und »Russland ohne Putin!«. Nach gut einer Stunde und vielen Rednern kommt Juri Schewtschuk auf die Bühne. Der Frontmann der Kultband DDT stimmt seinen alten Hit »Rodina« an.

»Ich fahre in die Heimat,
sollen sie ruhig mosern, sie sei hässlich,
uns aber gefällt sie,
sie ist zwar keine Schönheit,
sie vertraut einem Lump,
uns gegenüber ist sie tra-la-la-la …«

Gut situierte Moskauer in guten Mänteln und teuren Jacken hüpfen und grölen mit. Viele Geschäftsleute, die es satthaben, dass ihnen jederzeit jemand ihr Geschäft abpressen oder lahmlegen kann, sind unter den Demonstranten.

Der große Gegner der freundlichen Demokraten ist die Mentalität aus der Zeit der Sowjetunion: die Apathie, der Glaube an die Macht, die Angst und die Vorsicht. »Meine Urgroßmutter glaubt, wir seien alle von der US-Regierung bezahlt«, erzählt Olga. »Sie hat immer der aktuellen Macht geglaubt, egal, wer gerade regiert hat, ob Stalin, Jelzin oder nun Putin.« Das ist ein sehr großes Problem. Viele Menschen glauben zwar den Äußerungen der Machthaber nicht, aber den Oppositionellen eben auch nicht. Im Zweifel entscheiden sie sich für die Mächtigen, das ist sicherer. Erst wenige Wochen später wird klar, wie richtig Olgas Worte sind. Denn die Machthaber werden ihre Kritiker als »Vaterlandsverräter«

verunglimpfen und sich selbst als »Patrioten« aufspielen. Dabei ist es gerade die Liebe zu Russland, die viele Demonstranten auf die Straße treibt.

Ein paar Tage später diskutieren wir bei einem Abendessen im Kollegenkreis über die Demonstrationen und die Chancen der Opposition, die erneute Wahl Putins zu verhindern. Die Runde der Journalisten ist klein. Alle reden über den Antikorruptionsblogger Alexej Nawalnyj. »Ein toller Typ!« – »Endlich mal einer, der gut aussieht.« – »Einer, der reden und der auftreten kann.« – »Sexy!« – »Wenn es einer kann, dann wahrscheinlich er.« Etwas unsicher werfe ich ein: »Aber Nawalnyj hat sich doch rassistisch gegen Kaukasier geäußert …« Vor Jahren hat er in einem Internetvideo Migranten mit Insekten verglichen. Der Spot ist immer noch online. Die Runde schaut mich verständnislos an. Nawalnyj ist keine Alternative, denke ich. Zumindest keine, die ich gut finden kann. Das geht vielen so. Die Opposition hat offensichtlich keine Führungsfiguren, niemanden, der die Massen mitreißen und das verkorkste politische System Russlands in den Griff kriegen kann.

Dann geht es um die Überwachung von Journalisten in Russland. Die Gastgeberin des Abendessens erzählt von ihren Schuhen, die im Flur stehen und die sie lange nicht getragen hat. Auf einem sei Vogelmist, sagt sie und zeigt uns den Schuh. Sie habe keine Ahnung, wie er auf einmal auf den Schuh gekommen sei. Mich erinnert das an Lehrfilme der Stasi, die ich in den 90er Jahren gesehen habe. Es ging darum, Spuren in Wohnungen zu hinterlassen, um die Überwachten zu verstören. Meist eine Zigarettenkippe. Jemand anderes erzählt belustigt von einem Wasserschaden. Als die Handwerker das Parkett öffneten, seien dort ganz viele Kabel zum Vorschein gekommen. »Das machen wir mal besser gleich wieder zu«, hätten die Handwerker gesagt. Zwei Jahre später hatten auch wir so ein komisches Erlebnis. In unserer Wohnung hängt eine schwarz-weiße Silhouette aus Pappe von Franz Kafka an der Wand. Eines Tages hatte Kafka plötzlich drei Löcher in der Stirn.

Vor unserer Abreise haben uns Freunde und Kollegen immer wieder gefragt, ob wir in Russland beobachtet und abgehört werden. Wir ignorieren es, können ohnehin nichts daran ändern. Immer wieder zitieren wir den alten Witz: »Die Tatsache, dass Sie langsam paranoid werden, heißt ja nicht, dass Sie niemand beobachtet.« Im Deutschlandradio-Büro ist es ganz offensichtlich. Es ist schwierig, Plätze zu finden, an denen man mit empfindlichen Mikrofonen störungsfrei ein Gespräch aufnehmen kann. Je näher man den Wänden kommt, desto stärker wird das Sirren. »Mikrobeton«, nennt meine Russischlehrerin diese Bauweise. Das Haus gehört dem Außenministerium. Die meisten Korrespondenten in Moskau leben in solchen Häusern, in abgeschirmten Arealen, haben dort auch ihre Büros. Die waren dort schon in der Sowjetunion untergebracht, in einer Zeit, als Auslandskorrespondenten Moskau nur mit Sondergenehmigung verlassen durften und auch sonst unter strenger Beobachtung des sowjetischen Außenministeriums standen. Und auch heute noch gibt es Schlagbäume und Wachleute. Manchmal notieren sie penibel die Passdaten der Besucher, manchmal ist es ihnen egal. Der Geheimdienst ist immer mit dabei, und wenn er nicht mit dabei ist, so denken zumindest alle, er sei dabei. Russland ist und bleibt das Mutterland der Paranoia. Und so geht eine 70-jährige Freundin von uns auch fest davon aus, dass alle Demonstranten bestellt oder gekauft sind, egal, auf welcher Seite sie mitlaufen.

Und teils stimmt das sogar. Das Machtsystem reagiert mit sowjetischen Methoden auf die Umbruchstimmung. Leute werden zu Loyalitätskundgebungen zusammengekarrt: Studenten, Lehrerinnen, Dozentinnen, andere Staatsangestellte. In den Metrostationen und auf den Straßen beobachte ich, wie Menschen Gruppen um sich scharen und Namenslisten abhaken. Ich höre, wie junge Leute sich austauschen, wie viel Geld sie für die Teilnahme bekommen. Es ist schwer, mit den Demonstranten zu sprechen. Sie drehen sich weg, verweisen auf den Leiter ihrer Gruppe, antworten formelhaft und kurz, sie seien für Putin, weil sie für Stabilität sind. Einmal treffen sie sich im Siegespark. Der Ort ist trefflich gewählt, er erinnert an den Sieg der Sowjetunion im Zweiten Weltkrieg, einem der wenigen Ereignisse, das große Teile der russischen Gesellschaft eint und an das Putin anknüpft. Das Motto der Kundgebung lautet: »Gegen Orange – für Stabilität«. »Orange« steht für gewaltfreie Demokratiebewegungen. Wenn die Menge nicht groß genug wird, machen die Behörden die Zahlen größer, als sie sind. Als nur 15 000 Putin-Anhänger kommen, spricht die Polizei von 120 000, und das Fernsehen verbreitet manipulierte Bilder. So bekommen außerhalb Moskaus nur wenige Menschen etwas von der Aufbruchstimmung der Opposition mit. Denn dort ist das Fernsehen für viele die einzige Nachrichtenquelle.

Eine kleine Gruppe Oppositioneller will das ändern. Sie machen sich auf den Weg nach Sibirien. Sie reisen, um ihren Aktivisten vor Ort Beistand zu leisten, Erfahrungen zu teilen, Solidarität zu bekunden, die Protestbewegung auszuweiten. Die Reisenden sind prominent. Tatjana Lasarjewa, Moderatorin einer beliebten Kindersendung und Schauspielerin, die auch singt; Sergej Parchomenko, einer der Moderatoren des Moskauer Radiosenders Echo Moskwy; Maxim Blant, ein weniger bekannter Wirtschaftsjournalist. Verstärkt durch eine Fotografin, einen Aktivisten der Wahlbeobachter-Organisation Graschdanin Nabljudatel, »Der Bürger als Beobachter«, und eine weitere Journalistin.

Die erste Station ist Tomsk in Sibirien, ungefähr auf der Hälfte zwischen Moskau und der Pazifikküste. Die Stadt hat etwa eine halbe Million Einwohner, ein bisschen Industrie, einen Fluss, alte Häuser aus Holz und roten Ziegeln. Das Treffen findet in einem Bierkeller statt. Lange Tische vor einer Bühne, Tresen, Barhocker. Rauch hängt in Schwaden in der Luft. Kellner bringen Bier und Fisch. Etwa 200 Leute sind gekommen. Es ist selten, dass Hauptstädter anreisen, die keine Politiker sind und dennoch politisch Stellung beziehen. An Oppositionspolitiker hingegen sind viele gewöhnt, und was die sagen, ist bekannt. An einem der Tische sitzt Anna, Journalistin bei der staatlichen Nachrichtenagentur RIA Nowosti. Sie findet es gut, dass die Aktivisten aus Moskau da sind. »Tomsk wird sich verändern. Nun können wir wirklich an die Protestbewegung glauben. Das ist kein Märchen, sondern Realität.« Innenpolitisch ist RIA Nowosti damals noch eine halbwegs zuverlässige Quelle. »Wir haben auf sie gewartet, denn das, was sie sagen, ist sehr wichtig. Diese Leute mal zu treffen, ist besser, als sie nur im Fernsehen zu sehen.« Die Aktivisten aus Moskau erläutern, wie man sich über Facebook vernetzt, wie man Wahlbeobachter wird, was die dürfen und wie man Straßenaktionen plant. An einem langen Tisch sitzt ein Mann und trinkt Bier. Er heißt Andrej Malanow und will, dass die aus Moskau zuhören, wissen, was in Tomsk los ist. Die Menschen im Norden der Region seien bearbeitet worden, sagt er, »von Putin-Leuten. Deshalb hat Einiges Russland bei der Dumawahl so gut abgeschnitten. Hier in Tomsk haben bei den Parlamentswahlen viele die Opposition gewählt.« Die Regierungspartei hat zwar bei der Wahl 2011 im Gebiet Tomsk nur gut 37 Prozent bekommen, war aber mit Abstand die stärkste Partei.

Die Stimmung ist euphorisch. Die Reisegruppe macht Feierabend. In einem Restaurant am Fluss gibt es gefrorenes Muksun-Carpaccio mit Kapern, dazu Wodka. Muksun ist ein Weißlachs, der in sibirischen Flüssen lebt. Der Fluss heißt in Tomsk Tom und fließt im Sommer vor dem Restaurant. Jetzt im Winter fahren auf ihm Autos, und Menschen nutzen die Abkürzung ans andere Ufer. Oft heißt es, die Menschen in der Provinz wählten die Kreml-Partei aus Überzeugung und wollten gar keine Veränderungen. Die vielen Menschen in dem Keller, ihr Interesse, besonders an den Schilderungen der lokalen Aktivisten, sagen etwas anderes.

Am nächsten Morgen geht es früh weiter. 250 Kilometer sind es bis Nowosibirsk, der größten Stadt Sibiriens. Im Minibus ist es warm, draußen sehr kalt. Die Landschaft macht bescheiden: schwarz-weiße Birken vor weiten weißen Flächen.

Lediglich braunes Gestrüpp, das aus dem Schnee herausragt, sorgt für farbliche Abwechslung. Die Aktivisten schlafen, ich schaue aus dem Fenster. Deportationslandschaft. Windschiefe Laternen, Begrenzungspfosten. Durch meinen Kopf geistern gebeugte und in Lumpen gehüllte Figuren aus Solschenizyn-Romanen und aus Texten Mandelstams. Arbeitslager so weit weg, dass jede Flucht unmöglich ist, die bei diesem Wetter tödlich endet. Die industrielle Stärke des Landes sei »dank des ehrlichen Enthusiasmus, der heldenhaften Arbeit« der Väter und Vorväter geschaffen worden, sagt Putin ein gutes Jahr später und verhöhnt damit die Opfer, die Kanäle und Eisenbahntrassen, Fabriken und Wohnhäuser bauen mussten, die Sklaven der Sowjetunion, die Denunzierten, willkürlich Verhafteten, unrechtmäßig Verurteilten, an unbewohnbare Orte Verbannten. Der Kleinbus stoppt. »Awtoturist« steht an der Raststätte. Alles dampft, die Autos, das flache Gebäude, die Menschen, die aus den Autos steigen. Die Nasenschleimhäute trocknen an der Luft, Kälte beißt sich in die Backen. Ein blauer Lada Niva – der Jeep der Sowjetunion, fährt immer und hilft überall abzuschleppen – zieht einen Pkw auf den Parkplatz. Es ist das perfekte Auto für die Gegend. Und auch der Fahrer, in dicke Tarnkleidung gehüllt, im Mundwinkel eine Zigarette, scheint perfekt zu sein, um hier zu leben. Die Landschaft wirkt schier endlos, still und gefährlich. Hier muss man leben wollen. Oder müssen. Dabei ist die Strecke zwischen Tomsk und Nowosibirsk recht dicht besiedelt. Das Gefühl der Weite und die Einsamkeit des Verlorenen werden trotzdem denkbar. Dank der Kombination aus Vorstellungskraft und Wissen.

Wiktoria fragt plötzlich: »Wie geht es dir als Deutscher mit deiner Schuld, wenn du durch diese Landschaft fährst?« Wiktoria ist die Fotografin. »Bitte?« – »Als Deutscher. Wie geht es dir, wenn du durch diese Landschaft fährst, mit deinem Schuldkomplex?« – »Ich habe keinen Schuldkomplex in dieser Landschaft«, sage ich. Es ist das erste Mal seit 1992, dass mir in Russland jemand eine solche Frage stellt. »Vom Schuldgefühl zum Verantwortungsbewusstsein ist ein langer Weg in meiner Generation«, erkläre ich ihr später. »Außerdem, wer sagt dir, dass ich nicht Jude bin oder meine Großeltern im Widerstand waren oder im Exil lebten?« Das Thema wird uns die nächsten Jahre begleiten. Je kritischer wir über Verbrechen berichten, je nachdrücklicher wir die Geschichtsklitterung der Propaganda thematisieren, desto heftiger werden die Reaktionen ausfallen, wir als Deutsche hätten eine Kollektivschuld und seien zu respektvoller Zurückhaltung verpflichtet. Aber das war Anfang 2012 in Sibirien noch nicht absehbar.

Ankunft in Nowosibirsk. Hinter einer großen Lenin-Statue und vor dem Opernhaus mit seinen mehr als 1700 Plätzen bauen Arbeiter eine Bühne ab. Gerade ist Putin hier gewesen. Überall blaue, rote und weiße Luftballons, einige liegen auf dem Boden, einige fliegen herum. An den Laternen hängen noch Fahnen in den gleichen Farben, immer drei. Die Aktivisten aus Moskau versuchen, die weißen zu ergattern. Maxim Blant, Dreitagebart, Jeans, kleiner Zopf, greift sich eine weiße Fahne, schwenkt sie über dem Kopf, hält inne: Revolutionspose. Fotos. Eine der Putin-Helferinnen stürmt herbei, blickt verächtlich, schimpft. Der Wind ist eisig, alle haben es eilig. Maxim Blant grinst: »Die Kundgebung hat um 12 Uhr angefangen, und um eins ist schon keiner mehr hier. Das sagt doch alles. Zu den Versammlungen für Putin gehen Leute, die Angst vor Revolutionen und Unruhen haben. Und solche, die, vorsichtig ausgedrückt, gebeten wurden.« Selbstverständlich gehen auch jetzt alle davon aus, dass die Mehrheit der Leute, die Putin zujubelt, bezahlt wird. Nachweisen lässt sich das in diesem Fall schwer, es ist eben keiner mehr da.

Ohne weiße Fahne brechen die Oppositionellen zu ihrer eigenen Veranstaltung in einem Musikclub auf – »Brodjatschaja Sobaka«, »Streunender Hund«. Sie werden erwartet. Vor der Tür stehen zwölf Männer um die dreißig. Sie legen los: »Glaubt ihr überhaupt an das, was ihr tut? Warum unterstützt ihr Leute, die unser Land zerstören wollen? Ihr seid von Amerika bezahlt!« Sie machen Fotos und filmen die Oppositionellen aus Moskau. Blant knipst zurück. »Das ist auch mein Land«, entgegnet er. Ein kräftiger Typ baut sich direkt vor ihm auf, filmt ihn mit einer kleinen Kamera, fordert ihn auf: »Stellen Sie sich bitte vor!« Sein Haar ist kurz, der Bart gestutzt, die Augen blau. Die Felljacke trägt er leicht geöffnet und bei minus 25 Grad nicht mal einen Schal. Er ist der Wortführer. »Stellen Sie sich doch erst mal vor«, erwidert Blant. Der kräftige Typ antwortet mit einer Gegenfrage: »Wer hat Sie geschickt?« Viele Menschen in Russland können sich eigenständiges politisches Handeln einfach nicht vorstellen. Nach ein paar Minuten gehen alle gemeinsam in den »Streunenden Hund«. Dort warten etwa 80 Leute auf die Gäste aus Moskau.

Kaum sitzen die Aktivisten auf der kleinen Bühne, geht der Streit in die nächste Runde. Rufe branden auf, Männer mit kurzen Haaren stehen auf, machen Fotos, filmen. Niemand kann mehr ausreden, Fragen stellen, antworten, Dinge erklären. Ein Vertreter der Putin-Jugend Naschi tritt auf, der »Unsrigen«. »Eti nje Naschi«, ruft er, »nje Naschi!« – »Das sind nicht unsere!« Lachen beim Rest im Raum. Schlagartig eskaliert die Situation. Tassen fliegen, Gläser, Teekannen. Schließlich Fäuste. Tische und Stühle fallen um. »Es wäre Zeit, die Polizei zu rufen und diese aggressiven Leute rauszuschmeißen«, sagt der Betreiber. Tatjana Lasarjewa, die Fernsehmoderatorin und Schauspielerin, spielt ihre Weiblichkeit und Prominenz aus, legt ihm die Hand um die Schulter, nimmt ihn in den Arm, beruhigt ihn. Der Anblick, wie der blonde Fernsehstar den bulligen Typen im Arm hält, ist rührend. Plötzlich sind auch vier gut gebaute Männer in heller Tarnkleidung und mit langen Knüppeln im Raum. Sie diskutieren nicht, allein ihre Anwesenheit reicht, um die Situation zu entschärfen. Der Besitzer des Clubs hat sie holen lassen. Es geht noch ein bisschen hin und her, dann bilden die Aktivisten Arbeitsgruppen zu unterschiedlichen Themen, die Rausschmeißer blicken ernst auf die Schläger, damit diese ruhig mitarbeiten. Irgendwann wird es ihnen langweilig und einer nach dem anderen geht.

Zu einem dritten und letzten Treffen fährt die Gruppe weiter nach Akademgorodok, ein Städtchen kurz vor den Toren Nowosibirsks, in den 50er Jahren in den Wald gebaut, damit Wissenschaftler in Ruhe forschen können. In der Sowjetunion war es ein Hort freien Denkens. Es ist ein Heimspiel vor allem für Tatjana Lasarjewa, sie stammt aus Akademgorodok. Im Publikum sitzen ihre Freunde, Nachbarn, Bekannte. Später gibt es Essen im Hinterzimmer, Wodka und Lieder von Bulat Okudschawa, dem bekannten Chansonnier. Der Name des Clubs ist Nikuda, auf Deutsch »Nirgendwohin«. »Die Chance war noch nie so groß, etwas dauerhaft in Russland zu ändern«, meint Maxim Blant. Sein Wodkaglas ist leer. »Jetzt ist es der Mittelstand, der aufbegehrt: Geschäftsleute, Angestellte, Journalisten.« Politik verliert das Stigma. »Ich hoffe, dass das lange anhält und nicht in einem Monat zu Ende ist.« Blant hat wieder Wodka im Glas. Der Supervisionsbedarf an diesem Tag ist groß. Alle trinken auf ein demokratisches Russland mit freien Menschen und die Wahl in einem Monat. Und ich bin mir noch einmal sicher, dass wir die Chronisten der letzten Phase der Demokratisierung Russlands werden.

»Moskau, Russland, Putin« – unter diesem Motto gibt Putin Vollgas, füllt Stadien mit bezahlten Demonstranten. Seine Anhänger tragen Schilder: »Wir verteidigen das Land« oder »Gegen orange Revolutionen«. Am 23. Februar begeht Russland den »Tag der Vaterlandsverteidiger«. Putin tritt im Luschniki-Stadion auf, dem Stadion der Olympischen Spiele 1980, dem größten Russlands. 100 000 Anhänger schwenken weiße, blaue und rote Luftballons. Zwar spricht er nur sieben Minuten, doch die haben es in sich: »Wir sind heute wahrhaftig Verteidiger unseres Vaterlandes! Wir lassen nicht zu, dass sich jemand in unsere inneren Angelegenheiten einmischt! Wir lassen nicht zu, dass uns jemand seinen Willen aufdrängt! Denn wir haben unseren eigenen Willen! Wir sind ein Siegervolk! Das ist in unseren Genen! Die Schlacht um

Russland geht weiter! Der Sieg ist unser!« Ich bekomme eine Gänsehaut. Das kann er doch nicht ernst meinen. Welche Schlacht wird denn zurzeit in Russland gekämpft? Habe ich irgendetwas verpasst? Ich schwanke zwischen Angst und Verharmlosung der Rede als Wahlkampf. Aber Putin ist nicht der einzige führende russische Politiker, der so etwas sagt. Dmitrij Rogosin, Vizepremier und vier Jahre lang Botschafter Russlands bei der Nato, spricht bei einem Kongress zur Unterstützung der Armee von der »stählernen Faust im Lackhandschuh«: »Der Lackhandschuh ist unsere Diplomatie. Niemand darf daran zweifeln, was sich unter dieser Oberfläche verbirgt: eine stählerne Faust, hart und bereit, sich auf jeden Aggressor zu stürzen – oder auch auf eine Gruppe von Aggressoren, wenn sie sich erlauben, Russland anzugreifen.« Der Generalstabschef Nikolaj Makarow droht gar mit einem Präventivschlag, sollten die Amerikaner das Projekt des Raketenabwehrschirms wie geplant in Polen und Tschechien umsetzen. Dabei wurde Russland doch dezidiert eingeladen, sich daran zu beteiligen.

Zusätzlich zeigt das Fernsehen ständig Spielfilme und Dokumentationen über den Zweiten Weltkrieg. Ich sehe die Bilder und bekomme den Eindruck, dass die Bevölkerung auf Krieg vorbereitet wird. »Quatsch«, sagen alle, die schon lange da sind. »Das ist irrational, das macht Putin nicht.« Das finde ich schließlich auch, es ist ja auch beruhigender, das zu glauben. Ein mulmiges Gefühl aber bleibt und die Hoffnung, dass mich meine Ahnung täuscht.

Gegen Putin zu demonstrieren, scheint okay zu sein. Dagegen kann die Regierung noch nichts machen. Der Anschein von Demokratie soll ja, so gut es geht, gewahrt bleiben. Doch der Protest hat Grenzen, und die Performerinnen von Pussy Riot testen sie zielsicher aus. Bei klirrendem Frost stehen sie auf dem Roten Platz, in bunten Sommerkleidchen und mit Sturmhauben über dem Gesicht, und brüllen das Lied »Putin hat Schiss« – an dem Ort, an dem früher Zarenerlasse verlesen, an dem Ende des 17. Jahrhunderts Aufständische hingerichtet wurden, an dem 1968 acht Menschen gegen den Einmarsch der Sowjetunion in die Tschechoslowakei demonstriert haben.

»Eine Rebellen-Kolonne geht auf den Kreml zu, in den Büros der Geheimdienstler platzen Scheiben«, singen sie, »Putin pisst sich in die Hosen!« Es geht um die Angst der Machthaber vor Revolutionen. In ihrem Blog schreiben die Performerinnen, dass die Machtstrukturen der Breschnew-Zeit immer noch existieren, nur die Formen des staatlichen Terrors hätten sich verändert. Sie rufen dazu auf, öffentliche Orte zu besetzen, um für Reformen zu demonstrieren.

Die acht Demonstranten 1968 wurden verurteilt oder in Psychiatrien gesteckt. Den Künstlerinnen passiert nichts.

Ein paar Tage später treffen sie jedoch ins Schwarze. Wieder in ihren bunten Kleidchen und mit Sturmhauben maskiert, hacken sie in der Christ-Erlöser-Kathedrale auf ihren Gitarren rum und brüllen ein »Punkgebet«: »Mutter Maria, befreie uns von Putin!« Das geht nicht lange gut. Die Kathedrale ist das zentrale Gotteshaus der Russisch-Orthodoxen Kirche. Das Ganze ist also nicht einfach nur geschmacklos und Hausfriedensbruch. Es ist in höchstem Maße provokativ und herausfordernd. In einer Gesellschaft, die sich in den

70er Jahren nicht vom konservativen Muff befreit hat, in der die Mächtigen sogar ein rückwärtsgewandtes Wertesystem predigen, ist das zu viel. Was in Deutschland ein müdes Gähnen hervorgerufen hätte, bringt die drei Frauen erst vor Gericht und dann zwei von ihnen für zwei Jahre in ein Arbeitslager. Das erst im kommenden Sommer, aber ab jetzt ist klar: Hier ist die Grenze. Der Patriarch und Putin sind beste Freunde und beide recht reich, und der Patriarch ruft zur Wahl von Putin auf.

Putin gewinnt die Wahl. Am Wahlabend selbst steht er neben seinem Platzhalter Dmitrij Medwedew bei klirrendem Frost auf einer Bühne in der Nähe des Kreml. Alles ist in blaues Licht getaucht. Er dankt allen, die »Ja gesagt haben zu einem großen Russland. Ich habe euch gefragt: Werden wir siegen? Wir haben gesiegt!« Jubel brandet auf. »Wir haben gezeigt, dass uns niemand etwas aufdrängen kann. Unsere Menschen können Erneuerungen sehr wohl von politischen Provokationen unterscheiden, die nur das Ziel haben, den russischen Staat zu zerstören und die Macht zu ergreifen.« Ihm rinnt eine Träne über die Wange. Ich bekomme wieder eine Gänsehaut. Putin wirkt gefährlich. Mein Glaube, Russland werde demokratisch, bekommt Risse. Zu begreifen, dass die Opposition gescheitert ist, wird länger dauern.

Ein paar Tage später erstrahlen große Straßen und Brücken Moskaus in den Nationalfarben. Leuchtgirlanden hängen von den Dächern großer Häuser. Staunend stehen einige Menschen am Straßenrand. Es gibt Dinge in Moskau, die passieren. Heute sind es die Farben Weiß, Blau und Rot. Früher war es nur Rot.

Kapitel 2

Ein Gespenst geht um in Moskau

Die Zeit nach Putins Wahl

Einen Tag nach der Wahl Putins zum Präsidenten ist die hoffnungsvoll optimistische Stimmung gekippt. Die Gegner Putins versammeln sich 30 Gehminuten vom Kreml entfernt auf dem Puschkin-Platz. Es sind mehrere Tausend. »Mir reicht es«, sagt Andrej, 24 Jahre alt, Architekt. Er nennt es eine Farce, »dass Millionen Menschen für Putin eingespannt werden, bei Kundgebungen oder bei Wahlfälschungen. Wenn sie jetzt behaupten, bei diesen Wahlen sei nicht gefälscht worden, dann ist das lächerlich. Und traurig.« Viele, die hier demonstrieren, waren Wahlbeobachter. Gut 63 Prozent hat Putin bekommen. Umfragen zufolge war Manipulation in großem Stil am Wahltag nicht nötig. Trotzdem wurde manipuliert. Einigen Wahlhelfern ist einfach nicht bewusst, dass das verboten ist. Andere folgen Vorgaben u. a. von Vorgesetzten, dass Kandidaten bestimmte Prozentzahlen erreichen müssen. Sie werfen vorbereitete Wahlzettel in die Urnen. Es gibt auch Gruppen, die von Wahllokal zu Wahllokal ziehen und mehrfach ihre Stimme abgeben. Möglich wird das durch ein System von Wahlscheinen. So ein Wahlschein berechtigt Bürger, in anderen Wahllokalen zu wählen als dort, wo sie gemeldet sind. Es gibt Leute, die mehrere Wahlscheine haben, teils wird der Wahlschein ihnen nach der Stimmabgabe aber auch nicht abgenommen.

Die Designstudentin Marina hat keine Wahlfälschungen in ihrem Wahllokal gesehen, findet aber: »Die ganze Wahlkampagne war unfair, und deshalb ist auch das Ergebnis nicht gerecht.« Tatsächlich bemängeln auch diverse internationale Beobachter, dass die Oppositionskandidaten z.B. keinen gleichberechtigten Zugang zu Medien hatten. »Die Leute, die für Putin stimmen, haben keine eigene Meinung«, sagt Marina, »die sind gekauft oder bearbeitet.« Dann ruft sie mit den anderen wieder »Putin ist ein Dieb!«, »Russland ohne Putin!« und »Russland wird frei sein!«. Hier wird die Spaltung der Gesellschaft sehr deutlich. Viele von Putins Gegnern sprechen seinen Anhängern pauschal die Fähigkeit zur freien Meinungsbildung ab. Nachdem die Amtszeit des Präsidenten vor der Wahl von vier auf sechs Jahre verlängert wurde, rechnen alle mit zwölf Jahren Putin. Noch ist Medwedew Präsident. Bis zur Amtseinführung Putins bleiben gut zwei Monate.

Ein älterer Mann hat sich einen Käfig übergestülpt, an dem überall weiße Schleifen hängen. Auf dem Puschkin-Platz stehen viele ältere Menschen, wie der Fabrikarbeiter Wladimir. Er sei bereits 1991 dabei gewesen, als Hunderttausende in Moskau auf den Straßen waren, um die scheintote Sowjetunion zu begraben. Demokratisch wurde das Land danach nicht. »Aber wir haben Erfahrungen gesammelt«, sagt Wladimir: »Diesmal wird es klappen. Wir müssen weiter kämpfen, wir dürfen nicht aufgeben. Wir wissen alle, dass das nur der Anfang ist.« Doch dafür brauchen sie nicht nur einen langen Atem, sondern auch Mut, so viel scheint klar zu sein am ersten Tag nach der Wahl Putins zum Präsidenten Russlands.

Um die Ecke, in der Prachtstraße Twerskaja, glänzen die Lichter in den blanken Helmen der Einheiten des Innenministeriums. Ihre Schilde sind verbeult. Rundherum Männer der Sondereinheit der Polizei, OMON. In den Nebenstraßen stehen Militärlaster und Polizeibusse. Hubschrauber kreisen in der Luft.

Unten am Platz der Revolution, nicht weit vom Kreml, stehen Männer mit verfilzten Fellkappen und Hosen mit den traditionellen Streifen in Grüppchen. Handschläge, Männerumarmungen. Einige haben ihre Uniformmütze mit Tüchern umwickelt, andere tragen lange Armeemäntel, wilde Schnurrbärte – Kosaken. Die Kulisse passt: runde, gemauerte Wehrtürme mit Zinnen, Doppeladler, Kopfsteinpflaster. Das Bolschoi-Theater mit seinen Säulen, ein großes Denkmal von Karl Marx, goldene Kuppeln lugen über Häuserdächer. Für das Historiengemälde fehlen nur die Pferde. Das Motto der Kundgebung lautet: »Wybor sdjelan«, »Die Wahl ist getroffen«. »Wir haben die Information, dass einige Kräfte versuchen werden, bestimmte Gebäude zu stürmen, den Kreml, die Zentrale Wahlkommission«, erläutert Kosak Iwan: »Wir sind hier, um uns dem entgegenzustellen.« Iwan schaut entschlossen. Seine Kumpels nicken. Ein Alter mit großem, nach oben gezwirbeltem Schnurrbart blickt verächtlich. Kosak Iwan ist Werbefachmann. »Putin ist zwar gewählt, doch er braucht noch immer Unterstützung«, ergänzt er. Die Kosaken sind auch 2012 Stütze der Macht und der orthodoxen Kirche. Eine Gruppe junger Frauen in Daunenjacken und mit Pelzmützen trägt Schärpen mit der Aufschrift »Ich will Kinder, keinen Krieg«. Junge Männer tragen Fahnen mit dem Gesicht Putins. Mit Journalisten redet kaum jemand.

Die Protestkundgebung der Opposition oben auf dem Puschkin-Platz bleibt friedlich. Erst spät, nach dem Ende der Veranstaltung, weigern sich einige, den Platz zu verlassen, und werden von der Polizei weggebracht. Die Kosaken ziehen irgendwann ab. Es kommt halt niemand, gegen den man den Kreml hätte verteidigen können. Zu diesem Zeitpunkt ist es noch unvorstellbar, diese Kostümtruppe ernst zu nehmen.

Immer wieder flackert der Widerstand gegen die Macht auf. Es ist ein Wettlauf mit der Resignation. Prominente Schriftsteller kündigen in sozialen Netzwerken an, im Zentrum spazieren zu gehen. Tausende begleiten sie dabei. Manche tragen demonstrativ weiße Kleidung, einige verteilen einfach nur weiße Schleifen. Was ist schon dabei? Wieder andere gehen Schlittschuh laufen für die Demokratie. Doch vor Putins Amtsübernahme beginnt das System, die Gangart zu verschärfen. Im staatlich kontrollierten Fernsehkanal läuft eine pseudoinvestigative Dokumentation: Die Opposition sei von den USA gekauft, heißt es da.

Der März geht ins Land, und es wird heller in Moskau. Schnee und Eis sind längst schwarz. Lkws fahren den Dreck weg. Anfang April liegt bereits ein Hauch von Frühling in der Luft, wenn auch ein kalter. Die Sonne spiegelt sich im roten

Marmor des Lenin-Mausoleums. Alles ist wie immer: Wachsoldaten gehen im Stechschritt auf und ab. Roter Backstein, rote Zinnen, Türme, Sowjetsterne: der Kreml. Es ist Sonntagmorgen, Menschen flanieren über den Roten Platz. Eine Frau preist Stadtrundfahrten an. Lenin-, Stalin-, Breschnew-Darsteller bieten sich für Fotos an. Plötzlich huscht ein Gespenst über das Kopfsteinpflaster. Die Polizisten schauen nervös. Das Gespenst trägt ein Schild auf dem Rücken: »Geist der Verfassung«. Die Polizisten kommen näher. Menschen umringen das Gespenst. Eine Traube bildet sich, das Gespenst huscht weiter. Ein kühler Windstoß hebt das Bettlaken. Für Sekunden ist eine zierliche junge Frau zu sehen, lange Haare, Jeans, Turnschuhe.

Immer mehr Spaziergänger strömen auf den Platz. Fast alle tragen weiße Schleifen, einige einen weißen Anzug. Auch Olga und ihre Freundin sind da. Eine Polizistin möchte in Olgas Tasche schauen, findet weiße Schleifen, nimmt sie heraus. Was sie damit vorhabe, fragt die Polizistin. Olga lacht: »Nichts. Oder glauben Sie, dass es gefährlich ist, weiße Schleifen zu besitzen?« Olga schließt den Reißverschluss ihrer Wachsjacke, rückt die weiße Schleife, die sie am Revers trägt, zurecht, küsst ihre Lebensgefährtin. Ihre blauen Augen blitzen. Ein Gummiband bändigt ihre Dreadlocks. Gerade hat Olga ihren Job als Kulturassistentin an der tschechischen Botschaft in Moskau verloren, wegen Einsparungen. Olga winkt dem Gespenst. Viele Spaziergänger kennen sich. Das viele Weiß provoziert nach dem turbulenten Winter und vier Wochen vor Putins Einführung ins Präsidentenamt.

Am Rand stehen ein paar junge Leute in olivfarbenen Uniformen aus dem Zweiten Weltkrieg. Sie tragen Georgsbänder, orange-schwarz gestreifte Schleifen, und singen für Putin und das Vaterland. Eine Frau hat sich weiße Schleifen und gestreifte Georgsbänder in die langen roten Haare gebunden. Das sei kein Widerspruch, sie sei Demokratin und freue sich über den Sieg im Zweiten Weltkrieg, erklärt sie.

Das Georgsband ist wahrscheinlich das am meisten missbrauchte Symbol der Ära Putin. Vor Jahren schenkte mir ein alter Mann in Sewastopol auf der Krim bei einer Zeremonie auf einem Friedhof ein Georgsband und meinte, ich würde damit die Veteranen ehren. Das tat ich gern, knotete es an die Tasche, die ich zum Arbeiten mitnehme. Für die Freiheit, die ich genieße, haben viele ihr Leben gelassen. Ich bin dankbar und habe großen Respekt. Hatte ich doch das Glück, in Westdeutschland in einer freien Gesellschaft aufzuwachsen. Das Georgsband war für mich ein Symbol derer, die Deutschland vom Wahn der Nazis befreit haben. Dass der Sieg über Hitlerdeutschland der Sowjetunion anschließend dazu gedient hat, erneut den halben Kontinent diktatorisch zu führen, spielte für mich an dieser Stelle erst mal keine Rolle. Doch das Georgsband wurde zum Symbol derer, die Demokraten für Faschisten halten und sie deshalb bekämpfen. Viele dieser selbst ernannten »Kämpfer gegen den Faschismus« predigen Nationalismus und Rassismus, schüren die Angst vor Homosexualität. Das Georgsband gibt es seit einigen Jahren im Frühjahr in Moskau an der Kasse gratis zum Einkauf dazu, es hängt an Autoantennen, Rückspiegeln, prangt an Taschen und Revers, ist auf Werbetafeln, im Fernsehen, an Häuserwänden, ab 2014 hängt es an den Waffen der russlandtreuen Kämpfer im Donbass. Das Georgsband wurde vom Symbol derer, die die Nazis besiegt haben, zum Symbol einer neuen Art russischem Imperialismus. Ich nahm es bald von meiner Tasche ab.

Plötzlich fassen Olga und ihre Freundin sich an den Händen. Schnell reihen sich andere ein, bilden einen Kreis, stimmen die Nationalhymne an. Die Polizisten werden immer nervöser, laufen durcheinander. Einer zückt ein Funkgerät: »Sie singen, Genosse General!« Natürlich hat die Polizei Wind vom Spaziergang bekommen. Bereits in den Metrostationen um den Roten Platz werden Menschen kontrolliert, die weiße Kleidung tragen oder weiße Schleifen. Plötzlich entsteht Tumult. Mehrere Polizisten umringen den Geist. Einer verlangt von der jungen Frau, das Bettlaken abzunehmen. Olga und ihre Freundin eilen dem Gespenst zu Hilfe. Immer mehr Spaziergänger stellen sich schützend vor den Geist, fordern die Polizisten auf, sich erst einmal auszuweisen. Schnell ist die Polizei in der Minderheit. »Abbruch«, ruft einer der Uniformierten. Die Polizei zieht ab. Das Gespenst zittert. Eilig huscht die junge Frau weiter. Olga und ihre Freundin blicken ernst. Jeder hier weiß, worauf er sich einlässt. Immer wieder nehmen die Polizisten in diesen Wochen Menschen fest, nur, weil sie weiße Schleifen tragen. Ein Mann im Anzug geht auf Olga zu, umarmt sie. Igor trägt die weiße Schleife an der Windjacke. Er greift in seine Umhängetasche und drückt Olga und ihrer Freundin Ansteckbuttons in die Hand. Auf schwarzem Grund ein rosa Dreieck, der Rosa Winkel aus dem »Dritten Reich«, das Zeichen für Homosexuelle in den Konzentrationslagern der Nazis. »Das geht hier alles in Richtung Faschismus«, schimpft er, »die Leute dürfen nicht sagen, was sie wollen, nicht frei denken oder nicht einmal spazieren gehen.« Das gilt auch für die Liebe. Hinter verschlossenen Türen ist Homosexualität nicht verboten, demnächst steht jedoch unter Strafe, in Gegenwart Minderjähriger über Homosexualität auch nur zu sprechen.

In der Mitte des Platzes bildet sich ein Menschenknäuel. Polizisten bücken sich, schauen den Spaziergängern durch die Beine: »Genosse General«, sagt einer in sein Funkgerät, »sie bauen ein Zelt auf!« Die Uniformierten werden hektisch. Ein Zelt vor dem Kreml. Der GAU für die Sicherheitskräfte. Zelte gehen gar nicht. Zelte symbolisieren demokratischen Umbruch. Wer Zelte aufstellt, bleibt, wird zum Blickfang der Passanten und Medien, zum Zentrum etablierten Protests, zur sichtbaren Mahnung, zur Bedrohung der Macht. Mit einem Zeltlager begann die sogenannte Orange Revolution in der Ukraine. »Geehrte Bürger«, rufen die Polizisten in die Megafone, »die Aktion ist nicht genehmigt, gehen Sie auseinander!« Der Kontrast zwischen der formalen Anrede und der dann folgenden Brutalität ist erstaunlich. Die Polizisten drängeln sich durch das Knäuel, beginnen zu schlagen, erreichen das Zelt, greifen zu. Der Stoff reißt. »Schande, Schande«, ruft die Menge. Einige singen wieder die Nationalhymne. Uniformierte greifen die Frau, die zum Zelt gehört, und schleppen sie weg. Die Menge eilt hinterher zum Gefängniswagen. Zügig füllt die Polizei den Awtosak mit Oppositionellen und fährt los. Ein paar der übrig gebliebenen Demonstranten machen sich auf den Weg in Richtung Polizeidienststelle. Der Spaziergang ist beendet, der Rote Platz wieder unter Kontrolle.

Der Rote Platz. Hieß ursprünglich »schöner Platz«.

Der Rote Platz. Gerd Ruge vor der Basilius-Kathedrale, immer mit Pelzmütze – in der Erinnerung ist es Winter in Moskau. Und immer die Zwiebelkuppeln im Hintergrund, in Grün und Blau und Rot und Gelb und Gold.

Der Rote Platz, leicht gewölbt, der Erdkrümmung nachempfunden, heißt es. Kopfsteinpflaster, die rote Mauer des Kreml, seine Türmchen mit den roten Sternen und der Glocke. Goldene Kuppeln überragen die Burg.

Der Rote Platz. Heiliger Ort der Sowjetunion.

Hinter dicken roten Mauern sitzt die Macht. Undurchdringbar, unerreichbar, intransparent. Und wehrhaft.

Der Platz ist kleiner, als er im Fernsehen aussieht. Mathias Rust ist nicht hier gelandet. 1987. Der Platz ist zu klein, um ein Flugzeug auf ihm zu landen. Rust nahm die unweit gelegene Große Moskwa-Brücke. Ich war 19 Jahre alt, Rust 18. Sein Flug hat die Welt durcheinandergebracht und die sowjetische Luftabwehr vorgeführt. Unvorstellbar, dass jemand mit dem eigenen Flugzeug einfach so in die Sowjetunion fliegt und dann auch noch auf dem Roten Platz landet.

Besuch aus Deutschland. 15 und 18 Jahre alt, Gymnasiasten, freiheitlich-demokratische Grunderziehung. Der Rote Platz ist abgesperrt. Besuchszeit bei Lenin. An der Kremlmauer steht eine lange Schlange. Taschen und jede Art von Aufnahmegerät wie Kameras oder Telefone muss man abgeben. Dann geht es, durch einen Metalldetektor, die Kremlmauer entlang. Grabplatten in der Wand. Dahinter die Asche der Revolutionäre und Helden: William Dudley Haywood, der US-Gewerkschaftler, der vor Strafverfolgung in die UdSSR floh, oder Clara Zetkin, die deutsche Politikerin und Frauenrechtlerin, Georgij Schukow, der Marschall, der Berlin befreit hat, auch der erste Mensch im Weltall, Juri Gagarin. 114 Urnengräber insgesamt. Und ein paar Massengräber, angefüllt mit Bolschewiken. Sperrgitter führen zum Eingang des Mausoleums.

Im Eingang steht ein Soldat, große platte Mütze, ernster Blick: Der Besuch wird kein Spaß. Mütze ab, Kaugummi raus, Hände aus den Taschen, nicht reden, nicht nebeneinandergehen, nicht stehen bleiben. Die Jugendlichen schauen verunsichert. Der Soldat weist mit der Hand nach links. Ein paar Stufen runter. Die Leiche liegt im Keller, es ist schummrig. Frischhaltetemperatur. Der nächste Soldat. Er weist nach links. Da, der Schneewittchensarg. Indirekt ausgeleuchtet, Lenin, wie man ihn kennt: Spitzbart, Anzug, Krawatte, wächserner Teint. Gestorben am 21. Januar 1924. Die Jugendlichen blicken ungläubig.

Seit 1924 bietet Lenin halbwegs den gleichen Anblick – das Werk von Balsamierern. Wissenschaftler haben den Leichnam in den Jahren nach Lenins Tod mehrfach auseinandergenommen. Besonders sein Gehirn. Akribisch suchten sie dort nach dem Schlüssel zum Kommunismus oder wenigstens nach einem Nachweis für das Genie des Revolutionsführers.

Im Halbkreis gehen wir um Lenins Leiche. Dann der nächste Soldat, ein paar Stufen hoch, und schon sind wir wieder draußen. Die beiden Schüler sind verwirrt. Wir gehen vorbei an den Gräbern von Stalin, Dserschinski, Gründer der ersten Geheimpolizei der Sowjetunion, Breschnew, Andropow und Tschernjenko sowie sieben weitere Kommunisten. Zwölf Einzelgräber von Verbrechern, geschmückt mit ihren Büsten, die Nekropole an der Kremlmauer, der Ehrenfriedhof der Sowjetunion. Ungläubiges Staunen beim jugendlichen Besuch. Ein Soldat kommt: Weitergehen. Ich erkläre, wer Dserschinski war und wie viele Menschen er umgebracht hat. Ein zweiter Soldat kommt. Wir gehen weiter. Vorbei an Stalins Grab, wie immer mit Nelken geschmückt. Hier ist er der Tollste, der, der am meisten Menschen auf dem Gewissen hat, wenn er denn eines hatte.

Lenin wollte keinen Personenkult. Seine Familie wehrte sich gegen seine Einbalsamierung. Es war Stalin, der sich schließlich durchgesetzt hat. Er ließ zunächst einen hölzernen Verschlag um den aufgebahrten Revolutionsführer errichten, später dann ein Holzhaus. 1930 beschloss man, ein Haus aus Stein für den Begründer der Sowjetunion zu bauen. Seit der Stalin-Zeit wird hier, mit kurzen Unterbrechungen unter Gorbatschow und Jelzin, nicht nur die Gegenwart manipuliert, Geschichte wird poliert wie der Marmor des Lenin-Mausoleums. Kritische Geschichtsschreibung ist bis heute nicht die Regel, sondern die Ausnahme. Die Verbrechen der Revolutionäre sind der russischen Bevölkerung teils unbekannt, werden geflissentlich ausgeblendet oder vom Heldenkult überblendet.

Wir gehen quer über den Roten Platz, Taschen holen. Dann zur Metro, »benannt nach Lenin«, und zur Station an der »Biblioteka imeni Lenina«, der »Lenin-Bibliothek«. Überall

Mosaike mit dem Revolutionsführer. Lenin lebt. Zumindest in Moskau und erst recht in der Metro. Lenin sitzt tief im Bewusstsein der Menschen, seine Verherrlichung war Schulstoff in der Sowjetunion: »Alle Kinder lieben Lenin und die Geschichten aus der Zeit, als er jung war«, heißt es in einer Fibel, und dann:

»Aus nahen Dörfern manches Kind
trifft Lenin auf den Wegen,
zusammen sie recht fröhlich sind,
spazieren gehen und reden.«

Auch außerhalb der Hauptstadt ist Lenin in Russland allgegenwärtig. Putin mag Lenin nicht, heißt es.

Im russischen Fernsehen wird über die Beerdigung Lenins diskutiert. Der Rote Platz sei kein Museum, betont ein Vertreter der Akademie der Wissenschaften: »Er ist das symbolische Zentrum Russlands. Und im Zentrum dieses Zentrums liegt ein Mensch. Der, wie der Dichter Majakowski sagte, auch jetzt lebendiger ist als alle Lebenden.« Jemand betont, dass Stalin, Dserschinski und die anderen, die dort liegen, das schlimmste terroristische antirussische Regime geschaffen haben: »Für mich sind das Mörder. Ich solidarisiere mich mit denen, die gelitten haben. Mit dem russischen Volk. Damit wir uns vorwärtsbewegen, damit wir uns von diesem Schrecken befreien, den wir durchlebt haben, müssen wir diesen Friedhof räumen.« Der Vertreter der Kommunistischen Partei kann das nicht so stehen lassen: »Heute frisst das Kapital nicht nur unsere Kindheit«, schimpft er, »das erbarmungslose Kapital frisst auch unsere Perspektiven. Viele Historiker hassen Lenin und unsere Revolutionshelden.« Es werde aber eine Zeit kommen, in der »die Wissenschaftler Lenin, Stalin und die Zeit der Sowjetunion als eine der besten Phasen menschlichen Zusammenlebens bezeichnen werden«. Alle reden durcheinander. Ich bin durcheinander.

Moskau wird geputzt. Zentralasiaten streichen Zäune und Bordsteine, Spielgeräte und Müllcontainer. Moskau rüstet sich für die Feiertage. Der 1. Mai ist arbeitsfrei, der 9. Mai, der Tag des Sieges, auch. Viele Hauptstädter fahren zehn Tage auf die Datscha, machen sauber, säen Gemüse, pflanzen Kartoffeln. Doch noch ist April. Und da passiert es, dass eines Morgens roter Flor Häuser ziert. Breit und würdig hängt er mehrere Stockwerke tief, bewegt sich träge im leichten Wind. Fast das ganze obere Ende des Kutusowskij-Prospekts ist dekoriert. Und andere Straßen auch. Die Sonne scheint, die Autos fahren, und wenn man nicht genau hinsieht, dann sieht es aus wie ein Bild aus der Zeit der Sowjetunion. »Stalin-Bilder tragen sie noch nicht wieder durch die Stadt?«, fragt meine Russischlehrerin halb amüsiert. Sie ist über 70 Jahre alt, und als Kind hat sie das noch erlebt. Wie in jedem Frühjahr kommen mit den Schwalben auch die Panzer nach Moskau. Der Rote Platz ist fast die ganze Zeit gesperrt. Vor dem Kreml exerzieren Soldaten, üben jeden Abend für die große Parade zum Tag des Sieges am 9. Mai. Am 30. April dürfen ausländische Journalisten sich eine Probe der Machtdemonstration anschauen.

Treffpunkt ist an der Brücke hinter der Basilius-Kathedrale. Ein paar Soldaten stehen rum und rauchen. Nach einer Stunde werden wir durchgelassen und gehen über den Fluss. An der Auffahrt zum Roten Platz stehen Panzer. Erste Truppenteile treten an. Wir erreichen unsere Plätze auf der weiß-blau-roten Tribüne. Überall Banner mit dem Datum »9. Mai« und dem Wort »Sieg«, Georgsbänder, Sowjetsterne mit Hammer und Sichel. Soldaten des Wachbataillons dehnen die Waden für den Stechschritt. Misstrauisch schauen sie auf die Kamerateams und Fotografen, drehen sich weg. Aufmarsch weiterer Truppenteile. Jeder weiß, auf welchem Pflasterstein er stehen muss. Dann wird es still. Die Stimme des Kremlsprechers schallt über den Roten Platz: »Govorit Moskwa«, »Es spricht Moskau«. Die Kremlglocke schlägt zur vollen Stunde. Ab jetzt läuft die Zeit. In 60 Minuten ist das Spektakel zu Ende. Jede Sekunde ist exakt geplant. Der Verteidigungsminister steht in einer offenen Limousine. Vor jedem Truppenteil stoppt der Wagen: »Zdrawstwuitje, towarischi«, »Guten Tag, Kameraden«. Der Minister salutiert. »Zdrawija zhelajem, towarisch ministr oboronij!«, donnert es zurück, »Wir wünschen Gesundheit, Kamerad Verteidigungsminister«. Darauf der Minister: »Ich gratuliere euch zum 67. Jahrestag des Sieges im Großen Vaterländischen Krieg!« Drei Mal rufen die Soldaten »Urra!«. Die Stimme des Kremlsprechers dröhnt: »Hören Sie nun die Rede des Präsidenten der Russischen Föderation, Wladimir Wladimirowitsch Putin.« Putin ist hier? Wir schauen uns ungläubig an. Stille tritt ein. Putin ist noch nicht wieder im Amt, erst am 7. Mai wird es so weit sein. Die Parade zum Tag des Sieges wird der erste große Auftritt in seiner dritten Amtszeit. Es bleibt still auf dem Roten Platz. Minuten vergehen. Dann:

»Sie hörten die Rede des Präsidenten der Russischen Föderation, Wladimir Wladimirowitsch Putin.« – »Urraaaa, urraaaa, urraaaa«, schallt es aus Hunderten Soldatenkehlen. Dann spielt die Musik mit Pauken und Trompeten erst die Hymne, dann Siegesmärsche der Sowjetunion, Gassenhauer des Sieges im Großen Vaterländischen Krieg. Die Soldaten marschieren hin und her und auf und ab, im Stechschritt das Wachbataillon und im Gleichschritt die anderen. Blick streng nach rechts auf die Tribüne am Lenin-Mausoleum, wo Putin stehen wird. Dann kommen die Panzer und Haubitzen. Der alte Platz vibriert. Die Luft verfärbt sich lila, stinkt. Die dröhnende Stimme des Kremlsprechers ist nur noch zu ahnen, das Tschingderassabum der Pauken und Trompeten geht im Lärm unter. Zum Schlag der Kremlglocke ist es wieder still, der Spuk ist vorbei. Die Siegesmärsche bleiben im Ohr. Für immer. Benommen fahren wir nach Hause, schweigen. Wir kaufen Bier und schauen Fotos an. Erst dabei wird uns klar, was wir gerade gesehen haben. Militärparaden sind dazu da, anderen Angst zu machen.

Erinnerungen: Ich sitze mit meinen Eltern vorm Fernseher. »Tagesschau«. Der Rote Platz. Breschnew auf dem Balkon des Mausoleums, alte Männer in Mänteln mit Hüten, gesichtslos grau trotz Farbfernsehen. Männer, die sich Bruderküsse geben. Vor ihnen gesichtslos grau und in Uniform Soldaten, Panzer, Raketen. Die Raketen, die uns bedrohen. Moskau: ein schwarzes Loch, unerreichbar, unvorstellbar. Die Männer winken zittrig. Heute waren wir da, wo einst die alten Männer standen. Mehr Erinnerung: Breschnew zu Besuch in Hamburg. 1978 bei Helmut Schmidt. Spargel im

Reihenhaus, Wodka und Rumtopf. Wie der Bundeskanzler wohnten auch wir am Hamburger Stadtrand und in der Einflugschneise. Breschnew flog über unser Haus. »Iljuschin«, erklärte mein Vater, »vier Triebwerke hinten.« Kurz darauf war er wieder im Fernsehen zu sehen, in Moskau, weiter weg als New York, unnahbar, unheimlich.

Das Ende der Hoffnung auf Reformen und Demokratie in Russland hat ein Datum. Es ist der 6. Mai 2012, der Tag, bevor Putin erneut in das Amt des Präsidenten eingeführt wird. Der 6. Mai ist ein extrem heller, heißer Tag. Der »Marsch der Millionen«, wie die Oppositionellen die Demonstrationen mittlerweile nennen, geht von der Metrostation Oktjabrskaja zum Bolotnaja-Platz, nicht weit vom Kreml, auf der anderen Seite der Moskwa. Putin bezeichnet seine Kritiker als »von außen« gelenkt. Hinter ihnen stünden Kräfte im Westen, namentlich das U.S. State Department. Das Ziel sei es, Russland von innen zu zerstören. Die Stimmung ist angespannt. Lange Schlangen bei der Eingangskontrolle, nervöse Sicherheitskräfte schauen in Taschen. »Lasst uns durch«, skandieren einige. Mit Musik geht's los. Wieder bunte Regenbogenfahnen – der Regenbogen ist das weltweite Symbol sexueller Toleranz –, bunte Sturmmasken der Performerinnen von Pussy Riot, weiße Fahnen der Demokratischen Partei Jabloko, schwarz-gelb-weiße Flaggen der Zaren. 50 000 Menschen, die Polizei spricht von 8000.

Schnell ziehen die Demonstranten die große Straße hinunter in Richtung Kreml. Kurz vor ihrem Ziel am Bolotnaja-Platz stoppt der Zug an einer Polizeikette der OMON, die Helme haben sie schon auf. Der Zug steht eine Stunde, eine zweite bricht an. An einer Stelle entsteht ein Gerangel. Die Organisatoren rufen eine Sitzblockade aus.

Wir arbeiten zu dritt. Eine Kollegin sitzt in einem Restaurant über dem Kino an der Ecke und hat den Platz und die Brücke im Blick. Ich stehe mit einer Fotografin unten an der Postenkette der Polizei, die plötzlich geschlossen wird. Wir machen einen Schritt zurück, stehen hinter der Kette. Die Polizei lässt niemanden mehr rein oder raus. Erste Steine fliegen. Einigen Demonstranten gelingt es, die Sperre der Sicherheitskräfte zu durchbrechen. Rauch steigt auf. Hinter uns befindet sich eine Supermarkttür, ideal, um sich in Sicherheit zu bringen. Plötzlich öffnet sich die Polizeikette und lässt ein gutes Dutzend junger Männer mit kurzen Haaren und Sportkleidung hinein. Die befreundete Kollegin reagiert sofort. Zehn Schritte, und sie ist an der Lücke, fragt: »Wer sind Sie? Und warum werden Sie hier hineingelassen?« Die Typen sind verblüfft. »Ja, mal schauen … Wir gehören zur Demonstration …« Nun dauert es nicht mehr lange, und der Marsch der Millionen am 6. Mai 2012 endet in einer Prügelei. Es ist keine sehr wilde, verglichen mit früheren Demonstrationen zum 1. Mai in Berlin.

Anschließend sichtet ein Heer von Fahndern Bildmaterial. Es gibt erste Festnahmen: Widerstand gegen die Staatsgewalt, Aufruf zu Massenunruhen, Teilnahme an denselben. Unter den Festgenommenen ein Unternehmer, ein U-Bahn-Fahrer, Menschen, die alte Leute betreuen, ein Jurist, ein Reisekaufmann, Studenten, Arbeitslose. Mehr als 20 Menschen werden verhaftet.

Videos der Verteidigung zeigen, wie ein Muskelprotz zuerst einen Elitepolizisten schlägt, später aber Polizisten dirigiert, in welche Richtung sie laufen sollen. Oder wie Männer in schwarzen Trainingsanzügen und mit schwarzen Masken die OMON-Kette von hinten durchbrechen, sich zu den Demonstranten gesellen, Steine werfen und dann wieder verschwinden. Aber ausschlaggebend werden die Videos sein, die die Anklage benutzt und auf denen Demonstranten Polizisten angreifen. Das Ermittlungskomitee untersteht dem Präsidenten. Fast täglich berichten deren Sprecher in Nachrichtensendungen von den Erfolgen und der Gefahr, die von diesen Menschen für die Gesellschaft ausgehe. Die nationalen Fernsehsender vertiefen die Angst vor dem Chaos, das mit Regierungswechseln verbunden sei: Schaut nach Syrien, nach Ägypten, nach Libyen. Das wollen die Vereinigten Staaten auch hier inszenieren. All diese Menschen sind angestiftet von den US-Amerikanern, dem Westen. Sie wollen das große, mächtige Russland vernichten. Davor beschützen wir euch! Davor beschützt euch Wladimir Putin, würdiger Nachfolger der mächtigen sowjetischen Staatschefs. Putin tritt an, die Fehler Jelzins auszumerzen. Die Botschaft ist: Jelzin, der, schwach, dem Westen Tür und Tor geöffnet hat, euch ins Chaos gestürzt hat, in die Armut, die wir Demokratie nennen. Traut Putin.

Die Festgenommenen werden teils sehr lange in Untersuchungshaft gehalten. Und die Ermittler legen nach, ermitteln wegen der Organisation von Massenunruhen gegen sie, nicht nur in Moskau, sondern auch im ganzen Land. Die Ausschreitungen seien von langer Hand geplant gewesen. Von wem wohl, denke ich, verschwörungstheoretisch, halte aber langsam alles für möglich, was der Macht Putins nutzt. Es geht schließlich um die nationale Sicherheit. Und so werden immer wieder Menschen verhaftet.

Bolotnaja wird zum Symbol des Widerstands, noch Jahre später werden Menschen an jedem Sechsten eines Monats an die Freiheit der zu Unrecht Verurteilten erinnern. Es wird zwar noch ein paar Demonstrationen mit dem beschwörenden Titel »Marsch der Millionen« geben, doch es werden immer weniger kommen. Der Regierungswechsel ist abgesagt. Verschoben. »Im Mai macht man in Russland keine Revolution«, sagt eine berühmte russische Journalistin, »da fährt man auf die Datscha und pflanzt Kartoffeln. Was im März nicht gelingt, muss bis zum Herbst warten.« Der 6. Mai 2012 war der Tag, an dem die Angst der Menschen zurückkam, die anderer Ansicht sind.

Am nächsten Tag ist das Zentrum Moskaus gespenstisch still. Die Straßen von Putins Wohnsitz bis zum Kreml sind schon am frühen Morgen wie ausgestorben. Männer in Windjacken stehen einfach so herum. Männer an Haltestellen warten auf den Bus, der nicht kommen wird. Anwohner wurden angewiesen, nicht aus dem Fenster zu schauen. Das Fernsehen überträgt Putins Weg live, filmt die lange schwarze Limousine und die Polizeiautos von oben. Freie Fahrt ohne freie Bürger für Putin auf seinem Weg ins Amt. Ein Hauch von Sowjetunion weht durch die Straßen, wächst sich aus zu einem Windstoß. Seht, da kommt ein Wiedergänger. Seht, der hat die Kontrolle über euch. Auferstanden aus den Ruinen der Sowjetunion, wird er Russland zu Ruhm und Ehre führen. Die Kolonne fährt in den Kreml, Uniformen, alte Kanonen, im Saal 3000 geladene Gäste. Goldene Türen öffnen sich, Putin geht zügig, immer vor ihm die Kamera, Soldaten in altmodischen Uniformen stehen stramm, folgen dem designierten Präsidenten mit dem Blick, wenden ihren Kopf in der Geschwindigkeit seines Schrittes. Staatschefs geben ihm die Ehre, Präsidenten und Diktatoren zentralasiatischer Staaten, Weißrusslands, der Ukraine usw. Auch ehemalige westliche Staats- und Regierungschefs sind geladen, Gerhard Schröder, Putins Freund, und Silvio Berlusconi, auch ein Freund.

Putin schwört. Dann Böllerschüsse. Sie markieren das vorläufige Ende der Demokratiebewegung in Russland. Russland hat einen neuen Präsidenten, es ist der alte in jeder Hinsicht, doch modernisiert. Ein Tschekist in der Tradition der Tscheka, der Geheimpolizei der UdSSR. Derweil werden im Zentrum Moskaus Menschen verhaftet, die stumm mit weißen Schleifen spazieren.

Kapitel 3

Leichtigkeit und Verwirrung

Sommer in Sibirien

»Warum leben wir in Sibirien?«, fragt Tanja, eine Freundin von mir. Sie bekommt keine Antwort. Ihre Mutter weiß es nicht genau. Ihre Großmutter ist tot, wusste es aber auch nicht. Und ihre Urgroßmutter hat geschwiegen. Zu gefährlich. Die nur schwer bewohnbaren Gegenden im Osten und Norden Russlands sind voller Familien, die nicht wissen, warum ihre Vorfahren dorthin deportiert wurden. Tanjas Großmutter wurde in Tschita in Südostsibirien geboren, gut 1000 Kilometer vor der Pazifikküste. Tanja lebt in Akademgorodok, dem Akademikerstädtchen nicht weit von Nowosibirsk. Im Sommer ist es hier grün, die Luft ist frisch, die vielleicht 100 000 Einwohner sind nett. Das Städtchen ist gepflegt, die Wege sauber, die Häuser verziert und gepflegt, zwei, drei, vier Stockwerke, Bäume und Blumen. Tanja promoviert. Sie weiß, dass ihre Urgroßmutter schwanger war, als sie in den Osten deportiert wurde. Die Wärter haben Häftlinge einfach aus dem Zug geworfen. Bei irgendeinem Streckenkilometer nicht weit von Tschita. »Schlagt Holz, baut euch was. Ihr habt Zeit bis September, dann schneit es. Andere haben das auch geschafft. Überlebt mal schön!« Die Urgroßmutter kam nieder. Der Geburtsort von Tanjas Großmutter ist ein Streckenkilometer. Es war Frühling, nachmittags.

Oft durften die Verbannten nicht in ihre Heimatorte zurückkehren. Manchmal war es in der Sowjetunion auch gut, weit weg von der Macht zu sein. Tanjas Mutter hat ihre Promotion über die Probleme bei der Umsetzung des Sozialismus geschrieben, Marx kritisch in den Kontext der pseudosozialistischen Planwirtschaft eingeordnet. Umso schockierter waren Tanjas Eltern, dass ihre Tochter als Kind in Lenin verliebt war: »Als Lenin ein kleiner Junge mit Locken war, lief auch er in Filzstiefelchen durch den Schnee.« Sie trug solche Verse bei Festen vor. »Einmal waren meine Eltern dabei und dachten: Oh nein, das ist unser Kind, das all dieses dumme Zeug redet.« Lenin war in den damaligen Schulbüchern ein kindgerechter Opa oder guter Onkel.

Die Straßen in Akademgorodok heißen wie der sowjetische Fortschritt. Ich wohne in der Walentina-Tereschkowa-Straße, benannt nach der ersten Frau im All. Ihr Flug war ein Sieg der Sowjetunion im Wettlauf um den Kosmos in den 60er und 70er Jahren. Ein Sieg des sowjetischen Pseudofeminismus, in dem Frauen und Männer gleiche Arbeit leisteten, nur nicht im Haushalt. In der Uliza Tereschkowoj stehen lange Wohnblöcke aus den 70er Jahren, graue Platten, neun Stockwerke hoch. Rundherum Bäume, Büsche, Rasenflächen. Im Treppenhaus stinkt es nach Katzenkot und -urin.

Wer in Russland länger als sieben Werktage an einem Ort ist, muss sich registrieren, das heißt polizeilich melden. Die russische Bürokratie ist eine Herausforderung. »Sie müssen zur Post gehen«, sagt meine Vermieterin, »dort ist ein Schalter, an dem geht das.« An dem Schalter steht eine Frau, die mich entgeistert anschaut: »Wer hat Sie denn geschickt?« – »Niemand.« Ungläubiger Blick. Beratung mit ihrer Kollegin. »Sie müssen doch bei irgendeinem Betrieb oder einem Institut zu Gast sein.« – »Bin ich aber nicht. Ich bin einfach so hierhergekommen.« – »Und was machen Sie dann hier?« – »Na, ich jogge morgens in Ihrem schönen Wald. Wenn das Wetter mitspielt, gehe ich an den Strand Ihres schönen Sees, lege mich dort hin und lerne Russisch.« Sie blickt mich strafend an. Einfach so zu reisen und sich als westlicher Ausländer frei zu bewegen, ist ihr suspekt. »Wer begleitet Sie?« – »Niemand. Ich bin ganz allein gekommen.« – »Wie, einfach so …?« Mittlerweile sind sie zu dritt hinter dem Schalterfenster. Finstere Mienen. Skeptische Blicke. »So geht das aber nicht.« Ich versuche, die sowjetischen Ladies totzuflirten. »Registrieren Sie mich trotzdem?« Ihre Blicke durchbohren mich: »Gehen Sie zur Polizei!« – »Zur Polizei?« – »Oder zur Migrationsbehörde, Sie sind Ausländer!« – »Aber ich lebe in Moskau und bin dort gemeldet. Ich habe ein Dauervisum und eine Akkreditierung beim Außenministerium. Ich brauche lediglich eine Registrierung für Akademgorodok.« – »Was machen Sie dann hier?« Den Hinweis hatten wir schon in freundlicherem Tonfall. Sie schließt ihren Schalter, steht auf und geht: »Technische Pause« steht auf dem Schild. Aufgeben gilt nicht, denke ich, zumal ich gar keine Wahl habe, ich würde mich strafbar machen. Ich höre von einer Frau in einem Nachbarort. Sie arbeitet in einer Fabrik und hat Verbindungen. Sie braucht meinen Pass und meine Registrierung aus Moskau. »Und 50 Euro. Dann sind Sie in wenigen Tagen registriert.« Wir treffen uns in einem Park, sie ist nett, lacht viel und freut sich über das Geld. Ein paar Tage später treffen wir uns wieder im selben Park. Ich lächle, sie auch. Der Grund für die Registrierung bleibt für mich unverständlich. Sie ist bürgerfeindlich und hat deshalb einen hohen Korruptionsfaktor.

August in Sibirien. Sattes Grün und heiße Tage. Die Menschen sind entspannt, genießen Bier, Wodka, Schaschlik. Akademgorodok liegt am Obskoje Morje, am Ob-Meer. So nennen sie den Stausee des Ob, wegen seiner Größe. Das andere Ufer ist nicht zu sehen. Wie anders Akademgorodok ist, wird am Wochenende am Strand klar. Ein paar Schritte durch den Wald, über die Gleise, durchs Gebüsch. Dann eine Treppe runter an den Strand. Bohlen führen zum Wasser. Ein Kiosk mit Veranda. Es gibt Eis und Schaschlik, Bier, Brause, Wodka. Ein paar Leute machen Feuer. Jugendliche spielen Hasch mich, Eltern bespaßen kleine Kinder. Der Sand ist heiß. Barfuß laufen tut weh. Einige baden. Ein Stück weiter ist der Strand schmal, Büsche, Nackte. Nackte sind selten im tugendhaften Russland der 2000er Jahre. Die Sowjetunion war freizügiger, revolutionär angetreten, überkommene Familienmodelle zu überwinden. In der Stalin-Zeit zog die Moral mit Macht ein und mit Gewalt. Hier nun also Nackte, und noch ein bisschen weiter manipulieren Leute sogar ungestört aneinander herum. Weitere 50 Meter den Strand entlang verschwinden Männer in Kleingruppen im Gebüsch und kommen kurz darauf entspannt lächelnd wieder an den Strand, werfen sich ins Wasser.

Eine Eisenbahnstrecke führt am See entlang. Nachts hört man manchmal das Rattern der Züge auf dem Schienenstrang, oft verlegt von angeblichen Spionen oder Staatsfeinden, reihenweise verurteilt und verbannt, erschossen oder erfroren. Wer zu viel redete, starb im Land der Paranoia, von Spionen umzingelt und durchsetzt. Viele Menschen im heutigen Russland glauben, dass es auch heute noch so ist. Es ist einfach, im Mutterland der Paranoia paranoid zu werden, zumal, wenn man überall Anzeichen dafür findet. Keine Fragen, keine Probleme. Zu viele Fragen, zu viele Probleme.

»Warum leben wir in Sibirien?« Tanjas Frage kann man auch umdrehen, denke ich. »Wenn heute jemand erzählt, seine Familie lebe seit mehreren Generationen in Moskau, dann muss man fragen, wie sie das geschafft hat«, hat mir einmal eine Freundin in Moskau gesagt, ausgestattet mit der Unfähigkeit, Unrecht zu ertragen und zu schweigen. Ihre Familie musste in Usbekistan leben. Tanja weiß, ihre Großmutter und die anderen haben in Erdhöhlen überlebt. Schnell gezimmerte Holzhäuser gab es erst im zweiten Jahr. Reste der Häuser blieben, als die Verbannten weiterzogen. Minus 40 Grad ist im Winter eine normale Temperatur in der Gegend. Und die Stille. Nur das Rattern der Züge auf dem Weg nach Osten. Voller Menschen, längst Verschiebemasse des Stalinismus, der Sowjetunion, des Landes, dessen Ruhm heute wieder beschworen wird. Mir wird schlecht, wenn Putin sagt, dass die Industrie des Landes von Enthusiasten aufgebaut wurde. Ich ertrage das Schweigen der russischen Gesellschaft zu solchen Sätzen nicht, weiß doch jeder, was passiert ist, hat doch jede Familie Angehörige verloren. Mittlerweile ist wieder von den Volksfeinden die Rede, wenn es um Oppositionelle geht, um Ausländer, um Homosexuelle. Die jetzige Regierung knüpft an die Traditionen der Sowjetunion an, als hätte es die Demokraten, die im August 1991 für ein von der Sowjetunion unabhängiges und demokratisches Russland auf die Straße gegangen sind, nicht gegeben.

Während die letzten Tage des heißen Sommers in Sibirien träge vergehen, werden am 17. August in Moskau die Performerinnen von Pussy Riot schuldig gesprochen und zu zwei Jahren Lagerhaft wegen Rowdytums und religiösem Hass verurteilt. Ich fand die Aktion nie gut, die Reaktion des Systems finde ich jedoch völlig inakzeptabel. Putin hat seine ersten berühmten politischen Gefangenen. Die Verhaftung, der Prozess und der Schuldspruch haben weltweit Reaktionen ausgelöst. Alle reden darüber, dass Russland sich international selbst schadet. Und niemand kann sich vorstellen, dass der Regierung genau das egal ist. Diese Erkenntnis wird sich selbst nach der Annexion der Krim 2014 nur langsam durchsetzen. Flankiert vom Fernsehen werden die Frauen zu Feinden Russlands stilisiert und die internationalen Proteste als eine Einmischung von außen. Wir sind am Anfang des unvorstellbaren Irrsinns der Ära Putin. Alle protestieren: Amnesty International, Sting, Bundestagsabgeordnete. In der Zeichentrickserie »South Park« trägt Jesus ein T-Shirt mit der Aufschrift »Free Pussy Riot«. Madonna sichert den Performerinnen bei einem Konzert in Moskau ihre Unterstützung zu. Vor ihrem Konzert in St. Petersburg spricht ein Stadtabgeordneter vom »Spülwasser aus der höllischen Küche des Imperiums des Bösen« und sagt, dass man nicht zulassen darf, dass die Gesellschaft damit gefüttert wird. Madonna ruft zur Toleranz gegenüber Homosexuellen auf, die Reaktion folgt auf dem Fuß. Vor dem Konzert demonstrieren radikal-orthodoxe Fundamentalisten mit schwulenfeindlichen Parolen. Sie drohen Madonna, fordern eine Geldstrafe. Diese Leute, oft alte Frauen, tauchen mittlerweile zu jedem Anlass auf, der mit Religion, Homosexualität etc. zu tun hat. Bei allen Prozessen gegen Kunst in den letzten Jahren saßen solche Frauen im Publikum, so auch beim Prozess gegen Pussy Riot. Sie beten, verfluchen, schimpfen und bezeichnen die Künstlerinnen gar als »Hexen, die verbrannt werden müssten«. Landesweit tritt das Gesetz, das die »Propaganda« von Homosexualität in der Öffentlichkeit verbietet, zwar erst im Sommer 2013 in Kraft, doch in St. Petersburg und einigen anderen Städten gilt eine ähnliche Regelung bereits seit Sommer 2012.

»Das Ende der Sowjetunion war schlecht für die Moral«, sagt Jana, eine Russischlehrerin. »Die Jugend hat keine Orientierung mehr, keine Führung, keine Idole und Ideale.« Wir sind in einem Restaurant, und sie isst sparsam. »Das ist doch teuer.« Das Argument, dass ich ein Mann bin und sie deshalb einlade, hat sie überzeugt, überhaupt mit mir zu essen. Wir sitzen draußen. Sie friert, mir ist auch kalt. »Wollen wir reingehen?«, frage ich. »Das wird der Kellner nicht gut finden, er muss dann den Tisch neu decken.« Ich bin sprachlos. Wir gehen rein. Drinnen zappeln auf Fernsehschirmen Menschen in Musikvideos. »Überall Haut und Sex. Finden Sie das nicht auch schrecklich?« Ich frage sie nicht nach Pussy Riot. Ihr Sohn sei 18 und höre auch solche Musik. Er möchte ausgehen und begleite sie nicht oft in die Kirche. »Stattdessen schaut er Filme.« – »Liest er?« – »Ja, aber nicht genug, und wenn, dann das Falsche. Ihm fehlt der Vater.« Ob ich nicht mal vorbeikommen könne. Sie spricht von einem Priester, den sie kennengelernt hat. Und von Gott und der Ruhe, die sie im Gebet findet. Und den klugen Dingen, die der Priester ihr sagt, dass sie auf Erden duldsam sein müsse. Und dass sie zu ihrem Sohn streng sein solle. Sie isst sparsam, nippt am Wein, irgendwann zahle ich.

Am nächsten Tag gehe ich zu ihr. Wir sind Nachbarn in der Walentina-Tereschkowa-Straße. Sie leben in zwei Zimmern, eins für ihren Sohn, eins für sie. Eine Klappcouch, ein Schreibtisch, ein Schrank, ein Stuhl, ein Regal, ein paar Bücher und ein großes, schweres mit vielen Fotos: »A Day in the Life of the Soviet Union«. Ein großartiges Buch. Zum 70. Jahrestag der Oktoberrevolution haben 50 Fotografen aus dem Westen und 50 aus der Sowjetunion einen Tag lang den Alltag festhalten können. Jana war 18, als die Zwangsgemeinschaft UdSSR auseinanderbrach. »Struktur«, sagt sie, »alles braucht doch irgendwie Ordnung, verstehen Sie das nicht?« Die Gründerjahre des heutigen Russlands nach dem Ende der Sowjetunion waren geprägt von der schier endlosen Freiheit, arm zu werden oder aber sich zu bereichern, Konkurrenten aus dem Weg zu räumen, sogar umzubringen. Die einfachen und ehrlichen Menschen blieben häufig auf der Strecke, mussten überleben. »Russland braucht eine starke Hand«, sagt sie. Das Trauma des Zusammenbruchs sitzt tief, Demokratie und Liberalismus sind negativ besetzte Begriffe, auch bei Jana. Ihr Sohn kommt. Er schaut mir in die Augen, streckt die Hand aus und macht einen Diener. Dann bietet er mir an, mir zu helfen, wenn ich in den nächsten Wochen etwas brauche. Ein netter Junge. Jana glaubt mir nicht.

Auch Wasilij hadert mit der Freiheit. Er promoviert in Mathematik, ist 24 Jahre alt und möchte unbedingt über Moral reden. Wir haben uns zum Sprachtandem verabredet, sprechen abwechselnd Deutsch und Russisch miteinander. »Das Konzept gemischter Gesellschaften ist gescheitert«, erklärt mir Wasilij, »man kann nicht mit Türken zusammenleben.« Wasilij hat gerade ein Buch von Thilo Sarrazin gelesen. »Deutschland schafft sich ab« ist ins Russische übersetzt. »Hast du schon mal mit Türken gesprochen?«, frage ich. »Nein. Aber Deutschland ist gescheitert wegen der vielen Moslems.« – »Wie kommst du darauf?« Seine Mutter habe das gesagt. Die war aber noch nie in Deutschland, noch nicht einmal in Moskau. Die meisten Russen waren noch nie im Ausland. Dafür brauchen sie einen Reisepass, die EU fordert Visa, und die sind nicht einfach zu bekommen. Wasilij hat seine Vorstellungen vom Leben in demokratischen Gesellschaften aus dem Fernsehen, wie die meisten seiner Landsleute, »aber das Fernsehen ist schlecht. Stalin wird negativer dargestellt, als er war. Lenin auch. Vielleicht kann man Stalin ein Monster mit menschlichem Antlitz nennen. Aber Gott richtet über ihn. Ich denke, jede historische Figur ist in gewissem Grad ein Monster. Weil man ein so großes Land nicht lenken kann, ohne ein Monster zu sein.« Wasilij ist dagegen, Geschichte kritisch aufzuarbeiten: »Das ist unsere Geschichte. Trotz allen Übels sind Menschen anständig geblieben! Nicht alle wurden in Lager gesteckt. Und nicht alle guten Menschen wurden von Stalin vernichtet. Die Leute begreifen nicht, dass ein Land ohne Vergangenheit keine Zukunft hat. Man muss die Vergangenheit lieben wie die eigene Mutter, und der stellt man ja auch keine unangenehmen Fragen.« Besonders ärgert ihn, dass die Sowjetunion heute nicht ausreichend gewürdigt werde. Die Häuser in Akademgorodok seien in der Sowjetunion gebaut worden, die Bank, auf der wir gerade sitzen, ebenso. »Alles, was ich täglich benutze, ist in der Sowjetunion produziert worden. Und jetzt? Nichts mehr. Wir essen nur das auf, was damals erarbeitet wurde.« In der Provinz scheint die kleine Welt noch in Ordnung und die große weit weg zu sein. Seine Urgroßmütter und Großmütter hätten seiner Mutter beigebracht, dass sie stolz darauf sein soll, dass sie »trotz allem anständig geblieben sind«.

»Mein Freund! Komm, trink Wodka mit mir.« Es ist Samstagabend. Die Disco heißt Bunker. »Auf uns!« – »Gern.« Schwupp, weg ist der Schnaps. Er ist vielleicht dreißig, wahrscheinlich jünger. Ich bin mir sicher, ihn noch nie gesehen zu haben. Michael Jackson singt, dass Billy Jean nicht seine Geliebte war und das Kind nicht sein Sohn ist. Auf der Tanzfläche ein paar Männer in Jeans und Sakko mit eher sparsamen Bewegungen, vor ihnen tanzen Frauen in kurzen Kleidern und auf High Heels, dass die Taiga wackelt. Rings um die Tanzfläche Tische und lange Bänke. Ansonsten Pferdestallambiente, Holzverschläge. Hier wird gesoffen. Meist Wodka. Als Jugendlicher war ich oft in einer Disco in Mölln. Da sah es auch so aus. Selbst die Musik war ähnlich. Ein paar ältere Männer in Pullovern bestellen für sehr junge

Frauen Sangria in einem Eimer. Deren Frisuren sind hochgeföhnt, die Gesichter ausreichend geschminkt. Ich bin zu alt für den Laden, denke ich. Doch mein neuer Freund ist begeistert und zieht mich in einen Nebenraum mit Bar. Jemand spielt Schlagzeug zur Karaokemaschine. Er stellt mich seinem Freund Magomed aus Dagestan vor. »Wodka!« Diesmal bestellt er drei und sagt, dass die Barfrau unglaublich gut aussieht. »Auf geht's!« (schwuppwegisser) »Wir leben hier alle zusammen, es gibt keine Probleme, weißt du. Sibirien, das ist was Besonderes. Das werden die da in Moskau nie begreifen.« Magomed geht, und vor uns stehen zwei Wodka (schwuppwegsindse). »Sibirien ist schön«, sage ich. Interessiert ihn aber nicht. »'tschuldigung, wollte nur freundlich sein.« Doch der Wodkaspender möchte gar nicht, dass ich etwas sage. »Soll ich mal Bier bestellen?« Ungläubiger Blick: »Klar, du bist ja Deutscher.« Ich möchte auch mal eine Runde bezahlen, er droht mir Schläge an für den Fall, dass ich das tue. »Du kommst doch aus Berlin. Erkläre mir doch mal, warum bei moderner Kunst immer alle nackt sind.« Ich bin sprachlos. »Ich mag ja moderne Kunst. Aber das hat doch mit Kunst nichts zu tun.« In diesem Zustand mit diesem Typen eine Diskussion über das öffentliche Entkleiden zu führen wäre sinnlos. Wieder Wodka (schwuppwegisser), wer kennt schon die sibirischen Sitten bei Kerlen, die Aufdringlichkeit für Gastfreundschaft halten und diese der Völkerfreundschaft widmen. Wir küssen uns völkerfreundschaftlich, Wodka (schwuppwegissauchdieser) und versichern einander, dass das der schönste Abend unseres Lebens ist. Sollte er das ernst meinen, ist es Zeit zu gehen und dabei auch nicht allzu sehr zu trödeln. Bevor mein Spender merkt, was los ist, sitze ich im Taxi. »Sie sind zu alt für so etwas«, sagt der Fahrer. Er hat recht. »Hier ist nicht Berlin, in Ihrem Alter wird man hier Großvater.« Ich frage ihn, wie alt er ist. »44«, sagt er, »ich habe zwei Enkel, wollen Sie mal Fotos sehen?« Ich möchte erneut nicht unhöflich sein. »Und, neidisch?« Ich bin endlich am Wohnblock angekommen.

In der zweiten Augusthälfte wird der Wald sehr still. Eichhörnchen errennen Birkenstämme. Der Sand am Strand ist nicht mehr heiß. An der Straße verkaufen alte Frauen und Männer Pilze und sehr kleine Äpfel, größer werden die Früchte hier nicht und auch nicht aromatisch. Ich kaufe eine Daunenweste.

Eine Redakteurin ruft an, möchte eine längere Sendung über die Situation kritischer Künstler, wegen Pussy Riot. Wenn ich gerade in Sibirien sei, umso besser. Aus der Provinz hört man wenig in Deutschland. Im benachbarten Nowosibirsk gibt es zwei Aktionskünstler, Artjom Loskutow und seine Freundin Maria Kiseljowa. Tanja, die Chemikerin, möchte mit. Sie kenne die beiden aus der Zeitung und möchte sie sehen.

»Ich habe Schwierigkeiten, das zu begreifen.« Maria – Mascha – Kiseljowa ist auf dem Weg zur Post. Artjom ist schon dort. »Ich kann mich damit nicht abfinden, dass so etwas jetzt in meinem Land passiert, in meiner Zeit, nicht im Mittelalter. Leute sagen, die Mädchen seien Hexen und sollten verbrannt werden. Du denkst, das sind normale Leute.« Mascha Kiseljowa ist Designerin, 21 Jahre alt, eisblaue Augen. »Schon beim Prozess habe ich immer gedacht, gleich stehen alle auf und sagen, dass das nur ein Scherz ist. Das ist total verrückt.« Artjom Loskutow steht bereits in der Schlange. Er hat eine große Tasche voller großer Briefumschläge dabei. Darin T-Shirts, darauf eine mittelalterlich anmutende Ikone mit Pussy-Riot-Maske. Er hat sie selbst gestaltet. Die T-Shirts kann man im Internet bestellen. Das Geld, das er damit einnimmt, schickt Artjom dem Mann von Nadeschda Tolokonnikowa von Pussy Riot. »Ich habe ihr gerade 20 000 Rubel überwiesen«, erläutert Artjom. Das sind im August 2012 etwa 500 Euro. »Und es wird mehr. Schau mal!« Er blättert die Umschläge durch, »Moskau, Moskau, Moskau. Mich riefen zwei Leute an. Die sagten, sie wollten für Pussy Riot spenden und T-Shirts haben. Wir haben uns getroffen, ich gab ihnen die T-Shirts, sie gaben mir das Geld.« Doch die beiden waren Ermittler, nahmen Artjom mit und beschuldigten ihn, illegale Geschäfte zu machen. »Sie sagten, ich hätte keine Quittung ausgestellt und Schwarzhandel betrieben.« Weiter warfen sie ihm vor, an einem Ort gehandelt zu haben, der nicht dafür vorgesehen ist. »So als hätte ich irgendwo einen Stand eröffnet. Das ist alles lächerlich. Die wollen mir nur was unterschieben.« Artjom hat Plakate mit der Ikone mit der bunten Sturmhaube auch in Glaskästen in der Stadt gehängt, die nächste Anklage. Auch patriotische Organisationen machen Ärger. Bei einer Kundgebung haben sie dazu aufgerufen, Artjom anzuzeigen. Er verteile beleidigende T-Shirts. Das ist vier Tage her. Artjom legt die dicken Briefumschläge auf den Tresen. Er ist 27 Jahre alt, rahmt sein Gesicht mit einem Bartkranz. »Es ist zu spät, Angst zu haben«, sagt er, »das hat jetzt keinen Sinn mehr.« Vor drei

Jahren war er schon einmal im Gefängnis. »Ich schieße ja nicht auf die Polizei, ich werfe keine Steine in Schaufenster, ich mache ganz gezielte, akkurate Dinge. Sie versuchen zwar trotzdem, mir Strafverfahren anzuhängen, wie die Geschichte mit diesen Plakaten.« Er ist auffällig geworden, und das ist etwas, das in den letzten Jahren in Russland gar nicht gut ankommt. Verhaftet wurde er, weil er der großen Lenin-Statue im Zentrum von Nowosibirsk ein Plakat mit dem Lenin-Zitat »Lernen, lernen und nochmals lernen« ans Bein gehängt hat. »Das war eine Aktion gegen die Einführung von Studiengebühren. Es sollte so aussehen, als sei Lenin der Organisator der Aktion, damit keiner von uns zur Verantwortung gezogen wird.« Doch Loskutow wurde zur Verantwortung gezogen und verhaftet. »Dabei hatte ich gedacht, das ist mal eine ganz friedliche Aktion.« Mittlerweile sind Zusammenstöße mit der Polizei für ihn Routine geworden. Artjom Loskutow muss das machen. Als er 17 Jahre alt war, fing er an, »Monstrationen« zu organisieren, eine Kundgebung zum 1. Mai mit sinnentleerten Losungen wie »Is was?«. »Als wir vor acht Jahren das erste Mal Plakate für den Umzug malten, meinte einer: De-monstration, das ist doch eigentlich ein komisches Wort, das hat etwas von Dekonstruktion, wie Industrialisierung und Deindustrialisierung, das klingt alles so negativ. Also ließen wir das ›De‹ weg. Und hatten damit etwas Positives: Eine Monstration.« Zentrales Mittel dieser Protestaktionen sind Witz und Spott gegenüber der Staatsgewalt. Spaß steht dabei im Vordergrund. Damals traf er damit noch den Nerv der Bevölkerung. Vor jeder Monstration zog er mit ein paar Mitstreitern durch die Stadt und klebte Plakate. Einige hängen noch nach Jahren. »Die meisten werden abgerissen. Immer wenn wir kleben und das im Internet ankündigen, sagt die Administration ihren Leuten, sie sollen die wieder abreißen.« Und sie ist damit erfolgreich. Menschen wie Loskutow haben immer weniger Rückhalt. Solidarität einer breiten Bevölkerung ist in Russland nicht zu erwarten. Und das schockiert immer wieder aufs Neue.

»Dabei geht es uns gar nicht um Straßenkunst«, meint Mascha. Sie setzt aufs Internet. »Es gibt wenig Fernsehkanäle und Zeitungen, die über uns berichten, und wenn, dann berichten sie meist negativ. Im Internet dagegen gibt es keine Zensur.« Artjom Loskutow stellt sich die Frage, wie weit er jeweils gehen kann. »Ich verstoße im Stillen gegen Gesetze, die mir nicht gefallen«, grinst er, »hänge das aber nicht an die große Glocke.«

Immer noch stempelt die Frau am Postschalter die Briefumschläge. Murren hinten in der Schlange, einige fangen an zu drängeln, pöbeln. Mascha verzieht das Gesicht: »Vielleicht kommt das, weil das Leben hier so schwer ist. Wegen des Klimas, wegen Russland.« Sie lacht: »Wir haben einen Witz: Russland ist für die Traurigen da. Wenn sich jemand Gesten erlaubt wie einen Tanz in einer Kathedrale, dann erzürnt es die Menschen.«

Pussy Riot steht für viele für die Verletzung der Norm. Mascha in Nowosibirsk sieht eine besondere Logik dahinter: »Die Leute denken: Wir arbeiten, schaffen es mit letzter Kraft, unsere Familien zu ernähren, und diese Nichtsnutze tanzen in der Kathedrale. Warum nehmen sie sich so etwas heraus? Die Menschen nehmen sich gar nicht als freie Individuen wahr.« – »Die Medien fördern das noch«, ergänzt Artjom, »aber die Leute sind auch von sich aus sehr bösartig.« Mascha schaut sehr ernst: »Die Beamten benehmen sich unglaublich. Wenn man mit denen zu tun hat, hat man das Gefühl, sie betrachten die Leute als ihre Leibeigenen.«

Tanja hat die ganze Zeit schweigend zugehört. Auf der Rückfahrt sagt sie, sie fände die beiden sympathisch: »Ich dachte, sie wären aggressiv und unfreundlich.« Viele russische Medien zeichnen Zerrbilder der Menschen, die die Gesellschaft voranbringen könnten. Gängig ist die Ansicht, die jungen Frauen von Pussy Riot hätten in irgendjemandes Auftrag gehandelt. Ihre Plädoyers seien zu geschliffen gewesen, als dass sie sie selbst hätten schreiben können, höre ich von einer Bekannten. Auch hätten sie sich beim Vortragen versprochen, was doch belege, dass es ein fremder Text sei, den sie nur abgelesen hätten. Selbstständiges Denken kommt im Bewusstsein vieler nicht vor.

Es wird schnell kälter. Irgendwo im Norden fiel schon Schnee. Der Herbst ist kurz. Im Club Nikuda probiert ein Jazzquartett aus Nowosibirsk sein neues Programm aus. Ich bestelle Pizza Saljami: Tomatengrund auf Heferund, dann etwas Käsiges, darauf Mettwurst, saure Gurken und Dill. Gar nicht mal so schlecht, finde ich, vielleicht liegt es aber auch an vier Wochen Sibirien.

Am Strand brennen Feuer. Lange Züge fahren vorbei. Sonst ist es sehr still. Wie die Toten, die vor Angst um das Leben ihrer Kinder ihre Geschichte mit ins Grab genommen haben. Ich lebe in einem Land, in dem die Schlächter einen wichtigen Teil des kollektiven Gedächtnisses beerdigt haben. Die vierte Generation stellt die Fragen, Tanja bekommt keine Antworten mehr. Aufarbeitung wird seit einigen Jahren systematisch behindert und unmöglich gemacht. Ich denke an die Deportierten, wenn ich mit dem Zug fahre und das eintönige Geräusch der Achsen höre, ich denke an sie, wenn ich in den Wäldern Russlands stehe, wenn Putin davon spricht, dass man sich nicht mit den Verbrechen Stalins aufhalten darf, sondern seine Erfolge beim Aufbau einer ruhmreichen sowjetischen Vergangenheit im Blick behalten muss.

Leben in Moskau in der aktuellen Amtszeit Putins heißt, den Zynismus auszuhalten.

Kapitel 4

Feindbilder

Gesetze und ihre Wirkung

November 2012. Moskau, grau mit Dauerstau. Das Hotel Ukraina glänzt, herausgeputzt seit der Stalin-Zeit mit Sowjetsternen und Hammer und Sichel, verziert mit Türmchen und Terrassen, gekrönt von einer langen Spitze aus Metall und darauf einem Sowjetstern. Sieben solche Häuser stehen in Moskau, sieben Schwestern, schillernd und surreal, gebaut, als die Sowjetunion in Trümmern lag. Leuchttürme der Größe der UdSSR. Das Hotel ist unten ausladend, breite Trakte mit Wohnungen und Zimmern. Läden. Drinnen Säulen, polierter Boden, rote Teppiche, goldene Lüster. Skulpturen sozialistischer Mütter mit Kind. Ein Deckengemälde, wieder mit Hammer und Sichel, mit Bäuerinnen, Fischern und Stahlkochern, roten Fahnen und goldgelben Korngarben. Diese Häuser wurden so gebaut, dass Menschen gut überwacht werden können, um »feindliche Agenten« in den eigenen Reihen besser ausfindig zu machen, ihre Wände haben Ohren – manchmal platzt irgendwo Putz ab, wenn man Glück hat, sieht man Membrane.

Im Hotel Ukraina tagt der Petersburger Dialog. 2001 von Bundeskanzler Gerhard Schröder und Präsident Wladimir Putin gegründet, um »einen offenen Dialog zwischen allen Bereichen der Zivilgesellschaften beider Länder« zu fördern. Anschließend rückt das Bundeskabinett unter Leitung von Angela Merkel zu deutsch-russischen Regierungskonsultationen an. »Ein Schloss«, sagt eine Teilnehmerin, die zum ersten Mal in Moskau ist. Ein Spukschloss, denke ich. Es gibt kaum einen Ort, der symbolhafter sein könnte als dieses steinerne Denkmal der Stalin-Zeit. Denn in einer Woche tritt das NGO-Agentengesetz in Kraft. Russische Nichtregierungsorganisationen, die Geld aus dem Ausland erhalten und politisch tätig sind, müssen sich in ein Register als »Ausländische Agenten« eintragen. Organisationen, die im Agentenregister stehen, sind verpflichtet, all ihre Publikationen mit dem Zusatz »ausländischer Agent« zu versehen.

Das Gesetz scheint 21 Jahre nach dem Ende der Sowjetunion unglaublich. Und es ist gefährlich. Denn der Begriff »politische Tätigkeit« ist so schwammig, dass es nahezu jede Organisation treffen kann: Umweltschützer, Kinderschützer, Wahlbeobachter, Organisationen, die Jugendliche oder Kultur austauschen. Sie alle werden stigmatisiert. Nebenbei geraten auch die ausländischen Geldgeber – oft sind es Stiftungen, die grenzüberschreitend arbeiten – in Misskredit.

Das NGO-Agentengesetz ist ein Volltreffer gegen die Zivilgesellschaft. Und es kommt rechtzeitig, bevor das Trauma der Großen Säuberungen sich in den Generationen verliert und die Angst nicht mehr spürbar ist. Wäre ja auch zu schade, wenn fast 100 Jahre Arbeit an der Angst und dem

Schrecken der Menschen vergeblich gewesen wären und der Freiheitsdrang junger Leute stärker ist und sich ausbreitet. Die Arbeit von 70 Jahren Geheimdienst, die Gesellschaft mit Denunzianten zu durchziehen, Mörderbanden auszubilden und das Rauben salonfähig zu machen, wäre dahin. Wie praktisch, dass es nach der Unabhängigkeit Russlands keine kritische Aufarbeitung der Sowjetunion gegeben hat. Der Acker ist zwar vertrocknet, die Samen der Angst und Paranoia sind aber noch in der Erde. Es ist noch nicht zu spät. Ein bisschen Wasser reicht. Einmal angefeuchtet, wächst die Angst vor ausländischen Agenten wieder. Nicht bei allen. Viele durchschauen das Spiel. Viel wichtiger für das gesellschaftliche Klima ist die Angst, in die Mühlen der lenkbaren Justiz zu geraten, die Angst vor den anderen, die Angst, von den anderen mit Spionen gesehen zu werden, mit denen man am besten nichts zu tun hat, die man melden muss. Es könnte einen selbst treffen, was vielleicht unwahrscheinlich erscheint, aber doch nicht unwahrscheinlich ist. Noch heute schweigen viele, die die Säuberungen erlebt haben.

Die Angst vor dem Nächsten steckt bei den meisten tiefer als vor den ausländischen Agenten. »Sei wachsam!« »Die Wachsamkeit ist unsere Waffe!« Sie könne sich doch nicht als ausländische Agentin eintragen, sagt Ljudmila Alexejewa, Jahrgang 1927, schmächtig, kurze graue Haare, die Grande Dame der russischen Menschenrechtler. Im April 1968 wurde sie aus der Kommunistischen Partei ausgeschlossen, 1976 gehörte sie zu den Gründerinnen der Moskauer Helsinki-Gruppe – einer Menschenrechtsorganisation auf der Basis der KSZE-Schlussakte. Das NGO-Agentengesetz sei

»niederträchtig, rechtswidrig und vor allem amoralisch«. Ljudmila Alexejewa sagt das bei einem Vorbereitungstreffen deutscher und russischer NGOs vor dem Petersburger Dialog. Am Tisch alle, die in der russisch-deutschen Menschenrechtsszene einen Namen haben. Jüngere Umweltaktivisten genauso wie Dissidenten aus der Sowjetunion. Zwei Bundestagsabgeordnete sind da, Marieluise Beck und Andreas Schockenhoff. Schockenhoff ist zu der Zeit Koordinator der Bundesregierung für die deutsch-russische Zusammenarbeit. Auf seine Initiative hin hat der Bundestag eine Resolution verabschiedet. Die deutschen Abgeordneten kritisieren die russische Regierung für ihren Umgang mit ihren Gegnern. Und sie fordern die Bundesregierung auf, das auch deutlich anzusprechen und sich für mehr Rechtsstaatlichkeit, Demokratie und die Einhaltung der Menschenrechte in Russland einzusetzen. Schockenhoff werde nicht mehr als Kontaktperson akzeptiert, hieß es aus dem Außenministerium in Moskau bereits, als dieser das Verfahren gegen Pussy Riot kritisierte.

Ljudmila Alexejewa blickt die beiden deutschen Politiker intensiv an, lächelt, bedankt sich. Es sei gut, dass der Bundestag so klar Position bezogen hat. Die Moskauer Helsinki-Gruppe werde sich natürlich nicht in das Register eintragen. »Wir können doch als ehrliche Leute keine Falschaussage über uns treffen. Wir wissen, dass wir keine ausländischen Agenten sind. Dass wir nicht zugunsten irgendeines anderen Staates, sondern nur im Interesse unserer Bürger handeln. Es ist das erste Mal, dass ich in die Lage versetzt werde, ein Gesetz missachten zu müssen.«

Memorial werde sich auch nicht eintragen lassen, sagt Arsenij Roginskij, Mitgründer der russischen Menschenrechtsorganisation. Millionen Menschen wurden in der Sowjetunion unter Folter gezwungen, sich als Spione zu bekennen, verschwanden in Lagern oder wurden erschossen. In der Regel war dieser Vorwurf völlig unbegründet. »Als Organisation, die sich mit der Aufarbeitung stalinistischer Verbrechen beschäftigt, können wir doch nicht die Geister der Geschichte heraufbeschwören.« Roginskij kam 1946 700 Kilometer nördlich von Moskau zur Welt. Sein Vater war dorthin verbannt worden. »Das Dokument ermutigt uns sehr«, sagt er über die Resolution des Deutschen Bundestages, »es zeigt, dass die deutsche Politik die gleichen Werte teilt wie wir.«

Andrej Buzin, Fachmann für Wahlrecht unter anderem bei der Wahlbeobachtungsorganisation Golos, verteilt neue Visitenkarten: »Nicht registrierter ausländischer Spion« steht darauf. Als Kontrast trägt er eine Krawatte mit dem russischen Staatswappen. »Dieses Gesetz soll unsere Nerven strapazieren. Der Druck ist hoch, wir werden trotzdem weitermachen.« Doch der Witz wird bald Realität. Golos wird vom Justizministerium gegen ihren Willen ins Verzeichnis ausländischer Agenten eingetragen.

Auch die russischen Diplomaten kehren mühelos zu den Ritualen der Vergangenheit zurück. Die Resolution sei »nicht konstruktiv«, sagt der russische Botschafter in Berlin. Auch das ist eine Formulierung im Geist der Sowjetunion. Die Initiatoren würden sich wohl nicht so gut auskennen. Der damalige Außenminister Westerwelle kündigt an, Berlin werde die Entwicklung von Demokratie und Menschenrechten in

Russland »sehr genau beobachten«. Moskau werde seinerseits »genau verfolgen, wie Deutschland und andere Staaten der EU die Menschenrechte einhalten«, antwortet der stellvertretende Vorsitzende des Auswärtigen Ausschusses der Staatsduma, Wjatscheslaw Nikonow.

Russland wird in absehbarer Zeit kein Rechtsstaat: bittere Erkenntnis für alle, die seit dem Ende der Sowjetunion daran gearbeitet haben, die Russland mit den Ländern der EU vernetzt haben, gerade mit Deutschland, diesem Land mit den besonderen Beziehungen, in denen man doch »einander alles sagen kann«, in »kritischem Dialog auf Augenhöhe«. Während die Deutschen meist noch selig von der russischen Zivilgesellschaft träumen, sind russische Menschenrechtler längst weiter.

Vor 300 Zuhörern benennt die Bundeskanzlerin im Auftrag der Volksvertreter ausführlich ihre Sorgen und merkt an, dass nicht jede Kritik destruktiv sei. Die jüngsten Gesetze hätten sie »irritiert«, täten aber den intensiven Beziehungen keinen Abbruch. Dann unterschreiben Manager Verträge und Minister Abkommen. Es gibt zahllose Schüleraustausche, Städtepartnerschaften, Freiwilligenprogramme. Das Deutschlandjahr in Russland und das Russlandjahr in Deutschland laufen mit Hunderten Kulturveranstaltungen. Die Beziehungen zwischen Russen und Deutschen scheinen so eng wie nie. Falsch. Sie sind äußerst brüchig.

Lenin wird das Zitat zugeschrieben, deutsche Revolutionäre kaufen sich eine Bahnsteigkarte, bevor sie einen Bahnhof stürmen. In Russland kauft keiner eine Bahnsteigkarte, weil die Frau am Schalter gerade Pause macht. Zum Jahreswechsel 2012/2013 brandet dann doch noch einmal so etwas wie Volkszorn auf, zum vorerst letzten Mal. Der russische Gesetzgeber zielt diesmal auf die USA und bestraft die eigene Bevölkerung. US-Amerikaner dürfen keine Kinder mehr in Russland adoptieren. Und auch bereits angeleierte Adoptionen werden abgesagt. Das trifft vor allem Kinder mit Behinderungen. Vor dem Parlament stehen deshalb Mahnwachen. Forderungen werden laut, die Duma komplett aufzulösen, dort sei kein einziges Gesetz zum Nutzen der Bürger verabschiedet worden. Die Kreml-kritische Zeitung »Nowaja Gazeta« sammelte innerhalb von nur drei Tagen mehr als 100 000 Unterschriften gegen das Gesetz. Meine Freundin Olga, eine überzeugte Sowjetbürgerin, die sogar eine Zeit lang für die Regierungspartei Einiges Russland gearbeitet hat, kehrt bei der Neujahrsansprache des Präsidenten dem Fernseher demonstrativ den Rücken zu. All das bringt herzlich wenig. Das »Gesetz der Schurken«, wie es von Kritikern genannt wird, passiert die Duma problemlos. An einem Sonntag beteiligen sich bis zu 30 000 Menschen in Moskau an einem Protestmarsch. Sie fordern die Rücknahme des Gesetzes. Viele von ihnen haben bis dahin noch nie an Demonstrationen teilgenommen.

Die Politiker benennen das Gesetz nach Dima Jakowlew. Das war ein kleiner Junge aus Russland, den sein US-amerikanischer Adoptivvater 2008 im Auto vergaß und der dort erstickt ist. »Die USA haben viele schwere Schicksale von Adoptivkindern verheimlicht«, sagt Pawel Astachow, der Kinderschutzbeauftragte von Präsident Putin. Er hat das Gesetz mit auf den Weg gebracht. »Wir wissen von 21 russischen

Kindern, die in amerikanischen Adoptivfamilien umgekommen sind. In Russland waren es im selben Zeitraum zwölf.« Den Politikern sei es um das Wohl der Kinder gegangen. Im Fernsehen wird der Eindruck vermittelt, man müsse verhindern, dass die Amerikaner russische Kinder umbringen. Astachow zuckt nicht mal mit der Wimper, als er das sagt. Kaum jemand glaubt, dass sich die Menschen in den USA schlechter um Kinder kümmern als die Heime in Russland, in denen sich die Kinder an die Hosenbeine von Fremden hängen, um der dortigen Erziehung zu entfliehen. Das Erziehungssystem ist oft brutal, Essensentzug eine gängige Strafe. Es geht darum, die Kinder zu formen, nicht zu fördern. Kinderheime sind immer problematisch, es hat in Russland aber nie eine nennenswerte Reform der Pädagogik gegeben wie nach 1968 in Westeuropa.

Dima Jakowlew war den russischen Politikern die Jahre vorher ziemlich egal. Eigentlich waren alle recht froh, Kinder in den Westen geben zu können, gerade kranke und behinderte Kinder. Aber die russische Regierung kann sehr fürsorglich werden, wenn es ihr gerade ins Konzept passt. Es gibt Menschen, deren Fürsorge möchte man nicht. Besonders dann nicht, wenn sie Teil einer Retourkutsche ist.

Bill Browder gehört zu den Leuten, die in den 90er Jahren nach Russland kamen, um dort möglichst viel Geld zu verdienen. Er ist Investmentbanker, und seine Firma gehörte einst zu den größten ausländischen Investoren in Russland. Browders Wirtschaftsanwalt Sergej Magnizkij entdeckte, dass russische Beamte 230 Millionen US-Dollar Steuern umgeleitet und Firmen, die Kunden von Browder waren, gekapert hatten. Damit kamen die Investmentbanker den Mächtigen so sehr in die Quere, dass die den Spieß umdrehten und ihrerseits Browder und Magnizkij Steuerhinterziehung vorwarfen. Wenn es Anzeichen für Ärger mit russischen Ermittlungsbehörden gibt, ist es oft Zeit zu gehen. In Russland kann man auch 25 Jahre nach dem Ende der Sowjetunion solche Prozesse nicht gewinnen. Und so verließ ein Mitarbeiter Browders nach dem anderen das Land, Russen wie Ausländer. Nur Magnizkij blieb, sagte, es sei nicht wie 1937, dem Höhepunkt der stalinistischen Willkürherrschaft. Er sei Patriot und wolle für den Rechtsstaat in Russland kämpfen. Er wurde verhaftet, menschenunwürdig untergebracht, immer wieder in andere Zellen verlegt, offensichtlich auch gefoltert. Er schrieb Beschwerdebriefe auch an den Generalstaatsanwalt und starb schließlich nach knapp einem Jahr in einer Isolationszelle. Als Grund geben die Behörden Herzinfarkt an, zuvor hieß es noch, die Bauchspeicheldrüse habe versagt. Offensichtlich hatte er um Hilfe gebeten, wurde aber allein gelassen. Im Bericht des Menschenrechtsrats des russischen Präsidenten steht, dass er womöglich zu Tode geprügelt wurde. Sein Leichnam hatte Prellungen und gebrochene Fingerknöchel.

Vom schlechten Gewissen geplagt, zieht Bill Browder durch die Welt und fordert Sanktionen gegen alle am Martyrium von Magnizkij Beteiligten. Er war erfolgreich. Der US-Kongress beschloss den sogenannten Magnitsky Act, nach dem Menschen, die mit dem Tod des Anwalts in Verbindung gebracht werden, die Einreise in die USA verweigert wird. Außerdem werden deren US-Konten eingefroren. Dima

Jakowlew und Sergej Magnizkij haben nur gemeinsam, dass sie allein gelassen wurden und dadurch starben. Trotzdem ist das Dima-Jakowlew-Gesetz die Reaktion auf den Magnitsky Act des US-Kongresses.

Kleines Nachspiel: Magnizkij wurde posthum angeklagt und verurteilt.

Der Tonfall im Fernsehen wird in diesem Winter 2012/2013 immer schärfer – gegen die EU und die Nato, gegen die USA. Die Protestbewegung im eigenen Land wird kriminalisiert. Und Putin hält eine Rede zur Lage der Nation: »Ein Dialog ist nur mit jenen politischen Kräften möglich, die ihre Forderungen zivilisiert begründen und formulieren, die sich im Rahmen des Gesetzes bewegen. Im Streben nach Veränderungen im politischen System den Staat zu zerstören, ist nicht zulässig. Wir teilen die universellen Prinzipien der Demokratie. Aber die russische Demokratie ist die Herrschaft des russischen Volkes, nicht die Umsetzung von Standards, die uns von außen aufgedrängt werden.« Das wird das neue Mantra: Alle Probleme werden von äußeren Feinden verursacht und gefördert, Kritiker sind allesamt gekauft – und Volksfeinde. Worte fördern Handlungen, hier wird definitiv Krieg vorbereitet, ich bin mir mittlerweile sicher. Kollegen entgegnen immer noch, ich sehe Gespenster.

Januar 2013. Der Atem dampft, die Sonne scheint, die Fassaden im Moskauer Zentrum leuchten. Es liegt Schnee, und es ist kalt geworden. Die Leute tragen Daunenmäntel, Pelzmützen. Der Hintereingang zur Duma liegt in einer kleinen Nebenstraße der Twerskaja. Der Eingang ins Bürohochhaus ist grau, gegenüber Backstein aus der Zarenzeit.

Ein Schlagbaum stoppt Autos. Am Rand stehen ein paar Mannschaftswagen der Polizei, ein Awtosak für die Festzunehmenden. Vor dem Eingang warten ein paar Dutzend Menschen und ein paar Polizisten. Olga, die Aktivistin, ist mit ihrer Lebensgefährtin da. Jemand betet. Ältere Frauen mit Ikonen, junge Männer stehen einfach nur so rum. Heute ist die erste Lesung des russlandweiten Gesetzes, das die »Propaganda« von Homosexualität in Anwesenheit Minderjähriger unter Strafe stellt. Plötzlich kommt Unruhe in die kleine Menge. Einige beginnen, sich zu küssen – Frauen küssen Frauen, Männer küssen Männer. »Moskau ist nicht Sodom«, rufen die bärtigen Männer vor dem Eingang zur Staatsduma, und: »Tod den Päderasten«. Dann nimmt einer von ihnen Anlauf und stößt zwei Frauen zu Boden, die sich küssen. Faule Eier fliegen. Zwei Männer werden verprügelt. Genüsslich verreibt jemand faule Eier in den langen Haaren des einen Schwulen. Homosexuelle Männer sorgen für mehr Aggression als Frauen. Ein kleiner Bärtiger nimmt ein Stativ und prügelt damit auf eine zierliche Frau ein. Der Ostergruß erschallt, gebetet von den radikalen Schlägern: »Christus ist auferstanden – er ist wahrhaftig auferstanden.« Gedrängel, Prügel. Noch mehr Prügel, noch mehr faule Eier. Ekelerregender Gestank breitet sich aus. Endlich greift die Polizei ein, nimmt aber einige der Homosexuellen fest. Die, die noch nicht festgenommen sind, geben, sichtlich verletzt, der internationalen und der kritischen russischen Presse Interviews, die Radikalen sprechen mit den staatlichen Propagandamedien. Olga küsst ihre Freundin noch einmal für den Internetkanal des Schriftstellers Lew Rubinstein, dann wird auch sie abgeführt. »Ich weiß nicht, wo sie diese Energie herholt«, ihre Freundin schaut sichtlich besorgt hinterher. Ruhe tritt ein hinter der Duma. Die Ordnung ist wiederhergestellt.

Gibt es einen gefährlichen Mob, der sich gegen Homosexuelle, Kaukasier, Asiaten etc. richtet? Wie viele Menschen sind lenkbar oder bereits radikalisiert? Als weiße Westeuropäer haben wir als Letzte etwas auszustehen. Aber was, wenn dieser aufgehetzte Mob andere Teile der Gesellschaft in seinem Rausch mitreißt? Die österreichische Kollegin stinkt. Ihr neuer heller Daunenmantel ist versaut. Zu dritt gehen wir die Twerskaja hoch auf der Suche nach einem Café, um uns aufzuwärmen. Wir schweigen erst, dann reden wir sehr viel. Im Café schauen sie uns komisch an, von uns dreien geht ein bestialischer Geruch aus.

Der Schutz von Minderheiten, auch von sexuellen Minderheiten, gehört zu den Grundsätzen, denen sich auch Russland verpflichtet hat. Dass diese Menschen nun nicht geschützt werden, sondern im Gegenteil ausgegrenzt, kriminalisiert, ihren verbohrten Gegnern gleichsam schutzlos ausgeliefert sind, ist auch ein Angriff auf die freien europäischen Gesellschaften. In St. Petersburg, wo das Gesetz schon länger in Kraft ist, finden Proteste gegen die Diskriminierung Schwuler oder Lesben nur noch in geschlossenen Räumen statt – also unter Ausschluss der Öffentlichkeit. Landesweit tritt das Gesetz im Sommer 2013 in Kraft. Es signalisiert den Menschen, dass die Regierung Homophobie unterstützt.

Und noch ein Gesetz ist geeignet, kritisch denkende Menschen in Schwierigkeiten zu bringen. Es soll die Gefühle Gläubiger schützen. Wer die verletzt, riskiert künftig Gefängnis. Putin geht werbewirksam in Gottesdienste, Kreuze verschwinden in den Ritzen tiefer Dekolletés, kaum ein russischer Männerhals, der nicht mit einem Kreuz geschmückt ist. Religion ist modern, die angebliche Verletzung religiöser Gefühle ein Evergreen der letzten Jahre.

Im Moskauer Sacharow-Zentrum arbeitet der Schweizer Theatermacher Milo Rau drei Gerichtsverhandlungen gegen Kunst dramaturgisch auf: »Vorsicht Religion« (2003), »Verbotene Kunst 2006« (2007) und den Prozess gegen Pussy Riot (2012). In allen drei Verfahren hatten die Ultraorthodoxen harte Bestrafungen gefordert. »Vorsicht Religion« wurde vier Tage nach der Eröffnung von radikalen Gläubigen überfallen, die Kunstwerke beschädigt, teils zerstört. »Verbotene Kunst 2006« zeigte Stücke, die der Selbstzensur von Ausstellungsmachern zum Opfer gefallen waren.

Im Sacharow-Zentrum ist eine Gerichtskulisse aufgebaut. Darin spielen unterschiedlichste Laiendarsteller die Anwälte, die Geschworenen, die Zeugen, teils sich selbst. Es sind keine Texte vorgegeben. Der Ausgang ist offen. Das Ganze findet hinter verschlossenen Türen statt. Das Publikum besteht fast ausschließlich aus geladenen deutschsprachigen Journalisten. Milo Rau lässt das Ganze filmen. Die Öffentlichkeit bekommt davon nichts mit. Dachte Rau. Doch am dritten Tag kommt die Einwanderungsbehörde und kontrolliert Papiere. Rau, seine Techniker und die mit ihm mitgereisten Journalisten haben keine Akkreditierungen oder Arbeitsgenehmigungen. Die »Verteidigerin« in der Inszenierung, auch im normalen Leben Juristin, schafft es, die Beamten loszuwerden. Es geht weiter.

Plötzlich hämmert es gegen die Stahltür, die verriegelt ist. Das Klopfen wird immer lauter. Unruhe im Saal. Das Hämmern hört nicht auf. Fragende Gesichter. Schließlich geht Maxim Schewtschenko vor die Tür. Schewtschenko ist ein prominenter Meinungsmacher der russischen Konservativen und spielt in dem Stück einen Ankläger. Draußen steht eine Rotte Kosaken mit zotteligen Fellmützen, langen Mänteln, Stiefeln, ihre Uniformhosen haben die für Kosaken typischen farbigen Streifen. Auf den langen Mänteln prangen Aufnäher: »Orthodoxie oder Tod« steht darauf, darunter Totenköpfe mit einem Dolch zwischen den Zähnen. Sie tragen Schnurrbärte, haben leicht gerötete Gesichter. Sie hätten gehört, dass hier etwas Antirussisches stattfände und Gotteslästerung betrieben werde. Die Kosaken kennen Schewtschenko. Er beschwichtigt: »Leute, hier sind Mitglieder der orthodoxen Kirche und ihre Gegner. Wir diskutieren. Ich bitte Sie, nicht zu stören.«

Es liegt Schnee und regnet. Der Boden vor dem Sacharow-Zentrum ist glatt. Mit schmalem Mund fixiert der Anführer der Rotte Schewtschenko. Andere nehmen die Wachleute und Journalisten in den Blick. »Hier gibt es keine Gotteslästerung. Ich gebe Ihnen mein Wort«, sagt Schewtschenko. Der Wortführer glaubt ihm nicht: »Was sind das für Prozesse? Wir wollen das selbst sehen. Wer ist denn der Anhänger der orthodoxen Kirche?« – »Ich!«, sagt Schewtschenko. »Hören Sie: Es gibt eine Fernsehaufzeichnung. Und in dem Rahmen zwei Positionen. Und da sind zum Beispiel Anhänger der orthodoxen Kirche oder Verteidiger von Pussy Riot.« Der Kosak ist nicht zu halten. »Jetzt will ich Ihnen aber sagen, Maxim, wie sich das für uns Kosaken darstellt. Für uns bleiben sie beschenyje klitery (wild gewordene …), die das Thema immer und immer wieder in die Öffentlichkeit bringen. Und dazu noch vor ausländischen Journalisten. Wir wünschen uns, dass diese Hündinnen für immer vergessen werden. Und dass sich überhaupt niemand mehr an sie erinnert. Der Staat hat sein Urteil gefällt. Das muss reichen.« Schewtschenko wiederholt immer wieder, dass im Saal nichts Gotteslästerliches oder Kirchenfeindliches geschieht. »Wir ordnen das Ganze. In Russland darf man alles sagen und schreiben. Wir leben nicht mehr in der Stalin-Zeit. Sind Sie etwa für Stalin?« Der Kosak ist verdutzt: »Ich bin nicht für Stalin.« – »Unter Stalin hätten Sie nicht als Kosak auftreten können. Entschuldigen Sie, zu welchem Heer gehören Sie?« – »Zu den Kizljar-Kosaken.« – »Wie heißt euer Ataman?« Atamane sind die Anführer der Kosaken. »Spirin.« Schewtschenko lächelt: »Spirin ist ein guter Kamerad von mir. Ich sag Ihnen noch einmal, hier passiert nichts, was den Rahmen der Verfassung sprengt. Und wir, ich bin auch ein Orthodoxer, lassen das auch nicht zu.«

Es wird zäh, die Kosaken sind hartnäckig. »Was machen die ausländischen Journalisten hier? Die übergießen Russland nur wieder mit Schmutz.« – »Die verbreiten keinen Schmutz, sie werden dann Schmutz verbreiten, weil du, Bruder, hier fluchst. Dann werden sie sagen, dass die Kosaken auf Sendung schmutzig reden. Du im Übrigen fluchst gerade und wirst dabei gefilmt.« Der Kosak guckt ungläubig. »Natürlich hast du geflucht, du hast Sutschki gesagt, Hündinnen.«

Dann entspannt sich eine Diskussion über Mat. So nennen die Russen Schimpfwörter und vulgäre Umgangssprache, die man nicht im Russischunterricht lernt. Ich habe mehrfach drum gebeten, auch diese Wörter zu lernen. Keine Chance bei meiner Russischlehrerin. Dann sagt einer, dass das doch literarischer Mat sei. Ein Kosak mit roter Nase und zotteliger Schaffellmütze drängt sich nach vorn: »Ich bin Donkosak. Mein Vorfahre hat eine Hand verloren, als er Moskau verteidigte.« Dann redet er über den Oktober 1912. Seine Kameraden nicken. Mir ist kein Zusammenhang zu dem, was hier passiert, ersichtlich. Man hätte die Frauen von Pussy Riot nicht so prominent verurteilen dürfen, legt Schewtschenko noch mal nach, dann wären sie längst vergessen: »Ich bin geneigt zu sagen, dass das Gericht von Liberalen und Feinden Russlands gekauft ist. Denn das Gericht hat sie zu Heldinnen gemacht. Nun werden Yoko Ono, Madonna, Lady Gaga und all die Förderer des Päderastentums sich mit ihnen treffen, und sie werden damit Millionen verdienen. Ich denke, man hätte sie dazu verdonnern müssen, zwei Wochen lang den Platz um die Kathedrale zu fegen.« Schewtschenko fragt die Rotte nach ihrer Bewaffnung. Sie hätten keine Feuerwaffen dabei, beteuern die Kosaken, nur Dolche und Säbel. Schließlich bittet Schewtschenko eine Abordnung von fünf Kosaken in den Saal. Sie sollen sich selbst überzeugen, dass drinnen nichts Antiorthodoxes oder Antirussisches passiert. Die anderen bleiben draußen. »Sie müssen wohl auf die Pferde aufpassen?« Ich kann mir die Frage nicht verkneifen. Der Kosak schaut mich verwirrt an: »Wissen Sie, der Moskauer Verkehr ist nicht so pferdetauglich.«

Ein wenig verunsichert zwängt sich der Spähtrupp durch die Reihen der Zuschauer. Misstrauisch beäugen sie den Gerichtssaal. Ein paar Zuschauer rücken zusammen. Die Kosaken setzen sich. Ihre Mäntel behalten sie an, die Fellmützen auf. Der nachgestellte Prozess gegen Pussy Riot geht weiter. Schewtschenko, den die Kosaken als radikalen Ideologen der Orthodoxie schätzen, argumentiert als Ankläger, geduldig hört die freigelassene Pussy-Riot-Künstlerin Jekaterina Samuzewitsch zu. Nach wenigen Minuten verlassen die Kosaken sichtlich irritiert den Saal. Sie begreifen bis zum Schluss nicht, was dort passiert. Und langweilig ist es ihnen offensichtlich auch. Draußen ein Pfiff, die Rotte sammelt sich, und die Kosaken ziehen ab. Milo Rau und Schewtschenko sind zufrieden, der Einfall der Kosaken nutze dem Spektakel, sagt Schewtschenko. Einige behaupten, er habe die Kosaken extra herbestellt.

Kosaken kann man leicht bestellen. Man muss ihnen nur stecken, dass irgendwo etwas Antirussisches passiert. Es fällt schwer, diese Typen ernst zu nehmen. Doch sie sind Teil der russischen Gesellschaft. Es gibt eine »Entwicklungsstrategie der staatlichen Politik der Russischen Föderation in Bezug auf die russischen Kosaken 2020«. Darin wird die paramilitärische Folkloretruppe als »integraler Bestandteil der Zivilgesellschaft« bezeichnet, »der in bester historischer Tradition staatlichen oder anderen Dienst zum Wohle Russlands ausübe«. Der Staat wird darin aufgefordert, »die Arbeit mit der Kosakenjugend zu fördern, ihre militärisch-patriotische, geistlich-moralische und körperliche Erziehung, den Erhalt und die Entwicklung der Kosakenkultur«.

Immer öfter fragen Redakteure, ob wir nicht mal was Positives berichten können. Gern, aber was? Wir haben immer mehr ernste Entwicklungen. Und kriegen nicht mal alle schlechten Nachrichten unter. Und das ist erst der Anfang, aber auch das ist im Winter 2012/2013 noch unvorstellbar.

Kapitel 5

Stalingrad

Die deutsche Urangst vor den Russen

Anflug auf Stalingrad. Morgenmaschine. Zum Frühstück gibt es Huhn mit Gretschka, Buchweizen. Das Flugzeug ist halb leer. Die Sonne scheint, gutes Wetter. Ich bin müde von all den Schlachten und Toten in der Erde, übrig geblieben vom Wahnsinn, der die Jungen frisst. Müde vom Erzählen des immer gleichen Krieges mit immer anderen Jungen, die nicht älter werden durften, nie gelebt haben, in immer anderer Erde vergammelt sind. Jetzt also Stalingrad im sandigen Boden der südosteuropäischen Tiefebene. 70 Jahre Stalingrad, das wusste ich zu der Zeit noch nicht, wird ein Auftakt für schlimmen Militarismus werden.

Ein Redakteur hatte angerufen. Er möchte eine halbe Stunde zum 70. Jahrestag der Schlacht um Stalingrad. Nicht zu deren Ende, zu ihrem Beginn, damit wir vor allen anderen senden. Ich sage: »Nein. Ich möchte nicht ständig diese Geschichten aus dem Großen Vaterländischen Krieg erzählen, war schon auf zu vielen Schlachtfeldern, kann die Geschichten der Veteranen nicht mehr hören, mag keine Märsche mehr und keine Siegeslieder, auch keine sowjetischen, zu denen man so schön schunkeln kann, keine Nelken und keine Kriegsdenkmäler. Obelisken sind mir ein Graus und Salutschüsse einfach beschissen aufzunehmen, weil meist übersteuert.« Er redet. Überredet mich. »Okay«, sage ich, »ich mache dir die Sendung unter einer Bedingung: keine Wochenschau-O-Töne, kein Goebbels. Wir erzählen eine Geschichte von heute, der Verlauf der Schlacht hat in der Sendung von 25 Minuten maximal einen Anteil von fünf Minuten.« Der Redakteur ist einverstanden. »Und ich brauche Reisekosten.« – »Wie?« Er klingt verwundert. »Wolgograd ist zwei Flugstunden von Moskau entfernt, ich muss übernachten.« – »Klar«, sagt er, »ich kümmere mich darum. Fang du schon mal an.«

Ich fliege am 8. Mai 2012, dem Tag vor der jährlichen Parade zum Tag des Sieges im Zweiten Weltkrieg. Am 9. Mai sind in Russland alle Veteranen auf der Straße. Es gibt Märsche, Panzer und Reden. Was man halt so für eine Radiodokumentation braucht. Routine. Ich habe beschlossen, dass das meine letzte Sendung über den Zweiten Weltkrieg wird, meine letzte Schlacht des letzten großen Krieges, der die Mythen von Helden und Opfern geschaffen hat, von Tapferkeit und Kriegswende im bald trockenen Gras an der Wolga, wo einst Stalingrad stand. Ich bin müde von den Kämpfen, vom Sterben und von der Schuld, die die Erde auf den Feldern ausschwitzt, und der Sühne, dem Sieg, dem Saufen. Ich nicke immer wieder weg.

Halbschlaf-Fantasien: Abflug aus Stalingrad. Ein Flugzeug am Boden. Laufender Propeller. Feldgraue Gestalten drängen sich, versuchen, in das Flugzeug zu kommen. Addi war hier. Unser Nachbar. Damals. Viel jünger als ich heute. Adolf Eidam, Autopolsterer aus Hamburg-Barmbek

Er schlief nicht. Ging nachts. Ruhelos. Wandernd, wie die Splitter in seinem Körper. Addi saß vor dem Fernseher. Rauchte. Roth-Händle. Trank. Astra. Bismarck-Sprudel. Wählte. Schmidt. Saß in einem der letzten Flugzeuge, die Stalingrad verlassen haben. Mein Wachtraum ist schwarz-weiß.

Ich bin nervös, nicht wegen der Recherche eher wegen der Emotionen. Das Land erzwingt die Auseinandersetzung. Die Sowjetunion unter Stalin hielt die Opferzahlen klein. Nach dem Krieg wurden die Leichen oft nicht geborgen. Es war 2001, als ich das erste Mal über die Leichen des Zweiten Weltkriegs gegangen bin. Es war in einem Wald. Da lagen Helme zwischen Bäumen, rostig längst, Getriebeteile, Leuchtspurmunition. Federnd der Schritt auf 60 Jahren Waldboden. Darunter die Knochen. »Wo ein Helm liegt, liegt ein Toter.« Mir gehen die Worte der Aktivistin nicht aus dem Kopf: »Der Krieg ist erst zu Ende, wenn der letzte Tote bestattet ist.« Ich bin nicht derjenige, der diesen Krieg beenden kann. Immer wieder ist er auf der Überholspur in der jährlichen Woche der Siege. Ich bestatte nicht, ich berichte. Dieser Krieg geht nie zu Ende. In diesem Wald buddeln junge Männer die Leichen des Zweiten Weltkriegs aus, »damit sie sich an Tote gewöhnen«, sagte die Aktivistin, »und an die Kampfeinsätze der Armee«. Damals ging es noch um Tschetschenien. Die Jungen in Russland müssen robust sein, denn der Wehrdienst in der russischen Armee ist immer noch schrecklich.

Anflug auf Wolgograd. »Es stand ein Soldat am Wolgastrand …« Angst beim Anflug. Graugrüne Felder von Furchen durchzogen. Einst Schützengräben?

Der Flugplatz, im Januar 1943 der letzte Ausgang aus dem Kessel. Soldaten hängten sich an das Flugzeug. Angst und Panik in den letzten Stunden. Wie viele Soldaten kannten die Operettenschnulze und freuten sich auf eine einsame Wacht am Wolgastrand mit einer Fluppe in der Hand und Heimweh nach dem Vaterland. Es blieb ihnen keine Zeit, nur Angst.

Wie viele haben sich gefragt, warum sie dort stehen?

Beim Blick aus dem Fenster auf die graugrüne Landschaft drängt sich die Frage auf: Sind alle Leichen geborgen? Die Erde neben der Rollbahn schwitzt die Leichen aus. Ich kann es sehen. Sie ist voll mit ihnen. Wie viele der Männer hatten noch nie geküsst, bevor sie ums Überleben kämpften, töten mussten, getötet wurden. Wollten küssen, nicht vergewaltigen. Waren dabei, als gemordet wurde. Wollten überleben. Ihre Körper vergammelten im sandigen Boden der südosteuropäischen Steppe. Hunderttausendfach hätten sie heute ihr Leben hinter sich, wären alt, weise, zufrieden vielleicht, hätten Kinder und Enkel, wären bestattet, hätten Blumen auf den Gräbern. Stattdessen wandern sie in Halbschlaf-Fieberfantasien beim Anflug auf Wolgograd.

Das Flugzeug setzt auf. Landung dort, wo Addi abflog. Gumrak, Behelfsflughafen im Kessel. Schlaglöcher. Landschaft in Schwarz-Weiß. Voller Soldaten. Schnee. Das letzte Flugzeug. Heinkel He 111. Das Höhenruder halb zerschossen. Morgendämmerung. Schüsse. Soldaten hängen an Tragflächen, am Fahrgestell. Reißen an Türen, finden keinen Halt, fallen, sterben.

Sonnabend, 23. Januar 1943. Addi war drin. Im letzten Flugzeug, in einem anderen. Wie viele letzte gab es, bis das letzte weg war und die Letzten im Eis allein blieben. Gesichter gibt es keine mehr. Ihre Furchen sind die Landschaft. Addi schlief nicht. Er wanderte nachts, ich konnte es durch die Wand hören. Der Airbus schlingert kurz, wird langsamer.

Gorod Geroj Wolgograd, »Heldenstadt«. Rote Lettern ragen vom Dach des Flughafens in die Höhe. Daneben ein goldener Sowjetstern. Gewonnen wird unter Hammer und Sichel, das ist hier seit 100 Jahren so. Symbole einer Zeit, die vergangen und doch nie vorüber ist. Erneut auf der Überholspur, seit Putin uneingeschränkt durchregiert. Am 8. Mai 2012 war er gerade mal einen Tag wieder im Amt.

Stalingrad, Ort im Fieber. Ort der Schlacht, die Helden schafft und Mythen für Geschichtspropaganda. Ort der Angst dieser Helden, die ewig verrecken und doch nicht sterben dürfen. Ich brauche ein Taxi ins Stadtzentrum.

Anfahrt auf Wolgograd. Vorbei an kleinen Häusern, einer Kaserne, Fabriken. Überall lauert ein Schlachtfeld, irreal, geprägt von Filmen, Fotos, Worten, geschrieben, um die Legenden zu erschaffen, die nötig waren im Kalten Krieg. »Wo war denn die berühmte Traktorenfabrik?«, frage ich. »Weit weg, die Stadt ist lang.« Die Realität überholt den Zynismus. Wie so oft in den Jahren, die wir in Russland leben.

Im Zentrum der Stadt das Kaufhaus, historischer Ort, immer Kaufhaus gewesen, jetzt wieder, während der Schlacht Befehlsstand des Oberbefehlshabers der 6. Armee. Feldmarschall Friedrich Paulus, Hitlers Mann am Arsch der Welt, von vornherein auf verlorenem Posten, kurz vor Schluss von Hitler noch zum Generalfeldmarschall befördert, was einige als Aufforderung zum Selbstmord deuten.

Jeder hier weiß, wer Paulus war. Seine Festnahme wird regelmäßig nachgespielt. Zu Paulus geht es in den Keller des Kaufhauses. Vorbei an Mobiltelefonen und Schmuck, goldglänzenden Uhren und bunter Leuchtschrift. Ein großes Schild: »Töchterchen und Söhnchen«, die Kinderabteilung. Dann das Museum. Ein langer, dunkler Gang, ein Modell des Kaufhauses während der Schlacht in Trümmern. Ein Motorrad mit Beiwagen steht im Gang. Schaufensterpuppen in Uniform schleppen einen Verwundeten. Ein Gemälde: die Schlacht in Öl. Flammen schlagen aus leeren Fensterhöhlen der sinnlos gewordenen Fassaden.

Paulus' Kapitulationskabinett ist hinten in einem Extrazimmer. Stilisierte übergroße Spinnennetze. Ein Gemälde zeigt den Generalfeldmarschall mit sowjetischen Offizieren an einem Tisch. Aufrecht, würdevoll, geschlagen. Es zeigt die Unterschrift, das Ende der Schlacht. In nicht mal einem halben Jahr mehr als eine halbe Million Tote. Wahrscheinlich mehr. Nie war ich an einem Ort, dessen einzige Attraktion eine bestialische Schlacht ist. Nie war ich an einem Ort, an dem so deutlich wird, dass der Zweite Weltkrieg weitergeht, bis der letzte Tote bestattet ist. Also nie? Zumindest jetzt noch nicht. Oder bis der nächste große Krieg mit Russland alles beiseitewischt.

Das Stadtzentrum ist geschmückt mit rot-gelben Bannern: »Zum Feiertag des großen Sieges«. Rote und gelbe Fahnen zieren Straßenlaternen. Am Abend ein kleiner Aufmarsch von Veteranen im Stadtzentrum. In Uniform und reich mit

Orden behängt, stimmen sie sich und mich auf den folgenden Tag ein. Viele junge Leute begleiten die Alten. In der Hand haben sie blaue und weiße Luftballons mit dem Logo einer Bank. Sie legen Nelken und Kränze an einem Obelisken ab. Ich treffe noch schnell Denis, der mich am nächsten Tag auf ein Schlachtfeld führen wird. Dann gehe ich früh schlafen. Der 9. Mai wird anstrengend.

Die Sonne scheint, früh um acht ist es bereits sehr warm. Irgendwo weit weg dröhnen Panzer. Die Bäume sind frisch geweißt, und der Aufmarschplatz für die Parade wird noch einmal gefegt, bevor die Abgase der Panzer die Luft schwängern. Die Zeit ist kurz, am Abend geht mein Flugzeug nach Moskau, und ich habe noch eine Menge Treffen: Veteranen, Jugendliche am Mamajewhügel, bei der Mutter mit dem hoch erhobenen Schwert, die die Geschichte zertrümmert und die Trauer. Ein Krankenhaus steht auf dem Programm, dort gibt es junge Leute in sowjetischen Uniformen zur Belustigung der alten Leute. Der Reigen beginnt beim Gouverneur, er empfängt Veteranen. Beschlossen wird der Tag auf einem Feld vor der Stadt.

Die Veteranen sterben eines natürlichen Todes. Jedes Jahr werden es weniger. Noch sind sie meinungsstark: »Es soll wieder Stalingrad heißen«, sagt ein Veteran, »damit die Heldentat nicht vergessen wird, weil doch niemand weiß, wo Wolgograd ist, und jeder, was in Stalingrad passierte.« Sein Enkel führt ihn am Arm zum Bankett des Gouverneurs. Ohne Orden keine Würde im Alter der Diktaturen. Alexander Fjodorowitsch ist 87 Jahre alt und in Stalingrad zur Schule gegangen. Er hat drei rote Nelken in der Hand. »Meine

Urenkel interessieren sich natürlich für den Krieg. Und sie interessieren sich dafür, wie wir Veteranen leben.«

Ein kleiner Saal, weiß die Wände, weiß das Tischtuch auf der langen Tafel, weiß eingepackt die Stühle. An jedem Platz ein Namensschild. Und ein Veteranengedeck: Butterbrody, belegte Schnittchen, Piroggen. Dazu eine Tasse, eine Scheibe Zitrone und ein Beutel für Tee, ein kleines Glas für Wodka und ein Glas Sekt, eingegossen eine halbe Stunde zuvor. Die Alten sammeln sich vor der Tür. Wenig Haare, meist schlohweiß. Ein Streichquartett spielt die Titelmusik des Films »Utomljonnojye solnzem«, »Die Sonne, die uns täuscht«. Enkel führen die Veteranen an ihre Plätze. Der Tag des Sieges, der 9. Mai, ist *ihr* Feiertag, und sie haben ihre Auszeichnungen angelegt. Auf jeder Brust fünf oder sechs Reihen mit fünf oder sechs Orden, rote Sterne, Hammer und Sichel, Lenin, orange-schwarz gestreifte Georgsbänder. Der Gouverneur schüttelt Hände, seine Mitarbeiterin kommt zu mir mit einem Georgsband. Ich müsse das tragen, sonst könne ich nicht im Raum bleiben. Es ist keine Zeit für eine Diskussion. Mit gemischten Gefühlen lasse ich mir die schwarz-orange gestreifte Schleife anstecken.

Eine Veteranin sagt ein Gedicht auf, der Gouverneur von Wolgograd kneift die Lippen zusammen, hebt die Hände und hält eine kurze Rede. Ein Veteran in blauem Anzug steht auf. Er ist nervös: »Ich möchte an diesem Tag an alle erinnern, die mit uns unter unerträglichen Schwierigkeiten diesen schweren, großen Sieg errungen haben. Nach der Eröffnung der zweiten Front in diesem blutigen Zweiten Weltkrieg haben 73 Prozent des gesamten Militärs des faschistischen

Deutschlands gegen uns gekämpft. Und wir haben gesiegt.« Nicken in der Runde der Alten. Eifriges Nicken auch beim Personal und beim Gouverneur. »Später haben wir gemerkt, dass nur zwei bis drei Prozent von der Front zurückgekehrt sind. Wir gedenken derer, die nicht zurückkamen und mit denen wir in der Kälte …«, seine Stimme zittert, »… wir werden sie nicht vergessen.« Der Gouverneur sortiert seine Notizen, schaut hoch. Er ist neu im Amt und in der Stadt unter Druck wegen der Initiative, Wolgograd wieder Stalingrad zu nennen. Der Veteran im blauen Anzug schaut in die Runde, dann fixiert er den Gouverneur und erhebt sein Glas: »Lassen Sie mich zum Abschluss noch etwas sagen, Sergej Anatoljewitsch. Ungeachtet von allem, was geredet wird, wir unterstützen Sie. Wir haben gesiegt, und wir werden siegen. Vperjod k pobede«, sagt er dann noch, »vorwärts zum Sieg!« Dann trinken alle ein Glas Wodka.

Wladimir Anajew kneift die Augen zusammen und drückt den Rücken durch. Er trägt einen grünen Uniformrock voller Orden. Anajew ist Vorsitzender des örtlichen Veteranenverbandes: »Wir haben Unterschriften gesammelt für die Wiedergeburt Stalingrads auf der Landkarte. Das ist unsere Geschichte. Man darf sie nicht falsch darstellen. Alle kannten Stalingrad, aber heute findet man es nicht mehr auf der Weltkarte. Das heißt, es gibt auch keinen Sieg.« Stalingrad ist etwas Besonderes, das musste auch der neue Gouverneur schmerzlich erfahren. Er wollte die Uferstraße umbenennen, von »Straße der 62. Armee« in »Straße des Sieges«. Am Ufer der Wolga hat während der Schlacht die 62. Armee gekämpft. Nach großer Aufregung und Protesten der Veteranen ruderte er zurück: »Es gibt noch kein Konzept«, klagt Anajew. Dann spielt wieder das Streichquartett, diesmal »Bésame Mucho«.

Zum Abschluss überreicht mir der Gouverneur eine Feldflasche, eingeschlagen in grünes Tuch, bedruckt mit dem Bild des Soldaten und der roten Fahne auf dem Reichstag in Berlin. Da geht's hin. Nach Berlin.

Siegen ist zeitgemäß, wenn orange-schwarze Georgsbänder die Menschen zusammenbinden. Schon wird ein neues Siegen vorbereitet und ein neues Sterben alsbald. Ja, bereitet sie nur vor, die Kleinen. Die Veteranen sterben. Da braucht man neue Siege, bitter erkämpft, neue Helden und neue Veteranen, sonst ist das Kostümfest hin. Darum wäre es nicht schade, finde ich, immer im Konflikt mit mir selbst, wie viel Meinung ich als Deutscher dazu haben sollte.

Auf der Straße herrscht Familienfeststimmung. Die Mädchen haben Beine, lang und länger, und tragen Röcke, kurz und kürzer, tragen zur Uniform Schuhe mit hohen Absätzen. Und kommt ein Veteran vorbei in Paradeuniform mit geschwellter Brust und Lenin-Orden, dann wird schnell ein Selfie gemacht. Gerade sein Gang, am 9. Mai hat er gesiegt, sonst ist er ein alter Mann mit Stock und einem Enkel, der selbst längst Vater ist. Dann kommen Kinder mit Blumen. »Danke für den Sieg, Veteran!« Schnell noch ein Foto, und ein letztes Mal strafft sich der alte Körper und steht gerade, die Hand an der Mütze, grüßt er nicht *ihn*, Stalin, er grüßt die Digitalkamera. Und auch ich denke wieder einmal: Schön, dass die Nazis weg sind, danke, Veteran.

Der 9. Mai ist auch für die Veteranen im Sanatorium in

Wolgograd ein fröhlicher Tag. Wer wird nicht gern geehrt? Und so sitzen etwa 150 alte Menschen, meist Frauen, vor dem Krankenhaus an einem großen Tisch. Tarnnetze schützen gegen allzu direkte Sonne. Fast alle Frauen tragen blaue Plastikkopftücher. Einige der Männer Uniformen. Georgsbänder tragen hier fast alle. Und natürlich haben auch hier die Veteranen all die Orden angelegt, die sie in den vielen Jahren der Sowjetunion und danach bekommen haben. Sie essen Gurken und Piroggen, danach Konfekt. Sie trinken Tee, Wasser und saugen süßen Saft mit Strohhalmen aus kleinen Tetrapacks. Sie singen Siegeslieder, schunkeln, tanzen. Es gibt eine Gulaschkanone. An der gibt es Fleisch! Und Brei, Kascha! Ohne geht es nicht. Die Feldküche haben die netten jungen Menschen vom Traditionsverein mitgebracht, die so gern die Uniformen ihrer Vorfahren aus längst vergangener und glücklicherweise überwundener Zeit tragen und so gern Krieg nachspielen. Zum Beispiel die Gefangennahme von Generalfeldmarschall Paulus im Keller des Kaufhauses. Reenactment heißt das auf Neudeutsch. Eine Art Traumaskript.

Der Gouverneur hält auch hier eine kurze Rede. Die Veteranen klatschen. Dann spielt wieder die Musik Junge Männer in alten Uniformen schwenken ältere Damen mit frischen Frisuren und fröhlichen Blümchenkleidern über die Tanzfläche. »Den Pobedy«, »Tag des Sieges«. Ein zackiger Marsch über den hart erkämpften Sieg. Anton singt mit. »Jeder kennt dieses Lied.« Ganze Generationen werden an den einschlägigen Feiertagen, besonders aber am Tag des Sieges, rund um die Uhr mit dieser Musik beschallt – in Einkaufszentren, im Fernsehen und Radio, auf der Straße. »Für uns sind solche

Lieder ganz normal. Und wir müssen diese Lieder unbedingt auswendig lernen, wegen unserer Kultur und der Tradition und so.« Anton hat ein soziales Jahr in der KZ-Gedenkstätte Neuengamme bei Hamburg absolviert. Für ihn ist das Nachspielen eine Möglichkeit, sich der Geschichte zu nähern. Als die Musik zu Ende ist, rufen ein paar Leute »Urra«. Eine junge Frau in grüner Uniform, mit angeklebten Wimpern, langen Fingernägeln und auf hohen Pumps trägt Kriegsgedichte vor. Die übrigen jungen Menschen in Uniform lungern um einen Lkw aus dem Zweiten Weltkrieg herum und knicken die Filter ihrer Papirossi-Zigaretten. Jungs heben ein paar Mädchen in traditionell bunten Kleidern auf die Ladefläche des alten Militärlasters und schwenken rote Fahnen, schwenken auch die Mädchen, tanzen ein paar Schritte wild und traditionell. Und für einen Moment wird klar, Krieg war so lustig, damals, als die echten Rotarmisten die Mädchen noch auf die Laster hoben. »Kosaki, Kosaki«, singt Anton wieder mit, »unsere Kosaken fahren durch Berlin.«

Auf den roten Fahnen steht, dass es nun nach Deutschland geht. Auf einem fünfzackigen Stern, der extra zum Feiertag vor dem Eingang zum Sanatorium prangt, steht »UdSSR, Sieg«. Der Sieg ist auch immer der Sieg Stalins. In den Propagandafilmen haben sich alle mächtig gefreut, als endlich die rote Fahne der UdSSR in Berlin auf dem Reichstag wehte. Und in einem Film landet dann auch gleich Stalin höchstselbst in tadellos weißer Uniform, um den Sieg zu betrachten. Alle sind fröhlich, und so ertönen auch schon die Rufe aus der Menge der Sieger und Überlebenden: »Long live Stalin!«, »Vivat Stalin!«, »Es lebe Stalin!«. Die Überlebenden der

Konzentrationslager freuen sich, den Sieg Stalins zu bejubeln, und auch die Deutschen dürfen wieder mitfeiern, nur die Faschisten nicht, und Zigarettenfilter knicken, sich beim Siegeswalzer verlieren, Polka tanzen und »Katjuscha« singen: Apfelbäume blühten und die Birnen, nicht der Flieder, das haben Deutsche getextet, wegen des Reims.

Veteranen eines anderen Krieges halten ihre roten Fahnen hoch. Auf denen geht es nicht nach Berlin, ihr Krieg ist Afghanistan und findet in den 80er Jahren statt. Der Afghanistanfeldzug werde zu negativ gesehen, sagen Abgeordnete der Regierungspartei Einiges Russland. Die Sowjetunion hätte eine historische Mission gehabt, den internationalen Terrorismus aufzuhalten.

Das Interesse der jungen Leute am Großen Vaterländischen Krieg ist groß, sagt Ivan Kurilla, Historiker an der Universität in Wolgograd. »Es sind erneut 20 Jahre vergangen, eine neue Generation sorgt für neues Interesse.« In den 70er Jahren, als Kurilla jung war, strömten an Feiertagen Tausende Veteranen zum Mamajewhügel. Auch heute sind es Tausende, aber immer weniger echte Veteranen. Die jungen Leute würden durch das Nachspielen die Schlacht anders wahrnehmen, sagt Kurilla: »Weil sie keinen direkten Kontakt mehr zu den Teilnehmern der Schlacht haben, versuchen sie, sich dem spielerisch zu nähern. Am Ende wissen sie nicht weniger als ich.«

Am 9. Mai erstürmen die Familien den Mamajewhügel. Schnell noch ein Uniformschiffchen gekauft mit den einschlägigen Orden und einem Georgsband, unten an der Tramhaltestelle, und dann hoch die Treppen. Hinauf zur

Mutter, die das Schwert schwingt, die wacht und ruft und antreibt nach Berlin, wo ihr Soldat steht in Treptow, das Schwert gesenkt, mit einem Kind auf dem Arm und einem zertrümmerten Hakenkreuz unter den Füßen. Im Krieg ist das Individuum nichts, das Volk ist alles. Und die Mutter ist die der Nation. Um die Heimat geht es, das war so, das ist wieder so, und das wird immer so bleiben, zumindest solange nichts aufgearbeitet wird. Aber warum aufarbeiten, wenn es so schön ist, sich an das zu erinnern, was man nicht erleben musste und es verklären kann? Damals wie heute auf der Suche nach sich selbst, hilft geförderter Patriotismus: »Für unsere sowjetische Heimat, die UdSSR«, steht auf den Stufen. Die muss man erklimmen auf dem Weg zur Gedenkstätte, gesäumt von Pappeln. Ein Becken mit Wasser, der See der Tränen. Eine trauernde Mutter mit Kind, mindestens sechsfach größer als ein Mensch. Soldaten in Beton, kniend. Und über allem droht das Schwert, grau und groß in die Höhe gestreckt, wendet die kämpfende Mutter Heimat den Kopf, ruft die Menschen, ihr in die Schlacht zu folgen. Die Hügelstürmer müssen durch eine Schlucht mit hohen, steinernen Wänden. Darauf Kampfszenen, Soldaten mit verzerrten Gesichtern, Panzer, die über Trümmer rollen. Aus unsichtbaren Lautsprechern dringt Gefechtslärm. »Das Maschinengewehr am Hals, zehn Granaten in der Hand. Und Kühnheit im Herzen«, steht auf der Wand. »Wahrscheinlich Worte von Tschuikow, Kommandeur der 62. Armee«, sagt Dima. Er kommt aus Wolgograd, besucht mit Freunden aus Bremen die Gedenkstätte. Hilmar Girnus ist darunter und ist irritiert von den Kriegsgeräuschen: »Man erinnert ja nicht, sondern macht eher so ein Spektakel daraus. Aber beeindruckend ist es allemal.« Auf einer glatten Wand sieht man die Umrisse von Soldaten, in ordentlichen Uniformen und mit automatischen Gewehren gehen sie von rechts nach links. Flugzeuge über ihnen. Panzer und Geschütze hinter ihnen. »Nach Westen, nach Berlin«, steht auf dem Wegweiser. Von Stalingrad direkt zum Reichstag.

Das Zentrum der Gedenkstätte ist nicht die sowjetische Übermutter mit dem Schwert. Das Zentrum ist die runde »Halle des Ruhms«. In der Mitte ragt eine gewaltige Hand aus dem Boden. Sie hält eine Fackel, darin brennt die »Ewige Flamme«. Davor zwei Soldaten, gerade, streng, die Ehrenwache. Kränze, Nelken, Wappen. Vor ihnen die Besucher mit den Fotoapparaten. Aus unsichtbaren Lautsprechern schallt Musik. Die geschwungene Wand der Halle glänzt golden. Rote Mosaiken von oben nach unten, darauf die Namen der Gefallenen in Gold. Zur vollen Stunde ist Wachwechsel. Dann marschieren die Soldaten im Stechschritt, und jeder Schritt knallt auf dem Boden und hallt im vergoldeten Rund. Die deutschen Besucher sind erneut irritiert, anders ihr Wolgograder Freund Dima: »Es ist schwer zu beschreiben. Man versteht, was damals passiert ist. Die Siege damals, das ist beeindruckend. Und du überlegst dir, was du an der Stelle getan hättest, ob du das auch gekonnt hättest. Manchmal bekomme ich sogar eine Gänsehaut.« Der Heldenkult beschäftigt die Deutschen. Dabei kennt Hilmar Girnus sich in Russland recht gut aus: »Ich weiß nicht, wie oft ich meinem Opa zugehört habe, als er über den Krieg geredet hat, unzählige Abende. Das Wort ›Held‹ ist, glaub ich, nie gefallen. Heute hab ich es wahrscheinlich schon hundert Mal gelesen.« Dima hat mit dem Begriff Held überhaupt kein Problem: »Heldentum ist in erster Linie Selbstaufopferung. Wenn einer sein Leben für andere geopfert hat. Oder für etwas. Einige opfern ihr Leben für Ideen.« Heldentum sei in diesem Zusammenhang, die Zahl der Opfer zu verringern. »Sonst ergibt Heroismus keinen Sinn. Sie haben ja Mütter und Frauen verteidigt. Das ist Heldentum. Auf deutscher Seite gab es sicher auch Helden, aber über die redet keiner.«

Auch mich irritiert der Heldenkult, erschreckt der Militarismus. Und doch denke ich, 70 Jahre nach der Schlacht um das Symbol Stalingrad geht es uns nichts an, wie die Russen ihre Toten und Überlebenden ehren. Wir können froh sein, dass die Nazis besiegt wurden. Dass wir heute in Freiheit leben können und dass es seit annähernd 70 Jahren keinen Krieg mehr auf deutschem Boden gegeben hat, das haben wir auch diesen alten Menschen zu verdanken. Davor sich zu verneigen, ist kein Deut zu viel. Aber es geht uns etwas an, wie die Führung Russlands Geschichte missbraucht, denn es ist gemeinsame europäische Geschichte. Geschichtsklitterung ist gefährlich. Russland ist das größte Land der Erde. Ein mächtiger Nachbar, mit dem uns viel verbindet. Vor allem dieser Krieg und ganz zentral diese Schlacht. Wolgograd fordert. Emotional. Mit der Distanz des Nachkriegskindes relativiert sich die Wahrnehmung unter dem Schwert der Mutter. Der Krieg bedeutet in Russland auch heute noch sehr viel. In Wolgograd bedeutet dieser Krieg alles. Der Große Vaterländische Krieg und der Sieg über den Faschismus füllen die Leere der Gesellschaft, schaffen Stolz und Selbstbewusstsein in einem Land, in dem seitdem sehr viel schiefging, in letzter Zeit noch viel mehr. Das Kriegsgedenken eint das Land, das Feindbild ist der Faschismus, und es gibt die Möglichkeit, sich mit den Deutschen zu versöhnen. Der Bezug allerdings schwindet. Das Gedenken wird zum Abziehbild der jeweiligen Propaganda, und Putin nutzt das, wie es ihm gerade gefällt, schafft Parallelen, die historisch unhaltbar sind, um die Bevölkerung hinter sich zu vereinen. Der Sieg im Zweiten Weltkrieg ist der gesellschaftliche Grundkonsens der russischen Gesellschaft. Und Stalingrad ist sein Ausgangspunkt, verknüpft mit dem Namen Stalin. Der Sieg über den Faschismus ist das Einzige, worauf sich die Menschen einigen können. Deshalb auch das Kampf-gegen-den-Faschismus-Gerede, wenn es später um die Ukraine geht. Deshalb sind Feinde Russlands neuerdings schnell Faschisten, und Stalin gilt vielen als genialer Manager oder effektiver Kriegsherr.

Auch aus deutscher Sicht ist die Schlacht um Stalingrad ein Mythos. In Stalingrad erfuhr das »Dritte Reich«, dass es nicht unbesiegbar ist, sondern vernichtend geschlagen wird. Stalingrad sei die Wende im Zweiten Weltkrieg gewesen, so die übliche Lesart. Diese These setzt voraus, dass Hitlerdeutschland den Krieg hätte gewinnen können. Das wird von Historikern mittlerweile stark in Zweifel gezogen. Der Historiker Kurilla meint, dass die Schlacht von Stalingrad eines der Ereignisse sei, zu dem es zwischen russischen und deutschen Historikern nur wenige Meinungsverschiedenheiten gäbe. »Lediglich unterschiedliche Angaben zu den Zahlen«, so Kurilla. Ein wesentlicher Unterschied ist jedoch: Westliche Historiker gehen mittlerweile davon aus, dass die

Sowjetunion den Krieg nicht wegen Stalin, sondern trotz Stalin gewonnen hat. Sie sind sich dabei mit Stalins Nachfolger Nikita Chruschtschow einig, der das 1956 auf dem 20. Parteitag der KPdSU verkündete. In der russischen Öffentlichkeit und auch in der aktuellen Geschichtsschreibung ist Stalin heute rehabilitiert. Ich habe sogar schon Busse mit seinem Konterfei gesehen. Oft höre ich, wie seine Verbrechen relativiert werden: Ja, es habe zwar Repressionen gegeben, aber Stalin sei ein großer Staatsmann gewesen und habe den Sieg im Großen Vaterländischen Krieg herbeigeführt.

Generell sind die Herangehensweisen an Geschichtsschreibung in Russland und in Deutschland völlig unterschiedlich. Die Geschichte der Schlachten ist in Deutschland heute eine Geschichte des Individuums in der Opfer- oder der Täterrolle. In Russland hat es diese Reform der Geschichtswissenschaft nie gegeben. Russische Geschichtsschreibung pauschaliert. Stalingrad ist Heldenstadt wegen der tapferen Bevölkerung, die durchgehalten hat. Dass sie dazu gezwungen wurde, ist kein Thema. Auf Befehl Stalins wurde die Zivilbevölkerung nicht evakuiert. Deutsche Geschichtsschreibung ist zudem von einem Generationskonflikt geprägt. Nach dem Krieg stellten die Kinder der Überlebenden die Schuldfrage, zumindest in Westdeutschland. Verbrechen der Wehrmacht kamen ans Licht, die Illusion des tapferen Landsers wurde von der Realität zerstört. Russische Geschichtsschreibung setzt auf die Kontinuität der Vergangenheit. Brüche werden gezielt geglättet und überbrückt.

Auf dem Hügel hinter der Mutter marschiert die Wachablösung in einen Bus. Daneben ein Museum, ein Café. Rastpunkt für die Hügelstürmer. Auch die Kellnerinnen tragen grüne Uniformen. Wieder rote Banner mit Gold, Uniformteile auf dem Garderobenständer, als wären die Soldaten in einer Feuerpause mal kurz einen Kaffee trinken gegangen. Der Flachbildschirm an der Wand ist aus. Stalin-Porträts. Kaffee unter *seinem* Porträt geht für mich nicht, ich warte draußen. Im Souvenirshop gibt es viele Bilder von *ihm*, wenige von Dmitrij Medwedew, bis vor wenigen Tagen noch Präsident Russlands.

Vom Hügel schweift der Blick über die Wolga, weit nach Osten. »Es stand ein Soldat am Wolgastrand …« Was zur Hölle wollten die hier? Der Wahnsinn wird deutlich allein bei einem Blick auf die Landkarte.

Mehr als 2000 Kilometer von Berlin entfernt flimmert die Luft über den Feldern um Wolgograd. Im Mai ist das Gras noch grün. Gestrüpp. Grillen. Auf einem kargen Baum Krähen. Sonst Horizont. Die Erde liegt im Dauerfieber, neben den Friedhöfen, irgendwo eine Stunde weit von Stalingrad entfernt, letzte Zuflucht tief unter der Erde in der Schlacht der Erdmenschen. In Löchern degeneriert zum Überlebenden, Gefangenen, Toten, Helden für »Führer, Volk und Vaterland«, für die Heimat Sowjetunion, für Stalin, stellen wir dich an die Wand, die noch steht, wo kein Stein mehr auf dem anderen und keine Wand, um die zu erschießen, die die Angst nicht hinnahmen und den Wahnsinn nicht ertrugen.

Denis geht voran, schaut ins knöchelhohe Gras. Knochen. Eine Kuh oder ein Pferd, die Schulter wohl. Eine Feldküche wahrscheinlich, Konservendosen ganz vom Rost zerfressen.

Eine Handvoll Patronen, für eine Mauser, nicht abgefeuert. Darunter die Knochen der Soldaten. Die Erde schwitzt die Toten aus. Ruhelos die Lebenden.

Denis Derjabkin geht zwei Mal im Jahr in seiner Freizeit mit ein paar Freunden Leichen bergen: »Ich kann nicht einfach vorbeigehen.« Sie suchen mit Metalldetektoren. Finden sie etwas, graben sie, exhumieren die Soldaten, versuchen, sie zu identifizieren und würdig zu bestatten. »Das waren unsere Mitbürger. Die sind nicht so einfach auf diesem Feld umgekommen. Die haben unser Land verteidigt, und deshalb ist vieles anders geworden.« In der Stille des Feldes bis zum Horizont die, die nicht leben durften. Ihre Schuhe. Klappspaten, Helme, Granatsplitter, Reagenzgläser: ein Feldlazarett. »Viele liegen zu tief«, sagt Denis, »dann finden wir sie nicht mehr. Und wenn sie im Lazarett waren, dann haben sie nichts Metallenes dabei, dann finden wir sie auch nicht.«

Denis Derjabkin ist in Wolgograd aufgewachsen. Als Kind hat er mit den anderen auf den Feldern vor der Stadt, hinter den sowjetischen Wohngebieten gespielt – nicht mit Holzgewehren. Sie nahmen, was sie fanden, haben Krieg am historischen Ort gespielt. »Einigen fehlt deshalb die Hand oder ein Fuß«, sagt Denis. Seit Generationen spielen die Jungs in Wolgograd die Schlacht der Sechsjährigen, der Zehnjährigen, das Spiel von Helden und Verlierern, das sie im Fernsehen sehen, in Büchern lesen, das sie neuerdings wieder beim Wehrkundeunterricht lernen. Werden sie älter, werden die Kriege real, in Tschetschenien, in Georgien und der Ostukraine. Sterbend werden sie ihre Jungsspiele verfluchen.

Nach dem Krieg wurden die Felder wieder bestellt. Die Traktoren fuhren die auseinander, die an der Oberfläche lagen: Totenacker. Jahr um Jahr trennten sie Schädel und Gebeine voneinander. »Heute sind die Knochensplitter so klein, dass wir sie kaum noch identifizieren können«, sagt Denis. Aber dann siehst du so kleine Soldatensachen, Munitionsstücke, und dann wird dir klar, das hier war ein Mensch.« Viele wurden einfach in Bombentrichter geworfen. Lag der Kopf oben, trennte der Pflug ihn ab, und der Schädel rollte ein bisschen über das Feld. »Alle haben das gesehen, und keiner hat etwas gesagt oder dagegen gemacht. Das verstehe ich nicht.«

Kartoffeln, Weizen, Mais. Ernteeinsatz der Pioniere, Sowjetsommer, abends Suppe und Erntefeuer mit Kartoffeln in der Glut, Kascha für den Leib, »Katjuscha« für die Seele. Küsse, Leben, erste Liebe oder auch schon die zweite. Feldlerchen. Wodka am Ende des Abends, Souvenirvergleich. »Vperjod«, »vorwärts«. Jeder liefert jedem Qualität in der Landwirtschaft. Fort mit den Knochen und was Gutes angebaut. Kein Quadratmeter wird verschwendet. Wir steigern die Erträge zum Wohle der Volkswirtschaft. Früh der erste Schnee, bedeckt das Feld. Bis zum nächsten Jahr. Dann werden wieder Gebeine gekegelt. Ruhmreich.

Stille auf dem ruhelosen Feld. Ein paar Kreuze. Deutsches Massengrab. Ein Weg. Gegenüber ein Obelisk, grüne Helme. Dort liegen Russen, viele namenlos, gesichtslos alle. Neben den Grabstellen ist eine Baracke. Darin eine Dusche, ein Raum mit Fundstücken, ein kleines Büro mit Internetanschluss für die Online-Datenbank mit allen getöteten und vermissten sowjetischen Soldaten. »Wenn wir eine gut lesbare Erkennungsmarke finden, dann wird die hier sofort aufgenommen und gelesen«, erläutert Denis. »Schau, das sind sowjetische Erkennungsmarken.« Er zeigt ein Holzkästchen mit einem Zettel darin. »Oft kam Wasser in den Kasten, und das Papier hat sich aufgelöst.« Viele Soldaten haben auch aus Aberglauben nichts dabeigehabt, was sie nach dem Tod identifizierbar gemacht hätte. »Es hilft, wenn sie ihren Namen in ihren Löffel geritzt haben.« Unterschiedlichste Sachen liegen in Vitrinen, Schüsseln, Uniformteile, Patronen. Einer hatte offensichtlich zwei Helme auf, genützt hat ihm auch das nicht. Die Kugel ging durch beide in seinen Kopf. Unter Glas das Foto eines jungen Mannes im Anzug mit Schlips: »Wir hätten dich gern kennengelernt«, steht daneben. »Deine Kinder, Enkel und Urenkel«, und: »Erwin Guhl, 25. Januar 1918, vermisst Januar 1943.« Im Februar war die Schlacht vorbei. Eine Wasserflasche steht in einer Vitrine, verschlossen seit 1942. »Das ist die Geschichte unserer Völker, gesammelt in einem kleinen Raum«, sagt Denis. Es wird Zeit, eine gemeinsame Sicht auf die Geschichte zu finden, um Mythen vorzubeugen. Zwar gibt es ein gemeinsames deutsch-russisches Geschichtsbuch; bei strittigen Fragen gibt es einfach zwei Kapitel. Aber dieses Buch ist nur einem eingeschränkten Fachpublikum bekannt. Bei vielen in der Bevölkerung der ehemaligen Sowjetunion gibt es echte Wissenslücken, so ist die Mitschuld der Sowjetunion unter Stalin am Ausbruch des Zweiten Weltkriegs weitgehend unbekannt. Stalin zählt in Russland heute zu den beliebtesten Persönlichkeiten des 20. Jahrhunderts. Je mehr Geschichtsfälschung eine der wesentlichen Waffen in einem späteren »hybriden Krieg« wird, desto weiter rückt eine gemeinsame Sicht auf die Stalin-Zeit und die Sowjetunion in die Ferne. Viele russische Historiker, teils sowjetisch geprägt, sind nicht fähig, wissenschaftlich zu diskutieren. Denis ist da weiter: »Es ist nicht mehr wichtig, dass Deutschland uns überfallen hat. Das war eine Sache von Politikern. Wir haben auch manche Länder überfallen. Damit müssen wir auch leben. Zwar nicht in so einem Umfang wie Deutschland. Aber die baltischen Länder haben wir auch überfallen.« 2014 kommt die Ukraine dazu. Auch dafür fühlen viele Russen keine persönliche Verantwortung, sie haben ihr Gewissen von staatlichem Handeln abgekoppelt. Und so begegnen die Veteranen auch den ehemaligen Feinden. Sie trennen zwischen Deutschen und Faschisten. Man hört immer wieder: Die Deutschen mussten das tun, waren Soldaten, hatten keine Wahl. Das ist angenehm für einen Deutschen, der in Russland unterwegs ist. Die russische Seele zwingt einem die Gnade der späten Geburt förmlich auf. Nie muss man Rechenschaft ablegen, nie wird man zur Verantwortung gezogen, nie leidet man unter der Last kollektiver Verantwortung. Die Russen begegnen den Deutschen gerade an einem Tag wie dem 9. Mai mit einer Herzlichkeit, die anrührend ist. Sie haben den Deutschen nicht erst heute verziehen. Überlebende Russen und Deutsche erzählen immer wieder, dass schon Kriegsgefangene, ja sogar Soldaten während des Krieges von russischer Bevölkerung, von Dorfbewohnern versorgt wurden. So wie die Russen dem Einzelnen keine Verantwortung geben, so fühlen sie auch keine Verantwortung für die Verbrechen, die ihr

Staat begeht, an der eigenen Bevölkerung, an den Nachbarländern.

Als Wolgograd ein Dreivierteljahr später am 3. Februar 2013 den 70. Jahrestag des Endes der Schlacht begeht, fahren natürlich Panzer über den »Platz der gefallenen Kämpfer« im Zentrum der Stadt. Wolgograd wird für einen Tag in Stalingrad umbenannt. Beim offiziellen Festakt im Sportpalast von Wolgograd spielen die jungen Leute in historischen Uniformen die Schlacht nach, Flugabwehrgeschütze, Birkenstämme, Sandsäcke. Dazu auf Leinwänden historische Aufnahmen. Präsident Putin nennt den Mut und das Heldentum der Verteidiger von Stalingrad beispiellos und vorbildlich auch für das heutige Russland: »Stalingrad wird für alle Ewigkeit ein Symbol der Einheit und Unbesiegbarkeit unseres Volkes sein, ein Symbol echten Patriotismus. Solange wir uns Russland hingeben, unserer Sprache, Kultur, unseren Wurzeln, unserem nationalen Gedächtnis, ist Russland unbesiegbar.«

»Unbesiegbar« ist das Wort, das man sich merken muss. Einheit und dadurch Unbesiegbarkeit, das ist Putins Ziel. Das muss man wissen, darauf muss man sich vorbereiten. Das konnte man am 9. Mai 2012 nur ahnen, aber noch nicht wissen. Immerhin war er zu der Zeit erst seit zwei Tagen wieder Präsident.

»Druschba, Mir«, »Freundschaft, Frieden«, sagt der Taxifahrer auf dem Weg zum Flughafen. Der Preis verdoppelt sich. Er war Fallschirmspringer, 1999 im Kosovo, als russische Truppen der Nato zuvorkamen und den Flugplatz besetzt haben. Heute ist er Taxifahrer in Wolgograd. Wieder in Moskau, binde ich mir einen Schlips für einen Empfang am Abend. Und da ist er wieder, Addi. Mein Vater war weg, Dienstreise. Addi half mir, den ersten Schlips zu binden.

Übrigens: Auf die Erstattung der Reisekosten warte ich bis heute. Die Sendung wurde ein Albtraum. Der Redakteur hat Wochenschauen in das Skript eingebaut, Goebbels-O-Töne usw. Die Sendung wurde das Übliche, und ich war sauer.

Kapitel 6

Rufe hallen, Peitschen knallen

Die Renaissance des Kosakentums

1974 veröffentlichte Ivan Rebroff das Album »Russische Party II«. Darauf neben anderen die Titel »Kosaken müssen reiten« und die »Kosaken-Patrouille«:

»Hey, hey, hey,
Kosaken müssen reiten,
Ihr ganzes Leben reiten,
Viel schneller als der Wind,
Weil sie dazu geboren sind.«

Auf dem Cover trägt der bärtige Schlagerrusse einen blauen Rock mit einer Schnur als Gürtel. An der Wand hängen orthodoxe Kreuze, ein Samowar steht da, Gläser, Wodkaflaschen. Eigentlich heißt Rebroff Hans Rolf Rippert und kommt aus Spandau, aber das ist im deutschen Schlager genauso egal wie alles andere, was sonst mit Kosaken zu tun hat. Hauptsache, sie singen, tragen Uniformen und knallen auch mal mit der Peitsche.

»Der Spiegel« schrieb 1996 von fast 50 Kosakenchören, die durch Deutschlands Stadthallen tourten. Russland scheint so romantisch, mit Bären, Babuschka und Balalaika, und das nicht nur zur Weihnachtszeit, aber da ganz besonders. In Russland liegt wenigstens noch Schnee. Die sich immer weiter zuspitzende Krise ist schwierig für ein Publikum, das kitschverwöhnt und enttäuscht ist, dass die Realität nicht mit den Bildern im Kopf zusammenpasst. Dabei hatte Ivan Rebroff doch recht:

»Des Teufels Donkosaken reiten durch die Nacht,
die wilden alten Zeiten werden wieder wach,
Rufe hallen,
Peitschen knallen,
und der alte Wlatow lacht.
Des Teufels Donkosaken, so wie man sie kennt,
Schüsse fallen,
Rufe hallen,
und der ganze Himmel brennt.«

In der Realität benutzen sie diese Peitschen, um damit auf andere einzuprügeln. Das sorgt für Angst. Kosakenlieder sind auch in Russland populär, auch da haben sie wenig mit der Realität zu tun.

»Edut po Berlinu naschi Kosaki«, »Unsere Kosaken fahren durch Berlin«, das Lied geht ins Ohr und geht nicht wieder raus. Es ist schwungvoll und fröhlich. Es ist von 1945. In einigen YouTube-Videos zu dem Lied tanzen Soldaten in den Trümmern Berlins, lachen Soldatinnen in die Kamera, winken Menschen und fahren Rotarmisten durch deutsche Dörfer. Kosaken laufen durch Berlin, und ich bekomme im Geiste Angst vor marodierenden Machos mit Peitschen und Pistolen, Typen, denen man nicht begegnen möchte. Kosaken kämpften in Georgien, nicht nur 2008, auch schon Anfang der 90er Jahre in Abchasien, Kosaken ziehen 2014 in der Ostukraine in den Krieg, Kosaken stehen im Separationsgebiet Transnistrien, sind eigentlich überall, wo Russland Angst und Schrecken verbreitet. Im Zweiten Weltkrieg kämpften einige Kosaken auf der Seite Deutschlands, andere dienten in der Roten Armee.

Ende November. Der Winter ist spät dran in diesem Jahr. Frostluft seit gestern. Grelles Licht strahlt weißen Rauch an. Die Straßen sind leer, das Auto ist geheizt. Es ist früh am Morgen, ein Samstag, die Stadt dampft. Wir fahren nach Westen, den Weg, den die Wehrmacht erst nach Osten vorgerückt ist und auf dem sie sich dann auch wieder zurückgezogen hat. Am Stadtrand wurde sie gestoppt, da, wo heute IKEA steht und Stahlschienen an der Straße drei Panzersperren bilden, Denkmal für die Verteidigung Moskaus. Dichter waren die deutschen Soldaten an Moskau nicht dran. Wolokolamsker Chaussee: Entweder ich töte oder werde getötet, wer zurückweicht, wird standrechtlich erschossen. Das Ende des Blitzkriegs im Oktober/November 1941. Überall und immer verfolgt mich dieser Krieg. Die Chaussee, damals schon gut befahrbar, heißt heute auch E22, führt vom Kreml über die Prachtstraße Twerskaja bis nach Riga.

Am frühen Samstagmorgen sind die Fenster der Wohngebiete dunkel. Hochhäuser, wenige renoviert, graue Plattenbauten mit Balkons, meist verglast in Loggien verwandelt. Am Stadtrand Baustellen, die Stadt zieht viele Menschen an, die brauchen Wohnungen, Moskau wächst. Landhäuser, Datschen im Winterschlaf eingefroren, noch liegt kein Schnee, es kann sich nur um Stunden handeln, bis wir die Kosaken erreichen. Die Felder frieren zu. Am Anfang des Winters fühlen sich die Temperaturen um minus zehn Grad sehr kalt an, später wird das besser. Es wird noch leerer, Birken stehen teils schief, gebogen hängen ihre Kronen auf dem steinharten Boden. Eisenstein-Gedenklandschaft – Schwarz-Weiß, Grautöne. Eine Tankstelle, wir kaufen Kaffee.

Knapp zwei Autostunden vor Moskau steht die Rotte Kosaken auf einem Feld. Bestimmt 50 von ihnen, wie immer mit Fellmützen, langen Mänteln, Gürteln, Schaftstiefeln, Säbeln. Es sind Kubankosaken. Der Fluss Kuban und das gleichnamige Gebiet liegen in Südrussland, nicht weit von Sotschi entfernt – Kosakenland. Wir stoppen. Im Rücken einen Wald, einen Fluss vor Augen. 2000 Kilometer weit ist es nach Berlin, 120 Kilometer nach Moskau. Asphaltflächen. Ein schwarzes Holzkreuz, orthodox mit Querbalken, etwa dreieinhalb Meter hoch. Diese Kosaken singen nicht um Weihnachten herum in den Stadthallen deutscher Kleinstädte russische Weisen. Sie hantieren mit Säbeln, in jeder Hand einen, wirbeln sie durch die Luft, fangen sie auf und wirbeln weiter. Ein Reisebus fährt vor. Soldaten steigen aus: eine Militärkapelle und eine Ehrenwache. Die Wachsoldaten treten erst mal an und stehen stramm. Sie frieren und präsentieren ihr Gewehr. Die Musiksoldaten haben Schwierigkeiten, ihre Instrumente warm zu halten, reiben an ihnen, hauchen, drücken sie dicht an den Körper. Es gibt zwei große Zelte mit Heizpilzen, sehr süßen Tee und Graupenbrei, Salzgurken, Äpfel und Piroggen. Hier starben 37 Kosaken aus dem Nordkaukasus im November 1941 beim Kampf um Moskau. Die Kosaken wollen ihrer mit einem Gebet gedenken. Sie haben auch das Kreuz aufstellen lassen.

»Ein Kosak ist frei«, sagt Stanislaw und öffnet seinen Umhang aus schwarzem Schaffell. Er ist 22 Jahre alt und studiert Energiewirtschaft. »Ein Kosak hat sich nie untergeordnet, auch nicht dem Staat.« Kosaken waren ursprünglich freie Reiterverbände im Süden Russlands. Dazu gesellten sich Leibeigene, Abenteurer, Ketzer und Deserteure. Das war im 15. Jahrhundert. Mal verteidigten sie das Zarenreich gegen asiatische Reiterhorden, mal kämpften sie gegen den Monarchen, gegen Frondienste und Leibeigenschaft. Stanislaws Mutter nickt ihm anerkennend zu: »Ein Kosak kann sich nur einem Menschen unterordnen: dem Zaren.« Und so wurden nach der Revolution 1917 viele Kosaken hingerichtet. Einige verließen die Sowjetunion. Dann wurden Kosaken bedeutungslos, waren weitgehend verboten. Ihre Uniformen und Tänze dienten der Folklore.

Zurzeit dienen Kosaken so gut wie jedem, der herrscht, Hauptsache, er ist orthodox und Russe, meint Stanislaws Mutter. Kosaken hätten aber kein Glück mit dem derzeitigen Präsidenten: »Er kümmert sich überhaupt nicht um uns. Der Zar dagegen war immer fürs Volk da.« Alle trinken ein Glas Wodka, »Auf die Zukunft!« – »Die Kosaken werden als Marke missbraucht. Wir sind dagegen«, sagt Andrej Schalnew. Er ist so eine Art Pressesprecher der Kubankosaken. Schalnew nimmt seine zottelige Schaffellmütze ab. Ein Ohrring kommt zum Vorschein. Schalnew ist in einem Kosakendorf aufgewachsen und erst vor wenigen Jahren nach Moskau gezogen. Er versucht, die Traditionen seiner Vorfahren zu wahren, betet zwei Mal am Tag, begeht die Feiertage der Kosaken. Sein Geld verdient er im Tourismus und als Türkischlehrer. Jemand ruft alle zusammen. Die Kosaken sammeln sich vor dem Kreuz, das Orchester spielt den Trauermarsch von Chopin, der Gottesdienst beginnt. Die Kosaken legen Kränze ab, beten.

Diese Kosaken veranstalten auch kleine Wehrsportwettbewerbe für die ganze Familie, mit Pferden, Peitschen, Säbeln und Kalaschnikows. Traditionspflege und Verherrlichung des Gewalthandwerks verschwimmen. Seit den 90er Jahren haben sich zahlreiche Kosakenverbände gebildet. Die wurden nach dem Zusammenbruch der Sowjetunion von Präsident Jelzin gefördert, indem er ihnen den Grenzschutz übertrug. Bei einer Volkszählung gaben 2010 etwa 67 000 Menschen an, Kosaken zu sein. Der Wikipedia-Eintrag geht von zehn Millionen Kosaken aus. Knapp eine Million Menschen sind in ein staatliches Kosaken-Register eingetragen. Die Aufnahme ist einfach: Man muss volljährig sein, die Ideen der Kosaken teilen und ein Kreuz küssen. Kosaken als Vorfahren braucht man nicht. Gleichzeitig verpflichten sich die Kosaken zum Dienst für den Staat. Dazu gehören neuerdings auch Patrouillen in Moskau und in anderen russischen Städten – eine Art Bürgerwehr oder Hilfspolizei. Wer patrouillieren will, muss eigentlich nichts wissen oder können. Er muss sich nur in das Register eintragen lassen. Schalnew hat das nicht getan, und von den Patrouillen der Kosaken hält er auch nichts: »Mit den Patrouillen ist es doch so: Der Staat gibt denen Arbeit, die sonst nichts zu tun haben. Ich bin Unternehmer. Warum sollte ich auf irgendwelchen Straßen patrouillieren? Das ist doch totaler Unsinn.«

Kuzminki, ein Randbezirk von Moskau. Drei Kosaken machen sich zur Patrouille bereit. Ihr Ziel ist die Ordnung. Wohnhäuser mit mehr als 20 Stockwerken. Dazwischen heruntergekommene Mietskasernen aus den 60er Jahren. Ein Blumenladen, Buden mit Fast Food, Handyläden. Aus dem Metroeingang hetzen Menschen zu Bussen, die sie nach Hause in die Außenbezirke bringen: Feierabendverkehr auf zehn Spuren. Walerij Karundsche holt eine Karte aus der Tasche. Darauf ist eine Route einmal um den Block eingezeichnet. »In Richtung Metro sind illegale Händler, da gehen wir jetzt hin«, sagt Karundsche. Fliegende Händler stehen in ganz Moskau in der Nähe von Metrostationen und Märkten. Sie verkaufen Obst und Gemüse, Marmelade und Kräuter, oft aus dem eigenen Garten. Um ihre Autorität zu unterstreichen, tragen die drei Kosaken breite Uniformmützen. Wetterjacken mit Wappen auf dem Arm, Hosen mit rotem Streifen. Walerij Karundsche ist eigentlich Ingenieur. Mit ihm gehen heute Wasilij Solowjow, Oberst im Kosakenheer und Anführer der Patrouille, und Aleksej Uljanow, Koch.

Sie gehen zu Fuß und werden auch sogleich fündig. Vor dem Eingang zur Metro entdecken sie einen dunkelhäutigen Mann. Er ist etwa 20 Jahre alt und verteilt Werbezettel.

Uljanow: »Los, die Genehmigung. Ein zweites Mal erkläre ich's dir nicht.«

Der Mann mit den Werbezetteln schaut ängstlich.

Solowjow: »Verstehst du Russisch?«

Uljanow: »Njet?! Der nicht.«

Solowjow: »Er ist Student.«

Karundsche: »Na und?«

Die Kosaken kreisen den jungen Mann ein. Sie beraten:

Uljanow: »Wir sollten den Migrationsdienst holen.«

Karundsche spricht mich an: »Thomas, das ist die Demokratie, die ihr uns aufzwängen wollt.«

Der Mann mit den Werbezetteln blickt nervös nach links und rechts. Seine Hand zittert.

Uljanow: »Los, verschwinde! Ich will dich hier nicht mehr sehen!«

Eilig verdrückt sich der junge Mann. Zufrieden ziehen die drei Kosaken weiter. Vor einem Geschäft steht eine Frau mit Werbezetteln.

Uljanow: »Haben Sie eine Genehmigung, hier zu stehen?«

Frau: »Ja.«

Uljanow: »Von wem?«

Frau: »Na, vom Geschäft.«

Uljanow: »Sie dürfen hier nicht stehen.«

Frau: »Wo soll ich denn sonst stehen?«

Uljanow: »Am Geschäft!«

Karundsche: »Dichter dran.«

Uljanow: »Am Geschäft.«

Die Frau macht drei Schritte in Richtung Eingang. Die drei Kosaken nicken zufrieden.

Die Patrouille geht in eine Seitenstraße. Ein Platz, ein Brunnen, Fahnen wehen, Gebüsch. Karundsche ist zufrieden: »Ich war erst ein Kosakenkind, dann ein junger Kosak. In der Armee war ich bei der strategischen Raketentruppe. Ich habe zwei Abschlüsse, ich bin Ökonom und Marktforscher. Mein Urgroßvater war Ataman in Orlow.« Die Kleinstadt liegt etwa 900 Kilometer östlich von Moskau und gehört zum Gebiet Kirow. »Mein Großvater war auch Kosak.«

Plötzlich spurtet Uljanow über die Straße auf ein Wohnhaus zu. Eilig hasten die anderen hinter ihm her. Zwischen Büschen sitzt eine kleine alte Frau auf einer Kiste. Vor ihr liegen frische Zwiebeln, Petersiliensträußchen und Dill, Rote Beete.

Uljanow: »Los, los, packen Sie Ihre Sachen zusammen! Und vergessen Sie nichts.«

Solowjow: »Sie stehen hier jeden Tag. Wir werden die Miliz holen, und dann geht's ab nach Usbekistan!«

Uljanow: »Wie oft haben wir Sie schon gewarnt, dass man hier nicht handeln darf.«

Alte Frau: »Horoscho, horoscho – Gut, gut ... Heute ist der letzte Tag, ich fahre nach Hause. Usbekistan. Ich verstehe schlecht Russisch.«

Die alte Usbekin verbirgt ihr graues Haar unter einem Kopftuch, ihre Haut ist dunkel, ihre Augen sind asiatisch schmal. Eilig beginnt sie, ihre Ware in die Kiste zu packen.

Solowjow: »Was kostet der Dill?«

Usbekin: »15 für den kleinen Strauß.«

Solowjow: »Sehen Sie, Thomas, die versteht alles. Wo haben Sie die Sachen her?«

Usbekin: »Mein Bruder arbeitet in der Nähe von Moskau. Er hilft mir ein bisschen ...«

Solowjow: »Sehen Sie, Thomas, so ist das. Die klauen das Gemüse bei irgendwem im Garten.«

Usbekin: »Mein Bruder klaut nicht, er ist ein sehr ehrlicher Mensch. Er arbeitet hier schon sechs Jahre. Er klaut nie, um Gottes willen …«

Uljanow: »Wenn wir Sie morgen noch mal erwischen, nehmen wir Ihnen die Ware ab und rufen die Polizei …«

Usbekin: »Ich danke Ihnen.«

Uljanow: »Na ja. Dann alles Gute. Danke für Ihr Verständnis.«

Uljanow wendet sich ab, dreht sich noch einmal um, hebt die Stimme: »Wenn wir Sie noch ein Mal sehen …«

Usbekin: »Nein, ich fahre.«

Solowjow: »Thomas, sieht du, wir haben überhaupt keine Gewalt angewendet. Alles läuft ganz kultiviert.«

Karundsche: »Wir dürfen keine Papiere kontrollieren. Aber wenn die Papiere nicht in Ordnung sind, wird sie abgeschoben.«

Das erledigen der Migrationsdienst und die Polizei. Kosaken helfen gern, wenn sie irgendwo Illegale entdecken. Amtsanmaßung ist in Russland in der dritten Ära Putin gern gesehene Unterstützung der Ordnungskräfte. Jugendliche stöbern illegale Arbeiter auf und halten sie fest, bis die Polizei dankend übernimmt, Kosaken machen sich über Dunkelhäutige her.

Die Ampel ist rot.

Uljanow: »Bleibt stehen, die Ampel ist rot!«

Gemäß einer staatlichen Entwicklungsstrategie sollen Kosaken auch »dazu beitragen, die interethnische Stabilität in der Russischen Föderation zu festigen, und zum Erhalt und zur Entwicklung der Kultur der Völker der Russischen Föderation beitragen«. Die Ampel wird grün.

Solowjow: »Was hält diese Babuschka, deren Bruder die Ware in dem Betrieb klaut, in dem er arbeitet, und die sie hier illegal verkauft – was hält diese beiden davon ab, in Usbekistan zu leben? Sie sind hergekommen, um hier gegen Gesetze zu verstoßen.«

Auf dem Bürgersteig steht ein junger Mann mit Setzlingen und Nüssen. Als er die Kosaken sieht, verzieht er den Mund und macht eine abfällige Handbewegung. Er kennt die drei bereits. Die Kosaken bauen sich vor ihm auf. Einer zückt einen Zettel und einen Stift. Solowjow stellt mit seinem Zeigefinger Autorität her.

Verkäufer: »Na, jetzt haben Sie mich aber gekriegt …«

Uljanow: »Sie verstoßen gegen das Gesetz!«

Verkäufer: »Das Gesetz …«

Uljanow: »Klar.«

Verkäufer: »Ich bin ein äußerst gefährlicher Straftäter.«

Solowjow: »Wie viel gibt's in Deutschland für so etwas? 15 Jahre?»

Uljanow: »Los, gehen Sie auf den Markt, wenn Sie etwas verkaufen wollen.«

Verkäufer: »Ich geh nicht auf den Markt.«

Alle drei: »Warum?«

Verkäufer: »Weil man da etwas bezahlen muss.«

Uljanow: »Dann gehen Sie halt nach Hause. Los, gehen Sie nach Hause. Sie gehen einem illegalen Geschäft nach.«

Verkäufer: »Dieses Geschäft gibt es an jeder Metrostation.«

Der junge Mann packt zusammen, die Kosaken beäugen ihn dabei.

Solowjow: »Das ist die Demokratie, die ihr uns gebracht habt, Thomas.«

Als Nächstes verscheucht Karundsche jemanden, der Äpfel verkauft: »Wir sind eine gesunde Nation mit einem guten Präsidenten. Wir lieben unser Land, und wir sind uns einig, wer seine Nation nicht liebt, ist kein guter Mensch.« Und so geht es fort. Eine alte Frau verkauft Socken. Uljanow: »Was haben wir Ihnen gesagt …?« Eine andere verkauft Blumen von der Datscha und ein Buch von Lew Tolstoi.

Nach zwei Stunden sind sie wieder an der Metro. Dort steht ein alter Mann mit welken Blümchen.

Uljanow: »Was tun Sie hier?«

Solowjow: »Wir haben ihm das schon oft gesagt.«

Uljanow: »Sie gehen einem illegalen Geschäft nach, das Sie …«

Alter Mann: »Ich bin 90 Jahre alt und Veteran des Großen Vaterländischen Krieges. Ich sitze hier seit 25 Jahren.«

Solowjow: »Das ist jetzt eine unangenehme Situation. Er kommt jeden Tag. Er ist ein normaler Mensch. Er hat eine kleine Rente. Das verstehe ich alles.«

Uljanow: »Gehen Sie rüber in den Metroeingang. Da sind wir nicht zuständig.«

Die Kosaken helfen dem Greis, seine Sachen ein paar Meter weiter zu bringen. Doch dann, neben dem Eingang, dort, wo ein paar Minibusse halten, steht der junge Mann mit den Nüssen und Setzlingen.

Verkäufer: »Oh Gott.«

Karundsche: »Hör auf damit und geh arbeiten! Man kann Arbeit finden in der Heldenstadt Moskau.«

Wieder wendet sich Solowjow an mich: »Thomas, solche Typen wollen keine Steuern zahlen, sie sind es gewohnt, zu stehlen. Wir aber, die anständige Gesellschaft, wir müssen auf dem Gebiet der Russischen Föderation Ordnung schaffen. Wir sind hier zwar nicht Europa, doch diese Leute müssen lernen, Gesetze einzuhalten. Wenn wir das gut hinkriegen, werden wir einen blühenden und glücklichen Staat haben.«

Uljanow zückt sein Telefon: »Guten Abend. Die Kosakenpatrouille. Wir sind auf dem Wolgogradskij-Prospekt bei Haus 119. Wir haben hier einen, der es nicht begreift. Können Sie bitte kommen und ihn mitnehmen?«

Ein paar Frauen, die auf den Minibus warten, sind erbost. »Lasst doch den Jungen in Ruhe! Was soll das? Was wollt ihr von dem? Das ist doch völlig normal, davon gibt es viele.«

Ich frage ihn nach seinem Namen und wo er herkommt. Er heißt Wlad und kommt aus Sibirien. Die Kosaken würden ihn am liebsten dorthin zurückschicken.

Wlad: »Ich studiere in Moskau.«

Solowjow: »Und statt zu studieren, stehst du hier rum? Du musst deine Hausaufgaben machen, nicht das hier. Wenn du dieses Gesetz missachtest, bist du auch bereit, gegen alle anderen Gesetze zu verstoßen.«

Wlad: »Das stimmt nicht.«

Solowjow: »Na klar, du zeigst hier eine kriminelle Ader. Hast du gedient?«

Wlad: »Nein.«

Solowjow: »Thomas, in unserem Staat ist der Armeedienst jedem Bürger eine Ehrensache. Das ist eine Pflicht, die jeder Bürger erfüllen muss. Und er ist einfach ein Schmarotzer. In der Sowjetunion gab es dafür eine ordentliche Gefängnisstrafe. Jetzt aber haben sie den Leuten Bewusstsein gegeben. Niemand schlägt sie, niemand verhaftet sie. Damals gab es vielleicht zehn Jahre für so was. Glaub es oder nicht, zehn Jahre konnte man für so was sitzen. Jetzt aber entwickeln die Leute Selbstbewusstsein. Sie sollen Persönlichkeiten sein. Aber was ist das für eine Persönlichkeit, wenn er hier steht, gegen das Gesetz verstößt und dabei auch noch sagt, dass er das wieder tun wird? Solche Leute muss man umerziehen. Wie in der Sowjetunion, in den 20er Jahren, als Arbeitslager eingerichtet wurden. Damals wollten die Leute auch nicht arbeiten. Sie wollten demonstrieren und Revolution machen. Deshalb wurden Arbeitslager geschaffen, um die Leute umzuerziehen. Später wurde das übertrieben. Aber die Idee an sich war gut.«

Die Polizei lässt auf sich warten. Wenn sie kommt, wird die Ware beschlagnahmt. Zusätzlich wird eine Strafe von 2500 Rubel fällig. Die Ware kann der Händler gegen eine Kaution von 5000 Rubel zurückkriegen. Insgesamt macht das zu dem Zeitpunkt etwa 180 Euro. Wlad kennt die Prozedur.

Wlad: »Wir züchten diese Bäume und die Nüsse in Krasnojarsk, und ich bringe sie hierher. Ein Setzling kostet 100 Rubel.« Er spricht auf einmal Deutsch: »Ich habe ein Deutsch-Diplom.«

Ich frage ihn: »Haben Sie Angst vor denen?«

Wlad: »Ja. Aber ich nehme diese Kosaken nicht ernst. Sie können nichts machen, nur die Polizei rufen.«

»Warum laufen Sie nicht einfach weg? Sie laufen schneller.«

Wlad: »Ich weiß nicht, ich könnte weglaufen, aber in diesem Moment, ich will irgendwie nicht. Ich weiß nicht, soll ich gehen oder bleiben? Manchmal kommt die Polizei in 30 Sekunden, manchmal brauchen die Polizisten 20 Minuten.«

Die Polizei kommt nicht. Die Kosaken langweilen sich. Solowjow telefoniert, die anderen beiden schauen dem Verkehr beim Fließen zu. Nach zwanzig Minuten ist ihre Aufmerksamkeit für den Studenten erloschen. Bevor die Kosaken es gemerkt haben, ist er mit seiner Ware in der Menge vor dem Metroeingang verschwunden. Solowjow zuckt mit den Achseln: »Wir können überall Ordnung schaffen – wenn man uns lässt. Wenn uns Angela Merkel ruft, kommen wir auch nach Deutschland und helfen dort, die öffentliche Ordnung aufrechtzuerhalten, denn dort gibt es ja auch Probleme mit der Migration, die EU leidet unter ihrer Offenheit. Und da kann man uns hier als Beispiel nehmen. Also, Sie können sich an uns wenden.« Das meint er nicht im Scherz.

»Solche Patrouillen sind Teil des bürgerschaftlichen Engagements«, sagt Pawel Sadoroschnyj, oberster Ataman Russlands. Wildester Reiter ist er nicht, zu alt, zu dick, zu viel Chef, zu viel Schreibtisch. »Ihr bringt uns doch immer bei, dass die Öffentlichkeit dem Staat helfen soll, dass das demokratisch ist.« Sadoroschnyj setzt sich seit Anfang der 90er Jahre für die Wiedergeburt des Kosakentums ein. 2009 hat er den »Rat für Angelegenheiten des Kosakentums« des russischen Präsidenten mit gegründet. Als oberster Ataman Russlands hat er damit einen direkten Draht zum Präsidenten und unter anderem an der Strategie für das Kosakentum mitgearbeitet. Sadoroschnyj guckt herausfordernd: »Der Kosak ist mutig, stark, bereit, den Erniedrigten zu helfen, den Elenden, den Witwen und Waisen. Und er ist bereit, seinen Staat zu verteidigen. Kosakentum ist ein von Gott gewolltes Gewerbe. Unsere Historiker haben das erforscht und sind zu diesem Ergebnis gekommen. Es erfüllt genau eine Funktion: den Glauben und das Vaterland zu verteidigen.«

Sadoroschnyj steht auf, er trägt Stiefel, braune Jacke, blaue Hose mit Streifen: »Dieser Streifen hier ist himbeerfarben. Die haben die Semiretschijekosaken getragen. Und die Uralkosaken. Rot haben die sibirischen und Donkosaken getragen. Gelb die Sabaikalkosaken, die Ussuri- und Amurkosaken, die Astrachankosaken. Blau die Orenburger.« Neben seinem Schrank hängt eine große Fahne, schwarz, gelb, weiß, die Farben des Zaren von 1858 bis 1883. »Für Glaube, Freiheit, Vaterland« steht darauf und »Gleichheit, Gerechtigkeit, Moral«. Sein Büro ist klein. Ein Schreibtisch, ein Tisch, Stühle, ein Schrank, ein Regal. An der Wand Ikonen, ein Bild des Zaren, mehrere Kalender. Er greift in den Schrank, »alle Werte stehen in zwei Büchern«, sagt er, »in der Heiligen Schrift und ...« – er nimmt ein dickes braunes Buch aus dem Schrank – »... in diesen Überlieferungen: ›Aus dem Leben der Heiligen‹. Sie erzählen uns, wie man zu leben hat. Wie man Gott und die Eltern ehren muss. Alle wahren Werte sind in diesen beiden Büchern enthalten. Alles andere ist Staub, den niemand braucht.« Sadoroschnyj meint das ernst, daran besteht kein Zweifel. »An erster Stelle muss Erziehung stehen. Wenn jemand keine Erziehung erhalten hat, aber Bildung, dann macht ihn das hinterlistig und raffiniert. So jemand weiß, wie man ein Verbrechen begeht und sich der Strafe entzieht. Ein ganz schrecklicher Mensch. Bildung ist zweitrangig.«

Pawel Sadoroschnyj ist 53 Jahre alt und Oberst der Reserve. 1979 hat er die Militärschule in Samarkand absolviert. Die Stadt gehört heute zu Usbekistan. 2000 hat er an der Universität des Verteidigungsministeriums ein Jurastudium abgeschlossen. Parallel dazu machte Sadoroschnyj Karriere in der Kosakenunion. 2008 wurde er zum obersten Ataman gewählt. Sadoroschnyj sagt, allein auf ihn würden drei Millionen Menschen hören. Das ist schwer zu überprüfen. Seine Leute seien zur Stelle, wenn es darum gehe, den Zerfall des Imperiums zu stoppen. »Mich kann niemand vom rechten Weg abbringen.«

Mit seinen Maximen von Glaube und Vaterland liegt Pawel Sadoroschnyj ganz auf der Linie des Kreml. Die Krise der 90er Jahre, in denen Banden das Land unter sich aufteilten und die Bevölkerung teils mit Lebensmittelmarken ernährt wurde, hat tiefe Spuren hinterlassen. Demokratie und Liberalismus stehen bei vielen Russen für Chaos und Zusammenbruch. In den 90ern war das Leben jedes Einzelnen gefährdet, in der Sowjetunion hingegen waren die Regeln bekannt, und wer nicht dagegen verstieß, lebte halbwegs sicher. Reaktionäre Wertvorstellungen versprechen Stabilität. Darauf setzen Putin und die Seinen, und sie finden in

Atamanen wie Sadoroschnyj und der orthodoxen Kirche Mitstreiter. Ihr Bund wird befeuert durch verletzten Großmachtstolz. Die Sowjetunion war im Kalten Krieg gefürchtete Atommacht, das unabhängige Russland erleben viele als Versorgungsfall. »Russland war immer ein Imperium und wird immer ein Imperium sein. Russland hat keinen anderen Weg, als ein Imperium zu sein«, sagt Sadoroschnyj. Viele Kosaken haben sich das mitunter rüpelhafte Auftreten des russischen Präsidenten zu eigen gemacht. Dahinter steht die Absicht, Russland als etwas Besonderes darzustellen und es von Europa und dessen Werten abzugrenzen. Sadoroschnyj ist überzeugt, dass freie Gesellschaften schwach und dumm sind. »Ich habe meine festen Vorstellungen, meine festen Sichtweisen.« Und die sind recht klar: »Liberalismus führt zum Tod, zum Ende der Menschheit.«

Und: »Es gibt keine liberalen Werte. Jeder halbwegs vernünftige Mensch, der über die virtuelle Welt hinausschaut, versteht das: dass liberale Werte falsche Werte sind.«

Und: »Homosexuelle sind schändliche Menschen.«

Und: »Homosexuelle sind nicht krank. Das ist nur eine Schutzbehauptung, um sich vor Verfolgung zu schützen. Wir kannten das früher gar nicht. Erst als wir die Grenzen geöffnet haben, kam das. Jetzt sind schon fünf Prozent der Bevölkerung homosexuell.«

Und: »Man muss schädliche Elemente fortjagen: Wissen Sie, wenn man in ein Fass Honig einen Löffel Teer hineingibt, wird niemand diesen Honig essen. Das ist dann kein Honig mehr, weil er dann verdorben ist. Dieser Löffel Teer ist sehr gefährlich.«

Dann redet er davon, dass Russland schon einmal Europa vom Faschismus befreit habe, von Schwulen wie Ernst Röhm und Adolf Hitler. »Wir kehren wieder zum Faschismus zurück. Europa fordert heute Schwulenparaden. Wir aber wissen, dass Hitler dank solcher Schwulenparaden an die Macht gekommen ist. Seine Sturmtruppe, die SA, wurde mit solchen Leuten aufgefüllt. Sie sind grausam, sie töten, ohne nachzudenken. Das ist es, was Europa heute droht.« – »Das klingt doch recht krude«, werfe ich ein. »Nein«, sagt Sadoroschnyj, »ich bin Historiker und sage Ihnen, das stimmt.« Der Westen verstehe die russische Geschichte nicht, schreibe dauernd »eine Geschichte der Barbarei. Dabei ist die Geschichte Russlands die Geschichte von Gott in Russland. Ich glaube, es wird erneut eine Mission des russischen Volkes und der Kosaken geben – wie im Zweiten Weltkrieg. Wir werden Europa noch einmal befreien müssen. Es tut uns leid, dass Europa vielleicht verschwindet.« Ich bin sprachlos. »Wir in Russland haben unseren genetischen Code. Das ist das Gewissen. Wir messen alles mit dem Gewissen. Wenn der Mensch sein Gewissen verliert, ist er ein schrecklicher Mensch. Und in der liberalen Demokratie hat das Gewissen keinen Platz. Dort gibt es den Begriff des Gewissens nicht. Das ist schrecklich.« Ein neuer Versuch: »Wie finanzieren Sie sich eigentlich?« – »Ihr Deutschen seid auch schon vom Westen verdorben und denkt, dass alles käuflich ist. Aber wir dienen dem Staat aus Pflichtgefühl. Die Kosaken haben dafür nie Geld genommen. Niemand finanziert uns. Wir leben von unserem Kosakenschweiß.«

Glaubt man ihren Wortführern, dann lieben Kosaken das

Sterben. Sie haben eine heldenhafte Vorstellung vom letzten Gefecht. »Wer orthodox glaubt, stirbt nicht«, sagt Sadoroschnyj.

Sterben allein reicht aber nicht. Vor die Unsterblichkeit hat der liebe Gott die Kampfausbildung gesetzt. Sokolniki war vor 100 Jahren ein Dorf vor den Toren Moskaus. Nun ist es ein Stadtbezirk, längst von der Peripherie in Richtung Zentrum gerückt. Zwischen hohen Wohnhäusern aus Betonplatten liegt ein eingezäuntes Gelände mit roten Backsteinbauten, zwei, drei Stockwerke hoch, leicht angegammelt. Darauf weht eine russische Flagge. Das Gelände gehört der russisch-orthodoxen Kirche. Neben dem Tor steht ein Wachhäuschen. Ein Mann in einer grünen Kampfmontur holt mich ab: Dmitrij Nenarokow, Priester, Kosak, Trainer bei der russischen Armee. Nenarokow bildet hier Elitekämpfer im Nahkampf aus. Bei unserem Treffen ist er 46 Jahre alt und hat sich einen Fusselbart stehen lassen. Am größten Haus prangt ein Christusbild, gülden angeleuchtet schaut der Heiland streng. Ein junger Mann verneigt sich, küsst Nenarokow die Hand, der legt ihm segnend die andere auf den Kopf. Einst stand hier ein Palast des Zaren, er hat in Sokolniki gejagt, in den 30er Jahren dann ein NKWD-Gefängnis. »Hier wurden Menschen wegen ihres Glaubens, ihrer Zugehörigkeit zur Aristokratie, wegen gesunden Menschenverstands eingesperrt, gequält, gefoltert und getötet«, erzählt Nenarokow. Der NKWD gehört wie der KGB zu den Vorgängern des heutigen Geheimdienstes FSB. »Es gibt keine Opferzahlen, weil die KGB- und FSB-Archive bisher immer noch nicht ganz geöffnet sind. Deshalb können wir das Ausmaß der Tragödie nicht erfassen. Ich kann Ihnen nur sagen: Meine Vorfahren wurden auf dem Übungsplatz Butowo im Süden Moskaus erschossen. Allein in Butowo liegen 200 000 Tote, und es gibt viele solche Butowos in Russland.« Die Erschießungen in Butowo gab es wirklich, aber die Zahl von 200 000, die Nenarokow nennt, ist maßlos übertrieben. Der Historiker Arsenij Roginskij von Memorial spricht von knapp 21 000 Menschen, die in Butowo begraben sind. Nenarokow liebt die Übertreibung. »Das Kosakentum als Stand von geborenen Kriegern wurde vernichtet. Nach vorsichtigen Schätzungen wurden in der Stalin-Zeit 2,5 bis 3,5 Millionen Kosaken umgebracht.« Seit 1920 seien etwa 45 000 Kosaken deportiert worden, ordnet der Historiker Roginskij die Totenzahlen ein: »Die Kosaken haben nach Kriegsende stark gelitten.« Roginskij spricht von 11,5 Millionen Opfern insgesamt, also nicht nur Kosaken, »das umfasst sowohl Verhaftungen als auch Deportationen, davon waren etwas mehr als 1 Million zur Erschießung verurteilt«. Das seien zumindest die Zahlen der Statistiken in den Archiven des Geheimdienstes.

Nenarokow geht nicht nur schwungvoll mit Zahlen um. Im Trainingsraum liegen schmuddelige Matten. Ein langer Tisch steht weit hinten. An den Wänden zwei Ikonen, auf den Matten vier Männer in grüner Tarnkleidung. Einer greift den anderen mit einem Holzmesser an. Der packt den Angreifer, wirbelt ihn durch die Luft, wirft sich auf ihn, drückt dessen Arm auf den Boden. Nenarokow ruft sie zu sich. Sie beten gemeinsam. An einer Wand hängt ein Plakat. Darauf Schild und Schwert, Symbole des russischen Geheimdienstes, hinter einem Schutzschild Männer in dunkler Kampfkleidung mit Helm und Waffen zum Angriff aufgestellt. Im Mittelpunkt des Arrangements ein Psalm. Es ist ein Plakat der Gruppe Alpha, einer Spezialeinheit des Geheimdienstes FSB.

»Guten Tag«, sage ich, als sie mit dem Beten fertig sind, »ich bin Journalist, recherchiere eine längere Reportage über Kosaken und würde gern mit dem einen oder anderen von Ihnen nachher sprechen und etwas aufnehmen.« – »Njet.« Die Antwort der Kämpfer ist deutlich. Misstrauisch beäugen sie das Mikrofon. Fotografieren darf ich nicht. Nach und nach kommen immer mehr junge Männer. Nenarokow streift sich Lederhandschuhe über und greift nach einem Holzmesser. Dann wählt er einen der Elitekämpfer aus, greift ihn an, legt ihn schwungvoll aufs Kreuz, verdreht ihm den Arm, bis der Mann auf den Boden klopft, weil es wehtut. Die anderen schauen zu, Nenarokow wiederholt den Angriff noch einmal, dann trainieren die Männer ohne ihn weiter. Ob er es nicht komisch finde, Elitekämpfer der Organisation auszubilden, die einst die Kosaken verfolgt haben? Die Frage bleibt unbeantwortet.

Dmitrij Nenarokow trat Mitte der 80er Jahre in die Sowjetarmee ein. Damals war es an der Tagesordnung, dass Rekruten von ihren Vorgesetzten oder älteren Soldaten gequält wurden. Es gab Todesfälle. »Da habe ich verstanden, was den Gläubigen fehlt: Mut und Beharrlichkeit im Kampf gegen die Ungerechtigkeit, gegen die Lüge, gegen die Niedertracht, gegen das Böse.« Er lernte, zu kämpfen und andere darin auszubilden. 1996 erhielt er die Priesterweihe. »Vielleicht gibt es da einen Widerspruch, aber keine Regel ohne Ausnahme.

Und ich bin die Ausnahme. Denn das ganze Leben kämpfe ich gegen meine überflüssige Weichheit. Und gegen meine Menschenfreundlichkeit. Die steht mir im Weg, um entschieden gegen das Böse zu kämpfen.« Das Wiedererstarken des russischen Nationalismus war ihm die Erfüllung eines Herzenswunsches. Er wollte für Werte und Traditionen kämpfen, für den orthodoxen Glauben, das Vaterland und seine Führer, für die Mutter-Vater-Kinder-Familie. Alles, was davon abweicht, versteht er nicht und will es auch nicht. Schon gar nicht so leben wie im Westen. Dass auch dort das Kleinfamilienmodell weit vorn ist, verneint er. »Jetzt läuft eine schleichende Expansion des, wie wir es nennen, liberalen Faschismus.« Kein Paradox? »Nein, liberaler Faschismus ist, wenn zum Beispiel in Russland, einem Land, in dem traditionelle Werte seit Urzeiten an erster Stelle standen, den Menschen jetzt mit dem Geld des Westens die Akzeptanz von Homosexualität aufgezwungen wird, wenn wir Verständnis zeigen sollen für Perverse, für gotteslästerliche Aktionen in einer Kathedrale.« Nenarokow ist überzeugt, dass freie Gedanken und Toleranz das gesellschaftliche Gefüge gefährden. »Ich möchte nicht, dass meine Kinder und Enkel in einer Gesellschaft leben, in der Homosexualität anderen aufgezwungen wird.« Homosexuelle sollen sich still verhalten. »Ich kenne viele Homosexuelle, ich rede mit ihnen, ich versuche, sie zu überzeugen. Sie aber adoptieren auch noch Kinder, und die Kinder werden dann auch noch homosexuell. Ein homosexueller Mann hat statistisch im Schnitt 500 Partner im Leben.«

»Woher wissen Sie das?«

»Weil es so ist.« Nenarokow glaubt fest daran, dass es Krieg geben wird, Krieg für das wahre Christentum. Und meint natürlich den russisch-orthodoxen Glauben. Er beharrt darauf und ist insofern nahezu prophetisch. »Der Krieg läuft schon. Überall. Da müssen nicht unbedingt Bomben fallen. Es gibt Informationskriege, es gibt die Flüchtlingskrise in Europa, das ist auch ein Krieg, Terrorismus ist Krieg, ein Krieg, der jedes Haus, jeden Staat erfassen kann. Es gibt religiösen Krieg, den Dschihad usw. Ich hoffe auf Frieden. Ich bin Optimist. Und ich möchte keinen Krieg und keine Eskalation. Aber wir sehen uns eben um und ziehen daraus unsere Schlüsse.« Er war zwar nie da, doch ist sich sicher: In Europa herrscht Chaos. »Sie werden uns noch um Hilfe bitten, und dann werden wir Ihnen helfen.« Die Kosaken seien bereit. »Der Geist eines Kriegers ist immer bereit. Deshalb sind wir Krieger. Jeder, der getauft ist, ist ein Krieger Christi. Selbst ein kleines Kind. Wir sind bereit. Das Kosakentum in Russland ist bereit.«

Zu dem Zeitpunkt herrscht im Osten der Ukraine noch Frieden, und die Krim ist auch noch nicht besetzt.

Kapitel 7

»Hot. Cool. Yours«?

Die Olympischen Spiele in Sotschi

> *»Welcome! Sotchi 2014«*
> Die olympischen Ringe als farbige Galgenstricke
>
> *»Welcome! Sotchi 2014«*
> Birkenkreuze im Schnee mit den Helmen von Eishockeyspielern
>
> *»Welcome! Sotchi 2014«*
> Wegweiser: »Gulag«, »Chernobyl«, »Siberia«, »Lubyanka«
>
> *»Welcome! Sotchi 2014«*
> Ein russischer Doppelkopfadler mit Pistolen statt Köpfen
>
> **Olympiakarikaturen von Wasilij Slonow in einer Galerie in Moskau**

Bei Sotschi hört der Spaß auf. »Ich lebe bereits in Sibirien, dorthin deportieren kann man mich also nicht mehr«, sagt der Schöpfer der Bilder, Wasilij Slonow. Die Bilder hingen in einem Museum in Perm. Der Direktor wurde kurz darauf gefeuert. Die Bilder seien antirussisch, und das in einer Ausstellung, die mit öffentlichen Geldern finanziert wird. Olympia in Sotschi ist heilig, zumindest unantastbar. In Moskau können Slonows Werke später ungehindert gezeigt werden. Der inszenierte Volkszorn hat bereits seinen Zweck erfüllt.

Der offizielle Slogan der Olympischen Spiele lautet: »Hot. Cool. Yours«. Schluss mit Bären, Babuschka und Balalaika. Die offizielle Ausstellung zu den Spielen heißt »Sport, Kunst, Sotschi« und ist staatlich gefördert. Zu sehen sind ein paar Dutzend Gemälde und Skulpturen von Künstlern aus verschiedenen Regionen Russlands. Eishockeyspieler. Schlittschuhläufer. Skiläufer. Kitschige Berge. Ölbilder. Acryl. Batiken. Ein bisschen sozialrealistisch. Ein bisschen postmodern. Ein bisschen verfremdet. Alles ganz hübsch, jedoch ohne Tiefgang. Olympische Spiele sind in jedem Land ein Prestigeprojekt der Regierung, in Demokratien ist Kritik erwünscht, in Russland dienen die Spiele der Vaterlandsliebe und dem neuen Selbstverständnis als Siegervolk.

Ein Video im unabhängigen Fernsehkanal TV Doschd. Ein Mann steht am Keyboard, trägt ein T-Shirt mit der Aufschrift »SSSR«. Ein älterer Mann mit schlecht sitzender braun gestreifter Krawatte tritt ans Mikro. »Über die nicht sportliche Bedeutung der Olympischen Spiele in Sotschi 2014.« Dann singt der Mann das Abschiedslied der Olympischen Sommerspiele 1980 in Moskau. Den Text hat er verändert: »Do swidanija, auf Wiedersehen, geliebter Wowa«. »Wowa« ist die Koseform von Wladimir – Wladimir Wladimirowitsch Putin. Satire auf Sowjetniveau. Diverse Kabelanbieter haben Doschd zu diesem Zeitpunkt schon aus ihrem Angebot genommen. Politischer Druck, heißt es. Jedoch nicht wegen der Satire. Zum Jahrestag der Blockade Leningrads durch die Wehrmacht Ende Januar 2014 hatte der TV-Sender Diskussionsteilnehmer und Zuschauer gefragt, ob die Sowjetführung die Stadt hätte aufgeben müssen, um Leben zu retten. Damals waren Hunderttausende Menschen verhungert. Ein Sturm der Entrüstung brach los. Sogar Putins Sprecher meldete sich zu Wort. Die Frage habe die Grenzen des Zulässigen überschritten.

Das Parlament beschäftigte sich mit dem Thema. Der Sender entschuldigte sich mehrfach. Abgeordnete der Regierungspartei Einiges Russland halfen Blockadeüberlebenden, Klagen gegen den Sender einzureichen. Doschd kämpft heute ums Überleben. Autokraten brauchen berechenbare Massenmedien. Geduldet werden marginale Zeitungen, Radiosender, Blogs. Beim Fernsehen hört der Spaß jedoch auf, gerade, wenn es eine gewisse Reichweite hat, wie Doschd es geschafft hatte. Staatsmedien geben die Gelegenheit, kulturelle Diskurse zu lenken und eine Diskurskultur vorzuspiegeln. Der medial inszenierte Volkszorn hat dafür gesorgt, dass Satire wieder auf dem brav-angepassten Niveau der Sowjetunion dümpelt. Im Vorfeld der Olympischen Spiele in Sotschi zieht die Regierung die Schrauben noch mal an. »Unkritisch«, lautet das Urteil von Reporter ohne Grenzen über die russischen Massenmedien.

»Welcome! Sotchi 2014«
Die olympischen Ringe als Knebel

Es gibt kaum eine Karikatur, die die Situation im Land im Vorfeld der Olympischen Spiele besser trifft.

»Hot. Cool. Yours«? Höher, schneller, weiter. Es ist der

7. Oktober 2013, Putins Geburtstag. Moskaus Bürgermeister steht auf einer Bühne auf dem Roten Platz, zündet die erste olympische Fackel an, übergibt sie der ersten Trägerin, damit die sie zum ersten Russen in Russland, in die erste Adresse des riesigen Landes trägt, zu Präsident Putin in den Kreml. Der Moderator wünscht dem Feuer eine gute Reise. Und schon hat der zweite Läufer die schimmernde Aluminiumfackel in der Hand und rennt los und gestikuliert und winkt Hilfe herbei, denn das Feuer ist aus. Ein Wachmann kommt mit einem Feuerzeug.

Höher, schneller und vor allem weiter. Die Chinesen hatten das olympische Feuer vor den Sommerspielen in Peking auf den höchsten Berg der Erde, den Mount Everest, getragen. Russland, das größte Land der Erde, trägt die Flamme insgesamt 65 000 Kilometer durch die Gegend. Aber nicht nur einfach an der Straße entlang. Am 9. November bringt der atombetriebene Eisbrecher mit dem Namen »50 Jahre Sieg« binnen 91 Stunden das Feuer von Murmansk zum Nordpol, »eine Stunde schneller als alle Schiffe zuvor«, jubelt ein Fernsehmoderator. »Der erste olympische Rekord ist gesichert. Wir konnten alle Hindernisse überwinden, sogar die Polarnacht. Jetzt ist die Hauptsache, dass sich die Rekorde fortsetzen, im Februar 2014, in Sotschi.«

Olympische Spiele sind an sich eine durchaus fragwürdige Veranstaltung auf der Jagd nach Superlativen. Doch in einem Land mit kollektiver Profilneurose muss es noch ein bisschen mehr sein. Dmitrij Tschernyschenko, Präsident des Organisationskomitees der Olympischen Spiele, spricht gar von einer Mission der Fackel, »vor allem uns Russen in Erinnerung zu rufen, dass wir in einem großartigen Land leben, in dem es Dinge gibt, auf die man stolz sein kann. Wir können nicht nur auf Zurückliegendes stolz sein, auf das kulturelle Erbe, sondern auch auf heutige Errungenschaften, auf unsere großartige Natur, auf eine wunderbare Architektur und vor allen Dingen auf die Menschen.« Kein Wunder nach dem kollektiven Zusammenbruch in den 90er Jahren.

Als Nächstes muss das olympische Feuer höher hinaus: in den Kosmos. Auf der internationalen Raumstation ISS angekommen, tragen zwei Kosmonauten die Fackel hinaus in den Weltraum. Allerdings ohne olympisches Feuer. Im Weltall brennt kein Feuer. »Niemals wurde das olympische Motto ›Höher, schneller, weiter‹ so schnell, so hoch und so kräftig umgesetzt«, freut sich erneut ein Fernsehkommentator. Höher hat geklappt, wenn auch mit Abstrichen, schneller auch, dank des atomgetriebenen Eisbrechers, weiter in Russland sowieso. Aber das reicht noch nicht. Die Fackel muss noch tiefer! Auf den Grund des Baikalsees. Im Baikalsee sind die Temperaturen kurz über dem Gefrierpunkt, »cool«.

Sotschi ist wichtig, um »Siegen« zum zentralen Begriff des kollektiven Selbstbewusstseins zu machen und die Liebe zum Vaterland voranzutreiben. Russland muss siegen, denn es ist ja ein »Siegervolk«, so Putin.

Im Fernsehen, Putin mit der großen Geste. Wie einst Lenin, der irgendwo an einem Fluss oder in einer Steppe steht, die Hand gebieterisch erhoben, und siehe: Es ward Industrialisierung. Stalin, an der Wolga zeigt er gebieterisch über die Steppe, und siehe: Dort ward Stalingrad. Putin auf Skiern, in den Bergen über Sotschi: »Wir sind 2001 oder 2002 in einem

Jeep hier langgefahren, sind dort am Flüsschen ausgestiegen, und ich habe gesagt: Lasst uns von hier anfangen. Und so haben wir es gemacht.« – Krasnaja Poljana, »Rotes Feld«, wegen der Kirschbäume, die Armenier dort einst gepflanzt haben. Und so folgten die Oligarchen Putins Ruf und zückten die Scheckbücher für die nationale Aufgabe, für den Präsidenten, der sie reich sein lässt. Putins Ansage ist deutlich. »Wer reich geworden ist, Erfolg hat und Ressourcen – bei Geschäftsleuten sind es materielle Ressourcen, bei Politikern politische, andere verfügen einfach über Autorität – aber sie alle müssen einen Teil davon mit der Gesellschaft teilen.«

Sotschi war von vornherein ein Bluff. Die medial verbreitete Gründungslegende geht so: 2005 hatte der Oligarch und multiple Milliardär Wladimir Potanin die Idee, dort, wo er regelmäßig Ski laufen geht, doch mal Olympische Spiele auszurichten. Er fragte den Sportminister, und der fand das auch gut. So gründeten sie ein Komitee und holten Putins Sprecher Dmitrij Peskow ins Boot, denn ohne Putin kein Olympia. Peskow riet zu Potanin'schen Dörfern, einer Werbekampagne, die nur für Putin da ist. Und als der Präsident in Sotschi ankam, säumten Werbetafeln seinen Weg, und aus dem Autoradio schallten Werbespots, wie »Spiele, die wir verdient haben«, extra produziert, um Putin davon zu überzeugen, dass Sotschi Olympische Spiele braucht. Sie heuerten jemanden an, der immer wieder beim Bürgertelefon anrief und fragte, wann denn nun endlich Olympische Spiele in Russland stattfänden.

Die Kulissenschieberei war erfolgreich, Putin biss an, und aus Potanin'schen Dörfern wurden Putin'sche Dörfer. Jetzt musste das Internationale Olympische Komitee getäuscht werden. Sotschi war völlig runtergekommen, Teile der Kanalisation funktionierten nicht. Für das IOC wurde daher mächtig poliert. Immerhin war es mal einer *der* Tourismusorte in der Sowjetunion. Die Idee ist super. Der Herrscher schenkt dem Volk nicht nur Zerstreuung, er bereitet den Boden für Siege. Die Aussicht auf Brot und Spiele, die Aussicht, der Welt zu zeigen, dass Russland so etwas kann, und vor allem die Chance, die Schlappe der Sowjetunion von 1980 auszuwetzen – zahlreiche westliche Staaten, darunter auch die Bundesrepublik, hatten die Olympischen Spiele in Moskau aus Protest gegen den Einmarsch der Sowjetunion in Afghanistan boykottiert –, sind dann doch verlockend. Der damalige Boykott tut vielen der Mächtigen heute noch weh. Viele Ältere verstehen bis heute nicht, was das sollte, verklären die Breschnew-Zeit. Real kam der Ostblock damals an die Grenzen seiner Leistungsfähigkeit, die Gesellschaften kollabierten innerlich, langsam noch, doch stetig. Olympia in Sotschi ist die Verbindung zur sich schillernd gerierenden Sowjetunion. Und so setzt die PR-Kampagne im Vorfeld der Spiele in Sotschi auf Superlative und Sieg.

»Welcome! Sotchi 2014«
Ein Beil schlägt einem Birkenstamm eine blutige Wunde

Im Festsaal in Sotschi verleiht das Organisationskomitee der Olympischen Spiele Preise für nachhaltige Entwicklung und ökologisches Bauen an Partner der Spiele, an staatliche russische Großkonzerne, an die Stadt- und die Gebietsverwaltung. »Der Zukunft entgegen«, ein traditionelles Motto. Und das wird auch ganz traditionell umgesetzt.

Die Gegend um Sotschi ist eigentlich ein einziges großes Naturschutzgebiet, der subtropische Kurort hat ein sensibles Ökosystem. Ein Teil davon ist der Fluss Mzymta. Für die neue Bahnstrecke und die neue Straße wird sein Lauf verändert. Mit Folgen. Die Hälfte der Stadt Sotschi bezieht ihr Grundwasser aus der Mzymta. Das ökologische Gleichgewicht ist nachhaltig gestört, ein Teil des Grundwassers ist anschließend salzig. Die Olympia-Baustellen stören seltene Tiere, zerstören die Artenvielfalt, ganze Bestände von Buchsbaum und Flügelnuss werden vernichtet. Bauunternehmer kippen den Schutt in die Wälder des Naturparks. Die Bobbahn sollte eigentlich in einem streng geschützten Naturreservat gebaut werden. Nach persönlichen Gesprächen der Umweltschützer mit Präsident Putin wird sie in ein ökologisch weniger wertvolles Gebiet verlegt. Solche Kompromisse bleiben die Ausnahme.

Umweltschützer geraten immer weiter unter Druck, auch das hat Tradition. Suren Gasarjan, Anführer der Ökowache, einem Netzwerk von Umweltaktivisten im Nordkaukasus, wird vorgeworfen, einem Wachmann mit Mord gedroht zu haben. Gasarjan flieht ins Ausland. Jewgenij Witischko, ein anderer Aktivist, wird zu drei Jahren Lagerhaft verurteilt, weil er den Zaun der Residenz des Gouverneurs beschädigt haben soll. Wladimir Kimajew, auch von der Ökowache, rechnet mit allem Möglichen. »Sie hassen uns. Sie zeigen uns ständig, dass sie wissen, was wir tun. Letztes Jahr wurde meine Wohnung durchsucht, als ich nicht da war.« Auch die seiner Kinder wird nicht verschont. »Verdacht auf Extremismus.« Nicht nur der Vorwurf ist ein alter Bekannter: »Ich habe Angst. Sie können mir Drogen unterschieben oder Waffen. Man muss mit allem rechnen.« Wer in Russland nationale Heiligtümer kritisiert, braucht Mut. Kimajew wird ständig von ihm fremden Menschen fotografiert, teils kommen sie ganz dicht an ihn heran.

»Wenn Sie sich über Sotschi lustig machen, riskieren Sie einen Konflikt«, kommentiert Alexej Muchin kritische Kommentare. Muchin ist Leiter des Zentrums für politische Information in Moskau und Putin sehr zugewandt. »Die Mehrheit der Russen, selbst die, die mit der Vorbereitung der Olympischen Spiele unzufrieden sind, haben patriotische Gefühle entwickelt. So etwas ist nötig, denn es zeigt der Bevölkerung Russlands von Zeit zu Zeit, dass es *ein* Volk ist. Man kann sich darüber lustig machen, aber ich würde das nicht riskieren.«

Oligarchen sind in Russland von Putins Gnaden. Die guten Oligarchen finanzieren Sotschi. Die illoyalen sind im Ausland. Boris Beresowski hat auch das nicht geholfen, der als Intimfeind Putins geltende Milliardär wurde in seinem Haus in England tot aufgefunden. Alles sah nach Selbstmord aus, die Zweifel daran sind jedoch so groß, dass der britische Richter am Ende des Verfahrens zu keinem Schluss kommt. Seit Putin 2000 an die Macht gekommen ist, sichert er seine Macht, indem er anderen Angst macht. Das Prinzip ist mindestens so alt wie die Sowjetunion, höchstwahrscheinlich älter.

In seiner ersten Amtszeit hat Putin den bis dahin mächtigsten Oligarchen Michail Chodorkowskij entmachtet. Ich halte es für unmöglich, in den 90er Jahren in Russland so reich geworden zu sein, ohne sich die Finger sehr schmutzig gemacht zu haben. Doch das spielte keine Rolle. Anfang 2003 trafen sich die reichsten und mächtigsten Oligarchen mit dem Präsidenten im Kreml. Das Fernsehen zeigte, wie Putin und Chodorkowskij sich über Korruption stritten. Die Behörden warfen dem Unternehmer und seinem Partner Platon Lebedew Steuerhinterziehung vor. Und so nahm das Drama seinen Lauf. Im Oktober wurde Chodorkowskij festgenommen. Er soll den russischen Staat um mehr als eine Milliarde US-Dollar betrogen haben. In einer weiteren Anklage hieß es später, Chodorkowskij und Lebedew hätten Öl gestohlen, den Jukos-Konzern um seinen Gewinn gebracht. Das Verfahren wurde international kritisiert, Chodorkowskij wurde zum Fall für Amnesty International, und die Methoden, die in den 90er Jahren in Russland üblich waren, um reich zu werden, waren kein Thema. Putin hat einen der mächtigsten Männer der Jelzin-Ära entmachtet. Und setzte damit ein klares Zeichen für alle, die sich Geld und Macht gesichert haben.

Nicht nur Chodorkowskijs Entmachtung war ein klares Signal, auch seine Freilassung ist geschickt platziert. Angesichts des 20. Jahrestags der Verfassung 2013 verabschiedet das Parlament ein Amnestiegesetz. Einen Tag später ist Putins jährliche Pressekonferenz. Länger als vier Stunden hört er sich die Fragen von mehr als 1000 Journalisten an, beantwortet einige, redet. Ein absurdes Ritual. Eigentlich schon im Gehen sagt er dann zu den um ihn herum stehenden Journalisten, dass Michail Chodorkowskij freigelassen werde, jedoch nicht im Rahmen der Amnestie, das hier sei ein persönlicher Gnadenakt des Präsidenten. Einen Tag später steigt der einst reichste Mann Russlands in ein Flugzeug nach Berlin. Es heißt, die Justiz plane ein weiteres Verfahren gegen ihn. Drei Tage später, am 23. Dezember 2013, kommen die beiden Performerinnen von Pussy Riot im Rahmen der Amnestie frei. Chodorkowskij zieht in die Schweiz. Doch seit Dezember 2015 fahndet die russische Justiz wieder nach ihm. Er wird verdächtigt, 1998 den Bürgermeister der Stadt Neftejugansk umgebracht zu haben. Die Performerinnen Nadeschda Tolokonnikowa und Maria Aljochina bleiben in Russland. Sie habe keine Angst, sagt Tolokonnikowa: »Ein Mensch hat sein Leben, um zu handeln.«

Vor Olympia zeigt Putin Gnade. Doch von Harmonie fehlt jede Spur. Als in Sotschi das Stadion dunkel wird und die Eröffnungsfeier beginnt, betreten in Moskau neun Menschen den Roten Platz. Sie halten russische Fahnen hoch und Regenbogenfahnen. Dann stimmen sie die russische Hymne an. Die Polizei nimmt die Singenden fest, kaum dass sie den Mund aufgemacht haben. Nach vier Stunden sind sie wieder frei. »Auf der Wache sagten sie uns, man müsse uns aus Moskau wegschaffen oder am besten gleich verbrennen«, erzählt die Studentin Rejda Lin anschließend: »Sie nannten uns entartet, sie haben uns sexuell beleidigt und gesagt, wir sollten ihre Penisse lutschen. Später haben sie uns in eine Zelle geprügelt und mit Handschellen ans Gitter gefesselt.« Während die Homosexuellen in Moskau gegängelt werden, läuft die russische Mannschaft in Sotschi in regenbogenfarbener Kleidung in das Stadion ein. Dazu singt die Pseudolesbencombo t.A.T.u. auf den Beat von »We will rock you« der Gruppe Queen. Freddy Mercury war schwul.

Die Macher der Olympiade in Sotschi bedienen sich bei den Symbolen der Spiele von 1980 in der Sowjetunion. Die sind positiv belegt. »Es waren wunderbare Julitage, sonnig und hell, ich habe Moskau nie wieder so erlebt.« Meine Russischlehrerin sagt sonst nicht so viel Positives über die Sowjetunion. In den Läden gab es plötzlich westliche Zigaretten zu kaufen, finnisches Dosenbier, ungarische Wurst. »Aber es war die totale Kontrolle«, erzählt sie. »Es war der Höhepunkt der Ära Breschnew.«

In Sotschi brandet Jubel auf, als das Maskottchen von damals ins Stadion einläuft und winkt. Sotschi hat drei Maskottchen: Mischa, den Bären von 1980, flankiert vom Schneehasen und dem Schneeleoparden. Der war einst im Kaukasus beheimatet, und Putin sagt, dass er dort auch wieder angesiedelt werden soll. Die letzten beiden Fackelträger laufen auf ein Gestell vor dem Stadion zu. Es erinnert stark an das Symbol der Olympischen Spiele 1980 in Moskau. Es sei alles unglaublich ergreifend, die Moderatoren im Staatsfernsehen sind sich einig: »Wir haben immer gesagt, dass wir Russen Menschen vereinen können. Wir brauchen nur einen Anlass. Und diese Olympiade ist der glänzendste Anlass in der Geschichte des modernen Russlands. Vor aller Welt bestätigt sich ein nicht zu leugnendes Faktum: Russland ist ein starker, mächtiger Staat, auf den wir immer stolz sein werden. ›Die Olympiade ist mit uns‹, Olimpiada s nami, urra!«

Dmitrij Tschernyschenko, Chef der Spiele, tritt ans Mikro, um zum Milliardenpublikum zu sprechen: »Die Spiele in

Sotschi sind für uns die Chance, das Beste zu zeigen, auf das Russland stolz ist: unsere Gastfreundschaft, unsere Traditionen, unser Russland. Unsere Spiele werden heiß, nicht allein wegen der Palmen, auch wegen der Wärme unserer Herzen. Sie werden cool, mit neuen Stätten, neuen Helden, neuen Symbolen. Und sie werden eure, denn wenn wir alle zusammenkommen, in unser aller Vielfalt, dann verbindet uns Olympia.«

Die Vielfalt der Sportler stellt sich bei Olympischen Spielen von allein ein. Die Vielfalt der Völker Russlands indes hat angesichts des konservativ-russischen Mainstreams der Putin-Ära keinen Platz. Dabei sind etwa 30 Millionen Menschen in Russland keine ethnischen Russen. Aber wahrscheinlich ist so eine Olympiaeröffnung in Russland auch nicht gemacht, um das eigene Publikum durch Fremdes von nebenan zu überfordern. Im neuen Russland gibt die Mehrheit den Minderheiten vor, wie weit sie gehen dürfen. Das ist das Demokratieverständnis im Umfeld des Präsidenten. Die Feier nähert sich ihrem Höhepunkt. Am Ende brennt das Olympische Feuer, alle sind glücklich, die Spiele sind eröffnet, und der mitgereiste Kremlsprecher wünscht der Welt donnernd eine gute Nacht.

Einen Tag später treffen sich rund 40 Menschen auf dem Manegeplatz, auch der nicht weit vom Kreml. Sie tragen Regenschirme. Sie demonstrieren für den unabhängigen Fernsehsender Doschd. Sie werden festgenommen. »Verletzung der öffentlichen Ordnung«. Im Protokoll steht: »Sie haben einen Regenschirm aufgespannt, obwohl es nicht regnete.« Die Spiele 1980 haben den Beinamen »Polizeisportfest« bekommen. Menschen, die nicht offiziell in der Hauptstadt gemeldet waren, waren vor Beginn der Spiele ins Umland abtransportiert worden.

Und auch 2014 ist die Atmosphäre in Moskau angespannt. Überall Polizei. Kaukasier, Zentralasiaten und Menschen mit dunklen Haaren, dunkler Haut und braunen Augen werden noch mehr als sonst kontrolliert. Vor wenigen Wochen wurde in Wolgograd ein Linienbus in die Luft gesprengt, im Bahnhof explodierte eine Bombe. Ich steige in die Metro, sehe eine dunkle Reisetasche auf dem Boden neben der Tür, schaue mich um, sehe keinen, dem sie gehört, und steige sofort wieder aus. Wir bewegen uns durch Moskau als wären wir in einem Krisengebiet.

Die Miliz räumt ab: In Sotschi wird ein junger Mann festgenommen, weil er auf einem handgeschriebenen Plakat »Freiheit für Witischko« gefordert hatte. Der Umweltaktivist und Olympiakritiker Jewgenij Witischko war letzte Woche in einem umstrittenen Prozess zu drei Jahren Lagerhaft verurteilt worden. Witischko selbst befindet sich seit mehreren Tagen im Hungerstreik.

Das eigentliche Motto der Spiele in Sotschi schreien die Frauen von Pussy Riot in die Welt: »Putin lehrt dich, das Vaterland zu lieben!« Sie sind nach Sotschi gefahren, um zu handeln, wie es Tolokonnikowa direkt nach ihrer Freilassung einen Tag vor Weihnachten angekündigt hatte. In bunten Kleidchen, farbigen Sturmhauben und mit Gitarren drehen sie an der Strandpromenade ein neues Video. Die Reaktion lässt nicht lange auf sich warten und war von den Sängerinnen wohl beabsichtigt. Denn in Sotschi patrouillieren

Kosaken, um die Ordnung zu gewährleisten. Und Kosaken springen ja gern über die Stöckchen, die ihnen hingehalten werden. Kaum haben die Pussy Riots angefangen, herumzuhüpfen und »Putin lehrt dich, das Vaterland zu lieben« zu rufen, greifen aufgebrachte Bürger und Kosaken ein. Ein Kosak schlägt mit einer Peitsche auf die Frauen ein. Andere greifen zu Schlagstöcken und Pfefferspray. Die Frauen schreien, immer wieder rufen sie »Putin lehrt dich, das Vaterland zu lieben«, teils vom Schmerz gezeichnet und unter Tränen.

Am nächsten Tag ist der Clip im Netz, und die Bilder wirken. Zum Text des Liedes treten, peitschen und schlagen fellbemützte Paramilitärs in Uniformen aus der Zarenzeit die Gesichter des Widerstands mit ihren bunten Masken. Das Ganze vor einer Werbewand mit dem Logo der Olympischen Spiele in Sotschi. Der Text des hinterher gemischten Songs zählt alle Reizthemen zu den Spielen in Sotschi auf: die Kosten von circa 45 Milliarden Dollar, die massiven Sicherheitsmaßnahmen zu Lasten der persönlichen Freiheiten, die Beteiligung von Putin-Vertrauten an der Eröffnungsfeier, die Verurteilung des Umweltschützers Jewgenij Witischko zu drei Jahren Haft, die Kampagne gegen den unabhängigen Fernsehsender Doschd, die Intoleranz gegenüber Homosexuellen. »In den Lagern werden sie dich lehren, dich unterzuordnen und zu weinen. Salut den Chefs, sei gegrüßt, Duce.« Und immer wieder: »Putin wird dich lehren, das Vaterland zu lieben.« Selten haben Text und Bild so gut zusammengepasst. Die vaterlandsliebenden Leser des Massenblatts »Komsomolskaja Prawda« kommentieren im Internet: »Danke, Kosaken, im Namen des ganzen russischen Volkes« oder

»Die hätte man 50 Jahre einsperren sollen. Diese amerikanischen Nutten«.

»Unser Ziel ist es, Solidarität zu fördern und eine Zivilgesellschaft, in der die Menschen einander helfen«, hat Nadeschda Tolokonnikowa nach ihrer Entlassung aus der Lagerhaft gesagt. »Das Schlimmste an Putins Russland ist ja, dass man sich kein Gehör verschaffen kann. Deshalb habe ich mich für Aktionskunst entschieden. Weil ich wusste, dass traditionelle politische Oppositionstätigkeit zum Schweigen verdammt ist.« Ihr gehe es darum, Kunst und Politik zu verschmelzen. Nach ihren Auftritten mit Madonna in New York oder bei der Berlinale haben sie und Maria Aljochina die Aufmerksamkeit vor allem westlicher Medien sicher.

Die Spiele in Sotschi gehen friedlich vorüber. Nach anfänglichen Startschwierigkeiten führt Russland den Medaillenspiegel an. Jubel allenthalben. Sotschi knüpft an die Sowjetunion an. Wenn die Realität nicht der Vorgabe entspricht, dann muss sie halt angepasst werden. In Sotschi wurden in großem Stil Urinproben ausgetauscht. Das hätte Russland beinahe die Teilnahme an den Sommerspielen in Rio gekostet. Russland ist der Sowjetunion wieder ein Stück näher gekommen, setzt sich immer weiter von Europa ab.

> *»Welcome! Sotschi 2014«*
> Zwei Skispringer fliegen gemeinsam
> unter einem Regenbogen

Und um sich abzusetzen, bietet sich Homosexualität perfekt an. Was passiert eigentlich, wenn homosexuelle Sportler oder Zuschauer anreisen und zum Beispiel Händchen haltend an der Promenade spazieren gehen? »Wir verbieten nichts«, sagt Präsident Putin, »aber lassen Sie bitte die Kinder in Ruhe.« Das Gesetz, das öffentliche Homosexualität verbietet, bleibt in Kraft, und niemand solle dagegen verstoßen, warnt der Sportminister. Empörung im Westen, Nicken in Russland.

Der neue Patriotismus wird schnell nationalistisch. Und er braucht Feindbilder. Der Westen ist bösartig, neidisch, undankbar. Klar. Aber es fehlen noch die Prügelknaben und -mädels, um sich selbst höher zu stellen. Homosexuelle werden in Russland derzeit als aggressiv wahrgenommen. Mit ihrer Propaganda wollten sie die Gesellschaft unterwandern und schädigen, hört man nun. Europa fördere das, sei selbst schon so unterwandert, dass man es sowieso nicht mehr ernst nehmen kann. Homophobie eint die lauten Teile der Gesellschaft und motiviert die Handlungsbereiten.

Am Sonntag erlischt das olympische Feuer, am Mittwoch starten in Moskau die »Open Games«. Das sind Spiele sexueller Minderheiten und ihrer Freunde, aber nicht zu verwechseln mit den Gay Games. Die »Open Games« sind Breitensport in den Disziplinen Fußball, Basketball, Volleyball, Tischtennis, Tennis, Badminton, Schwimmen, Skifahren. Circa 300 Menschen aus elf Ländern und 22 russischen Regionen nehmen daran teil. Schon die Suche nach Sporthallen war schwierig. Sportanlagen der Stadt Moskau können die Veranstalter der »Open Games« nicht benutzen. Am Ende haben sie acht Austragungsstätten gefunden, sagen aber nicht, wo, die Besitzer der Sportanlagen hätten darum gebeten.

Alle Veranstaltungen sind nicht jugendfrei. Der Ort, an dem die Pressekonferenz stattfinden soll, wird plötzlich wegen einer Bombendrohung geschlossen. Beim Eiskunstlauf fällt überraschend der Strom aus. Eine internationale Nobelhotelkette in Moskau sagt den Raum für eine Diskussionsveranstaltung kurzfristig ab. Natürlich möchte man sich dazu nicht äußern, in Moskau sowieso nicht, aber auch die Zentrale in den USA verschleppt die Anfrage. Deutsche Teilnehmer müssen das Quartier wechseln. Zwei Polizisten sind in das Hostel gekommen, nun haben die Betreiber Angst vor Steuerprüfungen, was den Betrieb langfristig lahmlegen kann. Der Hostelbetreiber rät, sich irgendwo anders einzumieten, möglichst anonym. Beim Basketballturnier in einer heruntergekommenen Halle explodiert trotz Geheimhaltung eine Rauchbombe.

»Hot. Cool. Yours«?

Olympische Spiele werden schon lange kritisiert. Die Manipulationen in Sotschi haben dem Sportereignis weiteren Schaden zugefügt.

Wenige Tage nach dem Ende der Olympischen Winterspiele besetzen russische Soldaten die Krim. Putin hat aus den Fehlern der Sowjetunion gelernt. Nicht vor den Olympischen Spielen greift man ein Nachbarland an, hinterher versaut es einem nicht die schöne Party und die Goldmedaillen.

Kapitel 8

Mit dem Recht des Stärkeren

Die Annexion der Krim

Es ist der 27. Februar 2014. Ein ruhiger Tag. Die Olympischen Spiele in Sotschi sind seit vier Tagen vorbei. Zeit, durchzuatmen. Kurz nach 22 Uhr in Moskau – in Deutschland ist es 19 Uhr – klingelt das Telefon. Ein Redakteur aus Berlin. Eine Agentur meldet, dass 2000 russische Soldaten auf der Krim aufgetaucht seien und die ukrainischen Sicherheitskräfte entmachteten. »Das ist Quatsch«, sage ich. Die Agentur hat mit ihren Meldungen in den letzten Monaten ein paar Mal danebengelegen. Zwar sorgen die Proteste in Kiew und die Flucht des ukrainischen Präsidenten Wiktor Janukowitsch auch auf der Krim für Unruhe und Unsicherheit. Aber »warum sollen 2000 Soldaten aus Russland kommen? Russland hat die Schwarzmeerflotte in Sewastopol und wahrscheinlich mehr als 15000 Soldaten auf der Krim, ganz legal«, erkläre ich dem Kollegen in Berlin. »Es gibt Verträge zwischen Russland und der Ukraine, das Völkerrecht. Putin wird sich nicht trauen, so offen gegen die Regeln zu handeln, die Konsequenzen wären zu gravierend. Das riskiert er nicht, das ist es nicht wert, daran kann er kein Interesse haben.« Wir beschließen, zu warten, ob sich die Meldung bestätigt. Ich packe meine Sachen und gehe rüber ins Deutschlandradiobüro. Innerhalb von zwei Stunden verdichten sich die Meldungen, und wir senden. Wir gehören zu den Ersten, die der Welt die schwer zu glaubende Nachricht verkünden: Russland marschiert in die Ukraine ein und klaut die Halbinsel Krim, als wäre es eine Packung Kaugummi.

Im russischen Fernsehen versinkt Kiew im Chaos. Seit Wochen schon. Faschisten versuchten, die Macht zu ergreifen, verbreiten die Präsentatoren und Politiker. Faschisten? Da ist Russland gefordert wie einst die Sowjetunion. Unmöglich, der russischen Bevölkerung einen Krieg gegen die Ukraine zu vermitteln. Aber Europa vom Faschismus befreien, das konnten schon die Großeltern. Und faschistisch ist, was nicht ins Weltbild passt.

Der Begriff Faschismus wird der Kampfbegriff in Putins dritter Amtszeit. Der Umgang mit dem Wort erfordert Sorgfalt. Der inflationäre Gebrauch erschreckt. Zumal er das Grauen des »Dritten Reichs« banalisiert. Das Staatsfernsehen zeigt rund um die Uhr aufgebrachte Menschen auf der Halbinsel Krim. Sie halten Plakate hoch: »Russland, wir sind deine verlassenen Kinder«, »Wir sind Russland«, »Russen, habt keine Angst. Russland wird euch retten!«. Politiker in Moskau warnen, die Situation in der Ukraine erinnere an den Arabischen Frühling, und der steht in den russischen Medien und in großen Teilen der Bevölkerung für Chaos und Bürgerkrieg, verursacht von den Vereinigten Staaten. Die Propaganda nutzt die Angst der Russen vor Umbrüchen, vor

Demokratie, Liberalismus und Faschismus aus. »Wir haben einen Arabischen Frühling schlimmster Ausprägung mitten in Europa«, konstatiert Michail Marlow, Außenpolitiker, »die einen beginnen die Unruhen, dann kommen Extremisten an die Macht.«

Die Bevölkerung wird regelrecht aufgehetzt: Radikale würden in der Ukraine die Denkmäler des Zweiten Weltkriegs vernichten. Russische Kirchengüter und Priester würden bedroht. Als ich das letzte Mal in der Ukraine war, war davon nichts zu sehen, und auch auf der Krim hat sich niemand beschwert, als Russe diskriminiert, in der Ausübung des russisch-orthodoxen Glaubens oder beim Russischsprechen eingeschränkt zu werden. 2012 hatte ein Gesetz sogar erlaubt, in einigen Gebieten Russisch als Amtssprache zu verwenden. Nun beschließt das Parlament, das Gesetz wieder abzuschaffen. Die Empörung ist groß, und Interimspräsident Olexander Turtschinow legt sein Veto ein. Das Zusammenleben zwischen Russen und Ukrainern war friedlich. Erfundene Nachrichten machen mich fassungslos. Waren wir nicht davon ausgegangen, dass diese Art von Propaganda seit der massenhaften Verbreitung des Internets nicht mehr funktioniert?

Das russische Außenministerium wird aktiv: »Nach der politischen Destabilisierung ist jetzt auch der zarte Frieden zwischen den Konfessionen bedroht. Wir rufen alle vernünftigen Kräfte in der Ukraine auf, das Abgleiten des Landes in einen Religionskonflikt zu verhindern.« Diese Nachrichten sind giftig, denn die Menschen in der Ostukraine und auf der Krim schauen russisches Staatsfernsehen. Wer das schaut, bekommt Angst. Da ist von neonazistischen Truppen die Rede, die auf dem Weg auf die Krim seien, um den Russen den Garaus zu machen. Russland werde die Russen schützen, lautet die Antwort, auch im Krieg. Die Leute glauben es. Ich dagegen zweifle an meiner Urteilsfähigkeit, denn man kann doch nicht so lügen, ohne unglaubwürdig zu werden. Früher wurde der Sieg der Sowjetunion im Zweiten Weltkrieg nur in den wenigen Wochen vor den Maifeiertagen heraufbeschworen; im Winter 2013/14 geriert sich Russland als der letzte Hüter einer ruhmreichen Vergangenheit, des Sieges über den Faschismus. Die Bevölkerung wird systematisch auf den Kampf gegen den Faschismus vorbereitet, auf das, was die Sowjetpropaganda immer gepriesen hat, den Sieg im Großen Vaterländischen Krieg.

In der Duma werden die Töne schärfer. »Wir sind jederzeit bereit, jede Hilfe zu leisten. Alle sollen wissen: Russen lassen die Ihren im Krieg nicht im Stich.« Von welchem Krieg wird da geredet? Sergej Mironow hat es ausgesprochen, der Fraktionsführer von Sprawedliwaja Rossija, »Gerechtes Russland – Heimat, Rentner, Leben«: »Wie es aussieht, läuft auf der Krim alles auf einen Krieg hinaus.«

Der Abgeordnete Leonid Sluzkij ist auf die Krim gereist. Er leitet den Duma-Ausschuss für die Verbindung zu Russen im Ausland. Er sagt dem russischen Staatsfernsehen, man stehe an der Seite der »Mitbürger und Brüder« – auf der Krim leben mehrheitlich ethnische Russen –, zwar werde man eine Abwertung der russischen Sprache nicht hinnehmen, und Entscheidungen, die die Menschen treffen, mit ihnen gemeinsam umsetzen, aber »bisher gehen wir vom Erhalt der territorialen Integrität der Ukraine aus«. Außenminister Lawrow spricht von »Nichteinmischung in der Ukraine« und von der Hoffnung, »dass auch alle anderen ihre Kontakte zu den verschiedenen politischen Kräften in der Ukraine nutzen, um beruhigend auf die Situation einzuwirken«, und weiß wahrscheinlich, dass Russland die anderen Kräfte längst in Stellung gebracht hat. Und dann spricht er die Worte, die viele beruhigen, dass dann doch alles gut wird: »Wir sehen die Ukraine als Teil der europäischen Familie im vollen Wortsinn.« Das ist die gewohnte Rhetorik vom »Gemeinsamen Haus Europa« der 90er Jahre. Putin schlägt Dreiergespräche vor: EU, Russland und die Führung der Ukraine, um dann nicht darauf einzugehen. Russland hat die Ukraine nie ernst genommen. Mit Wiktor Janukowitsch regierte ein äußerst korrupter Politiker die Ukraine. Außenpolitisch war er äußerst flexibel. Korruption geht eigentlich besser mit Russland, der östlichen Partnerschaft mit der EU und einem Assoziierungsabkommen hatte er aber trotzdem zugestimmt – ganz, wie es ihm und seinen Interessen am besten passt. Das ist ihm nun zum Verhängnis geworden. Als Janukowitsch auf Druck aus Moskau das Assoziierungsabkommen kurzfristig platzen ließ, gingen die Menschen auf die Straße, forderten ein Ende der Korruption, demokratische Reformen und einen europäischen Kurs des Landes. Die Lage eskalierte, es gab Tote, und Präsident Janukowitsch floh nach Russland.

Während die Ukraine strauchelt, hält Russland Manöver ab, teils an der Grenze zur Ukraine. Reine Routine, sagt die Regierung. Die Manöver nähren die bis vor Kurzem noch irrational scheinende Angst einiger Ukrainer vor Russland, strapazieren die gespannten Nerven im Nachbarland zusätzlich. Dazu kommen abstrus wirkende Meldungen in ukrainischen Medien über russische Sondereinheiten, die angeblich in die Ukraine geschickt werden.

Unglaublich ist es trotzdem, als am 27. Februar die Meldung kommt, bewaffnete Männer, die sich als »Selbstverteidiger der russischsprachigen Bevölkerung der Krim« bezeichnen, hätten das Parlament der Halbinsel besetzt. Sie fordern ein Referendum darüber, ob die Krim russisch wird. Die Sondersitzung ist nicht öffentlich. Im Saal sind offensichtlich Bewaffnete. Angeblich stimmen 61 der 64 anwesenden Parlamentarier für ein Referendum über die Unabhängigkeit der Krim. Es gibt jedoch Berichte, denen zufolge nur 36 oder 43 Abgeordnete da waren, weniger als nötig, damit das Ergebnis gültig ist.

Die Nacht, in der Russland die Krim stiehlt, ist der Moment, in dem die internationale Politik beginnt, der Entwicklung hinterherzulaufen. Die russische Regierung macht etwas Undenkbares, und ehe die Leute begriffen haben, was da gerade passiert ist, wird das nächste Tabu gebrochen. Auf der Krim entmachten Männer in Kampfmontur ohne Hoheitszeichen Stück für Stück die ukrainische Armee, besetzen Schiffe und Behörden. Was sind das für Menschen?, wird Putin gefragt und spricht von lokalen Selbstverteidigungskräften. Im Internet bezeichnen Kremltreue sie als »höfliche Menschen«. Die Vorstellung ist gespenstisch, Geistersoldaten, grüne Männer ohne Hoheitsabzeichen tauchen aus dem Nichts auf und übernehmen einen Landstrich. Erst im April räumt

Putin ein, was bewiesen und allen längst klar ist – es sind russische Soldaten.

Putin setzt damit tatsächlich alles aufs Spiel, was nach dem Ende der Sowjetunion aufgebaut wurde: die Wirtschaftskooperationen, das internationale Renommee, bei den großen Industrienationen mitreden zu können, die militärische Kooperation, den Wohlstand seiner Bevölkerung, die Stabilität des Rubels, Arbeitsplätze, seine eigene Glaubwürdigkeit usw. Ungläubiges Augenreiben fast überall. Es ist die Rückkehr des bewaffneten Imperialismus. Der Angriff auf ein Nachbarland in Europa schien nach dem Ende des Kalten Kriegs fast undenkbar. Der Erhalt des Friedens und die Kooperation galten als Grundkonsens. Es ist die bewusste Zerstörung des Zusammenlebens in Europa nach dem Ende des Kalten Krieges. Der kalkulierte Regelverstoß macht Angst.

Putin geriert sich als Garant für Stabilität, spricht davon, Militär in die Ukraine zu schicken, bis sich die politische Situation dort normalisiert habe. Jedes zivilisierte Land würde so handeln wie Russland, lässt die Regierung verlautbaren, Russland trete für die Verfassungsordnung in der Ukraine ein. Doch zwei Tage nach dem Einmarsch auf der Krim wird ein Gesetz in die Duma eingebracht, das es erlaubt, exterritoriale Gebiete schneller in die Russische Föderation einzugliedern. Der Föderationsrat, die Vertretung der Regionen Russlands, spricht von Unruhen in der Ostukraine und gibt Putin grünes Licht für einen Militäreinsatz nicht nur auf der Krim. Sollten dort russische Panzer auftauchen, ist die Kriegsgefahr noch einmal höher. Diese Argumentationen sind gefährlich. »Wieder versucht Moskau zu bestimmen, wie wir uns verhalten sollen«, sagt eine Freundin aus Georgien. Die Länder, die Jahrzehnte unter der Sowjetunion gelitten haben, haben harte Überzeugungsarbeit leisten müssen und dann sehr große Anstrengungen unternommen, um überhaupt eine Chance zu haben, in die EU und die Nato zu können.

Längst ist von einem Genozid an der russischen Bevölkerung die Rede. Das Wort macht Angst. Genozid suggeriert massenhaften Mord. Genozid schweißt Volkskörper zusammen und bläst zur Selbstverteidigung. Stimmt der Vorwurf, dann ist es meist schon zu spät, stimmt er nicht, weiß man, es wird etwas vorbereitet. Man müsse das Leben der friedlichen Bürger schützen, die »Opfer der politischen Spiele des Westens« werden könnten, sagt der Vizesprecher der Duma, Sergej Schelesnjak. Erschreckend inflationär nicht nur der Missbrauch des Begriffs Genozid: »Der Westen unterstützt weiter die faschistische Junta, die die Macht in Kiew ergriffen hat.« Es tönt, als wäre der Machtwechsel in Kiew ein direkter Angriff des Westens auf Russland.

Russland hat die Krim schon einmal annektiert, vom Osmanischen Reich, 1783, unter Katharina der Großen. Die Zarin soll damals gesagt haben, die Halbinsel bleibe russisch »von nun an und für alle Zeiten«. In den 50er Jahren löste der sowjetische Staats- und Parteichef Nikita Chruschtschow die Krim aus der Russischen Sowjetrepublik heraus und gab sie der Sowjetrepublik Ukraine. In der Sowjetunion blieb das weitgehend folgenlos. Als die Sowjetunion auseinanderfiel und die Ukraine unabhängig wurde, war die Krim zwar plötzlich im Ausland, vieles blieb aber beim Alten. Die Russen machten weiterhin auf der Krim Urlaub, und für die

Schwarzmeerflotte in Sewastopol fand man eine Lösung. Die meisten Schiffe behielt Russland. Gerade mal 500 Meter Hafenanlage gehörten zur ukrainischen Flotte. Den Rest belegten die Russen. Die russische Marine zahlte Pacht an die Ukraine. Das Abkommen wurde zuletzt bis 2042 verlängert. Im Gegenzug erhielt die Ukraine russisches Gas zum Vorzugspreis. Doch nun deklariert die russische Führung die Annexion der Krim als Heimholung, als Korrektur eines historischen Fehlers von Chruschtschow, den in Russland sowieso keiner mag, ähnlich wie auch Gorbatschow, der heute als Verräter gilt, und Jelzin, in den Augen der meisten ganz schlimm. Mit ihm verbinden sie den Niedergang Russlands in den 90er Jahren.

Es wird telefoniert: Putin, Merkel, Obama. Einhelliger Konsens ist, dass man eine Eskalation vermeiden möchte. Aber die gibt es ja bereits. Russland blufft sich zur Großmacht und hat gute Chancen, damit erfolgreich zu sein. Spürbar die Angst von westlichen Politikern, sich auf den Konflikt einzulassen. Spürbar die Angst vor dem nächsten Regelverstoß. Zurückhaltung ist zwar weise und dem Frieden im Rest Europas zuträglich. Nur stachelt sie den anderen auch an, Grenzen auszutesten. Putin und seine Regierung haben ein anderes Verhältnis zur Gewalt als die Kinder der Friedensbewegung und die meisten westeuropäischen Politiker. Das haben sie mehrfach bewiesen. Viele Kritiker Putins wurden ermordet, Drahtzieher wurden nie gefunden. Gewalt ist kein Tabu, das wird so deutlich wie lange nicht mehr. Während westliche Staaten sich bei Aggressionen der aufgebrachten Bevölkerung und der parlamentarischen Opposition stellen müssen, jubeln die Menschen in Russland. Am 16. März 2014 haben die Bewohner der Krim die Wahl. Fast 97 Prozent sprechen sich für den Beitritt zur Russischen Föderation aus. Mit der Annexion der Krim geht eine Zeit zu Ende, in der sich Mitteleuropäer in Sicherheit wiegen konnten. Das »Gemeinsame Haus Europa«, in dem alle doch nur Frieden wollen, bricht zusammen wie ein Kartenhaus. Mit Putin hat ein Geheimdienstler aus der Sowjetzeit die Macht übernommen und versucht seitdem, möglichst viel Verwirrung zu stiften. Dauerhafter Frieden in ganz Europa ist eine Illusion. Die Annexion der Krim ist ein Schock.

In Russland heißt es, die Krim sei »heimgekommen«. Irgendwie erinnert das an Geschichtsbücher, und in den Büchern endet die Geschichte immer schlecht, außer 1989, als sie mal positiv ausging. Aber das ist ja nun schon lange her. Normalerweise sterben dann viele Menschen, die Folgen dauern lange und sind schmerzhaft. Als Kind der 70er und 80er Jahre zerreißt es mich förmlich, bei der Krim die Parallelen zur »Heimkehr des Sudetenlandes« ins Deutsche Reich zu sehen. Besonders erschreckend finde ich die breite Zustimmung, die die Regierung dafür erhält. Mir schwant, dass in Russland, wahrscheinlich in der Sowjetunion, nur wenige einen Eindruck davon haben, was Faschismus wirklich ausmacht, worauf sich die Ideologien der Nationalsozialisten gründen. Ich bin irritiert. Überall und ständig dreht sich alles um den Zweiten Weltkrieg, die Menschen müssten doch eine Menge wissen. Kratzt man jedoch an der Oberfläche, kommen nur Propagandahülsen der Sowjetunion und tragische Einzelschicksale zum Vorschein. Die Ursachen von

Faschismus, die Frage, wie es zum Zweiten Weltkrieg kommen konnte, sind weitgehend unbekannt. Ebenso ist es mit Totalitarismus. Die Menschen wissen zwar, wie man sich in totalitären Systemen verhalten muss, um halbwegs gut durchzukommen, die Geschichte der Sowjetunion ist aber nicht aufgearbeitet. Es hat nie eine Lustration gegeben, um politisch belastete Mitarbeiter aus dem Staatsdienst zu entfernen. Stattdessen ist mit Putin jemand an der Macht, der stolz verkündet, dass er schon als Jugendlicher unbedingt zum Geheimdienst wollte.

Die Bevölkerung wird von einer Welle der Euphorie erfasst. Die Krim ist für viele Russen ein Sehnsuchtsort. Kritik am russischen Vorgehen stößt auf Unverständnis. Kritiker werden beschimpft. Beziehungen gehen kaputt, Freundschaften, Ehen. Nicht nur zwischen Ausländern und Russen.

Mit der Annexion beginnt das Ringen um Wahrheit oder zumindest Realität. Fakten werden plötzlich zur Meinungsäußerung der anderen Seite degradiert und mit Erfindungen gekontert. Recherche wird gegen Propaganda aufgerechnet. Eine wahnsinnige Herausforderung für Diskurse in demokratischen Gesellschaften und Diskussionen im Privatleben. Die Kritiker der Annexion stehen plötzlich dem geballten Patriotismus gegenüber. Die Schwäche der viel gepriesenen Vielfalt im Internet wird überdeutlich: Am Ende umgibt sich jeder mit den Leuten, die ihn selbst bestätigen. Es ist eine böse Saat, die aufgeht. Wir gönnten den Russen nicht ihre »Wiedervereinigung« mit der Krim, bekommen wir von empörten und verwunderten Russen zu hören, dabei hätten sie sich doch für uns gefreut, als Deutschland vereinigt wurde, hätten dem zugestimmt. Sinnlos der Versuch, die Diskussionen ein wenig mit Fakten anzureichern. Die Emotionen kochen hoch. Die Nato-Staaten hätten Kosovo unterstützt, als es sich von Serbien losgesagt hatte. »Wo ist da der Unterschied?« Der Verweis auf das vorherige Morden und die systematische Unterdrückung der Albaner wird mit der angeblichen Unterdrückung der Russen in der Ukraine gekontert, die es definitiv nicht gab.

In Deutschland startet die russische Regierung mit Russia Today auf Deutsch ein neues Fernsehprogramm. In der Selbstbeschreibung spricht der Sender von Propaganda und tut so, als würden auch wir Propaganda verbreiten. Der Sender ist erschreckend erfolgreich, auch bei Menschen, die eigentlich in der Lage sein sollten, zwischen Manipulation und Journalismus zu unterscheiden. Iwan Rodionow, Chef der russischen Nachrichtenagentur Ruptly mit Sitz in Berlin, wird zum Dauergast in deutschen Talkshows und dort als Journalist vorgestellt. Ich möchte nicht, dass so jemand Journalist genannt wird, gehört doch Wahrhaftigkeit zum Berufsethos, wogegen hier klar verstoßen wird. Ich nehme mir vor, in Zukunft bei Mitarbeitern staatlich gelenkter russischer Medien nur noch von Medienmitarbeitern zu sprechen.

Als es noch die DDR und ihr Fernsehen gab, da konnte man in Hamburg die »Aktuelle Kamera«, die Hauptnachrichten des DDR-Fernsehens, sehen und den Schwarzen Kanal. Mein Vater hat geschimpft, ich soll »den Scheiß« ausmachen, er ertrug es einfach nicht. Damals haben nur ein paar wenige der DDR-Propaganda geglaubt. Ich bin sprachlos, kann nicht begreifen, dass 25 Jahre nach dem Ende der DDR und nach all dem Schulunterricht über die Propaganda der Nazis und die Arbeitsweise von Medien Menschen in Deutschland dem russischen Fernsehen vertrauen. Und das auch noch mehr als der Recherche von Journalisten. Wie vermittelt man, dass die russische Regierung die Situation vor dem Ende der Sowjetunion, zumindest in Teilen, offensichtlich für erstrebenswert hält, sich zumindest so verhält? Warum begreifen selbst erfahrene Sozialdemokraten das nicht? Es gibt mehr Schlechtes zu berichten, als es Sendezeit gibt. Und mit jeder Schreckensnachricht scheint gut recherchierter Journalismus Teilen der Bevölkerung immer weniger glaubwürdig. Das wird zum Grundproblem der dritten Amtszeit Putins. Freie Presse ist etwas, das jeden Tag, ja jede Stunde aufs Neue erkämpft werden muss. Der Begriff des »hybriden Kriegs« wird modern, und wir Autoren finden uns an der Front eines »Informationskriegs« wieder, von dem wir überhaupt nicht wissen, dass es ihn gibt. Bin ich jetzt Frontkämpfer? Diese Art von »Angriff«, so nennen es die Kremlstrategen, ist schwer vorstellbar. Und sorgt für Probleme. Gremienvertreter und Hierarchen in den Sendern lassen sich einschüchtern, haben Angst vor der Auseinandersetzung. Das Ziel dieses komischen Krieges, den Diskurs westlicher Demokratien zu stören oder gar zu zerstören. Und damit das Herz der Demokratie. Russlands Regierung führt diese Medienoffensive mit unglaublichem Aufwand. Unsere Stärke ist das Handwerk. Die Waffe gegen uns heißt Propaganda.

Über Jahrhunderte habe der Westen Russland unterdrückt, so Putin im März in seiner Rede zur Annexion der Krim: »Man versucht ständig, uns in eine Ecke zu drängen, weil wir eine unabhängige Position vertreten. Aber alles hat seine Grenzen. Und im Fall der Ukraine haben unsere westlichen Partner eine Linie überschritten. Sie haben sich grob, verantwortungslos und unprofessionell benommen.« Russland umringt von Feinden, durchsetzt von Spionen im Inneren. Sowjetrhetorik. Glaubt Putin das? Hat er recht? »Wir müssen uns entscheiden: Sind wir bereit, konsequent für unsere nationalen Interessen einzutreten, oder werden wir sie ewig preisgeben und zurückweichen?« Habe ich etwas übersehen? Ist Russland systematisch fertiggemacht worden? Ich finde nur Belege für das Gegenteil. Aber die Wahrheit stirbt ja bekanntlich zuerst und die Hoffnung zuletzt, so auch im »hybriden Krieg«. Wenn die Wahrheit in der Mitte liegt, ist sie tot. Putin beklagt die Rhetorik des Kalten Krieges und redet vom Recht des Stärkeren. Die Erkenntnis ist bitter: Wenn man nur lang genug Dinge behauptet, werden sie schließlich wahr. Selbst wenn sie relativiert werden. Es scheint analog zur gefühlten Temperatur auch eine gefühlte Wahrheit zu geben.

Im März 2014 kommt die mentale Mobilmachung beim russischen Sandmännchen an, in der Sendung »Spokojnoj Notschi, Malyshi,« »Gute Nacht, ihr Kleinen«. Das Hündchen Filja hat einen Tornister aufgeschnallt, will zur Armee, will marschieren, am liebsten bei den Grenztruppen: »Toll, Grenzer, das sind Soldaten und Offiziere, die die Grenzen unseres Landes bewachen und aufpassen, dass keiner ungefragt zu uns kommt.« Er sei doch noch zu klein, sagt die Moderatorin. Ein Kollege erzählt, dass seine Tochter im Kindergarten Panzer malen müsse, aber lieber Marienkäfer malen wolle.

Rechtsausleger Wladimir Schirinowskij regt an, die Ukraine doch zwischen Polen und Russland aufzuteilen. Hier hat jemand aus der Geschichte gelernt, denke ich, und Polen wird jetzt nicht mehr geteilt, sondern darf mitreden. Die Parallelen zu den 20er und 30er Jahren in Deutschland drängen sich immer weiter auf. Doch ich schrecke in Kommentaren davor zurück, es so zu benennen, scheue den öffentlichen Vergleich und tue es bis heute. Ebenso bei den durch die Straßen ziehenden Trupps, die sich ordnungspolitische Kompetenzen anmaßen. Von völkischer Rhetorik und dem genetischen Vorteil der Russen als »Siegervolk« gar nicht zu reden.

Vor diesem Hintergrund ist es fatal, wenn zwischen der russischen und der Bundesregierung ohne die Ukraine über die Ukraine geredet wird. Die Länder dazwischen gewinnen dabei den Eindruck, wieder Spielmasse europäischer Großmächte zu werden. Es dauert ein wenig, bis das auch in deutschen Talkshows angekommen ist, die zunächst das Problem mit Vertretern der russischen Propaganda und mit deutschen Gästen diskutieren, aber ohne Ukrainer. Das ist ein Grundtrauma der Ukrainer – ihre Existenz ist vielen einfach nicht bewusst. Für viele Russen ist die Ukraine ein Teil Russlands. Und im Westen wurde sie von führenden Historikern und Slawisten sträflich ignoriert. In den 70er Jahren wurde im deutschsprachigen Raum keine einzige Doktorarbeit über die ukrainische Geschichte geschrieben. In den 80er Jahren waren es drei. Etwas besser wurde es nach dem Ende der Sowjetunion; in den 90er Jahren gab es immerhin 13.

Ich suche nach Erklärungen und lese Sebastian Haffners »Erinnerungen 1914–1933«. Dort stoße ich auf Sätze, die Haffner damals erschreckt haben, wie »Recht ist, was uns nutzt«. Und ich frage mich: Welche Verantwortung haben ausländische Chronisten in einer aufziehenden Diktatur? Haffner ist kein ausländischer Beobachter Deutschlands gewesen. »Man kann sich abkapseln«, schrieb Haffner, »sich auf der Straße Ohren und Nase zuhalten. … Gottlob gelang mir der Versuch keinen Augenblick, wenn ich ihn machte.« Würde ich schärfer kommentieren, wäre ich Brite oder Franzose?

Nach der Annexion der Krim beginnt das Händeklatschen in Moskau. Demonstranten bejubeln die Abgeordneten des Regionalparlaments der Krim: »Russland und Krim – Freundschaft für immer!« Die Vorsitzende des Föderationsrates, Walentina Matwijenko, begrüßt die Separatisten herzlich: »Wir alle sind begeistert von Ihrem Mut, Ihrer Beharrlichkeit. Mit dieser historischen Entscheidung haben Sie das ukrainische Volk geschützt.« Der Westen habe in der Ukraine einen gewaltsamen verfassungswidrigen Machtwechsel inszeniert – gegen den Willen des ukrainischen Volkes. Russland aber stehe an der Seite der Ukrainer. »Wir haben es im Blut, niemanden im Stich zu lassen. Wir haben nicht das Recht, Russen in so einer Situation allein zu lassen. Keinerlei Sanktionen werden Russlands Position in dieser Frage ändern und Russlands historische Mission aufhalten können: die russische und die orthodoxe Welt zu schützen.« Die russische Regierung und die ihr angeschlossenen Funkhäuser sprechen von einer autonomen Entscheidung der Bevölkerung der Krim.

Politiker fordern ein eigenes Kreditkartensystem in Russland und ein eigenes Internet. Russland sei groß, brauche niemanden. »Die Menschen sollen in Russland Urlaub machen, nicht im Ausland.« Da kommt es gelegen, dass die Krim wieder russisch ist. Die Mauer steht in den Köpfen, erbaut aus vielen Steinchen in unendlichen Fernsehminuten, zementiert von Dmitrij Kiseljow, dem einflussreichsten Propagandisten, in seiner wöchentlichen Fernsehsendung zur besten Sendezeit. »Russland ist das einzige Land der Welt, das in der Lage ist, die USA in radioaktiven Staub zu verwandeln.« 25 Jahre war sie aus dem Bewusstsein der meisten verschwunden, die Gefahr eines Atomkriegs. Nun ist sie wieder da. Es ist eine andere Form von Nostalgie, wenn man einen vergessenen Ohrwurm seiner Jugend wieder hört.

Einen Tag bevor auf der Krim das Volk befragt wird, geht der Wahnsinn in die nächste Runde. Aus der Ukraine kommen Meldungen, dass russische Fallschirmspringer versucht haben, auf ukrainisches Festland vorzudringen. Im Osten der Ukraine gibt es Tote und Verletzte. Prorussische Kräfte hätten die Auseinandersetzung mit den Anhängern einer geeinten Ukraine provoziert, sagen die Meldungen aus der Ukraine, viele der Männer seien aus Russland angereist. Ukrainische Ultranationalisten hätten angefangen, sagen Vertreter Russlands. Das Außenministerium in Moskau spricht von Söldnern des Rechten Sektors, einer rechtsnationalen, teils paramilitärischen ukrainischen Organisation, die angeblich eine »Ostfront« eröffnen wolle.

Putin behauptet, Russland habe »kein Interesse an einer Spaltung der Ukraine«, es wolle einen starken Nachbarn, territorial unversehrt, und wenige Minuten später unterschreibt er ein Papier, das den Anschluss der Krim an Russland perfekt macht. Ab sofort vermeidet die Propaganda den Begriff Krieg für den Krieg, den Russland führt. Dafür gibt es einen Wirtschaftskrieg, Kulturkampf, Informationskrieg usw. Das Vorgehen nicht Krieg zu nennen, erinnert an die Sowjetunion. Auch die wurde immer zu Hilfe gerufen. Und kam dann zu den Leuten, die ihre Hilfe gar nicht wollten. Hilferufe sind der Brandbeschleuniger des Völkerrechts. Die Sowjetunion hat sich ihrer bedient in Afghanistan 1979, in Prag 1968, in Budapest 1956, in Ostberlin 1953.

1980, Hochsommer. Es ist heiß. In Moskau sind die Olympischen Spiele zu Ende. Wir haben nicht viel davon mitgekriegt. Wir sind auf dem Weg von Hamburg nach Westberlin und stehen an der Grenze in Lauenburg. Vor wenigen Monaten ist die Sowjetunion in Afghanistan einmarschiert. Angeblich hatten die afghanischen Genossen um Hilfe gerufen. Ich trinke Coca-Cola. Die gibt es in der DDR nicht, erklärt mir meine Mutter. Vor uns das breite Wellblechdach quer über die Straße. Aus zwei Spuren werden viele. Das erste Kontrollhäuschen. Mein Vater ist angespannt, war einst aus der DDR geflüchtet, gemeinsam mit seinem Vater Anfang der 50er Jahre, als auch in der DDR Denunziation zum Alltag gehörte, die Republik von »feindlich-negativen Elementen« gesäubert wurde. Es war die Zeit, als Menschen im Westen entführt wurden, um in der DDR verurteilt zu werden von Richtern, die klangen wie der gefürchtete Justizmörder Freisler in der Nazizeit. Oberste Richterin und später Justizministerin war Hilde Benjamin, die nicht nur die »rote Hilde«

genannt wurde, weil sie gnadenlos einen stalinistischen Sozialismus predigte, sondern auch die »blutige Hilde«, weil sie zwei Todesurteile vollstrecken ließ. All das steckt in den Knochen derer, die es miterlebt haben. All das geben sie an das Unterbewusstsein ihrer Kinder weiter. Mein Vater macht das Autoradio aus. Dann erscheint ein Mann am Fenster und fragt nach Pässen. Er schaut mich an, ich solle ihn direkt ansehen und das Ohr frei machen. Ich streiche die Haare zurück. Dann sind unsere Pässe weg. Wir fahren weiter. Neben uns ein eckiges Blechrohr, in dem die Pässe offensichtlich auf einem Förderband zur nächsten Bude gebracht werden. Ein paar Minuten vergehen ohne Pass. Mein Vater sagt, dass er diesen Moment immer sehr unangenehm findet. Vor uns ein Auto mit einem Aufkleber, den damals viele bei uns hatten: »Sowjets raus aus Afghanistan! Sonst: Keine Spiele in Moskau!« Der Volkspolizist winkt den Wagen zur Seite. Der Aufkleber muss weg, abgekratzt werden. Ich bin elf. »Man darf keine Zeitungen mitbringen«, erklärt mein Vater, »die sind in der DDR verboten.« Ich bekomme eine erste Ahnung davon, was Meinungsfreiheit bedeutet und Zensur.

Nun also wieder Hilferufe aus einem Nachbarland, und wieder kommen Truppen zu Hilfe, kommandiert aus Moskau. Krieg gegen die Ukraine – es scheint immer noch wie ein schlechter Scherz. Bald brennt es im Osten der Ukraine, und der Brandstifter bringt seine Feuerwehr gleich mit und schüttet Öl ins Feuer, um die Wogen zu glätten, wo doch längst kein Wasser mehr ist. Und gibt die Schuld den anderen, behauptet, nichts damit zu tun zu haben. Tote Soldaten kommen in Zinksärgen nach Hause. Offiziell gibt es sie gar nicht. Ihre Leichen werden zu Staatsgeheimnissen. Trauer verboten, zumindest öffentlich. Wer es öffentlich macht, wer über geheime Beerdigungen russischer Fallschirmjäger berichtet, wie der Bezirksabgeordnete aus Pskow, Lew Schlossberg, wird krankenhausreif geschlagen.

Wie erwartet, verhängen die EU und die USA nach der Annexion der Krim Sanktionen. Russland kündigt an, Gegenmaßnahmen zu ergreifen, die Büchse ist auf, der Geist aus der Flasche, die Eskalationsspirale läuft los. Und Russland hat mit einem Schlag alle Glaubwürdigkeit verspielt, verhält sich irrational aus der Sicht vieler im Westen. Doch die Rationalität des russischen Präsidenten ist eine andere als die angenommene. Die Regierung Putin hat eine klare Referenzgröße. Es geht darum, der eigenen Bevölkerung Größe zu demonstrieren, gleichzeitig das Nachbarland ins Chaos zu stürzen. Auf keinen Fall darf der Aufstand in der Ukraine erfolgreich sein. Die Regierung um Putin hat Angst, dass der Funke der Freiheitsbewegung nach Russland überspringt. Die 120 000 Demonstranten in Moskau vor zwei Jahren haben offensichtlich Spuren hinterlassen. Im Fernsehen läuft ein Bürgerkriegsepos: Faschisten versuchen, die Macht in der Ukraine zu ergreifen. Barrikaden brennen, Menschen sterben. Eine Realityshow, die jeden Tag neue Wendungen bekommt. Der Böse im Hintergrund: der US-Präsident. Seine Handlanger: die westlichen Regierungen, unterjocht und so hirngewaschen, dass sie es nicht merken Unterwandert von fiesen Moslems, jüdischem Kapital, Homosexuellen. Und so wird der Bevölkerung Angst gemacht, die Unwissenden hätten es abgesehen auf die russische Kultur und Religion, den

Frieden in Europa und den Zusammenhalt der ehemaligen Sowjetrepubliken. Der Held dieses Fortsetzungsepos ist natürlich Wladimir Putin, der Garant für Stabilität, Kämpfer in der guten Tradition der Sowjetunion, um Europa vom Faschismus zu befreien – natürlich im Alleingang. Russland zieht aus, die abendländische Kultur zu retten und die europäischen Werte. So wie es die Kosaken angekündigt haben.

Am 15. März 2014 demonstrieren in Moskau 50 000 Menschen für den Frieden und zeigen, dass es neben der Jubelstimmung, die das Fernsehen vermittelt, auch noch andere Stimmen gibt. Die Demonstranten schwenken blau-gelbe Fahnen. Andrej Makarewitsch ist der Sänger der beliebten Rockgruppe Maschina Wremeni. In der Hand trägt er eine russische Fahne, am Revers ein blau-gelbes Friedenszeichen. Entschlossen schreitet er dem Friedensmarsch voran. Er hat ein Lied geschrieben über die OMON, singt, dass sie ihre Gesichter maskieren, weil sie sich für ihre Taten schämten. Mehrfach hat er die Annexion der Krim kritisiert, auch der Text über die OMON wird so verstanden. Das ist zu viel. Eine Frau verfasste eine Petition: Makarewitsch habe »zum Mord an Menschen in der Ukraine und Russland aufgerufen«, ihm sollten sämtliche Auszeichnungen aberkannt werden. Abgeordnete unterstützen die Kampagne. Im Internet und in den sozialen Netzwerken kursieren Namenslisten sogenannter »Verräter« oder »Volksfeinde«. Dort werden all jene aufgeführt, die öffentlich bezweifeln, dass in der Ukraine Faschisten an der Macht sind. Neben Makarewitsch steht auch Irina Prochorowa darauf, die den Friedensmarsch gemeinsam mit dem Rocksänger anführt. Sie leitet eine kleine Oppositionspartei namens »Bürgerplattform«. Prochorowa hält die Leute, die solche Listen veröffentlichen, für Verrückte, die es in jedem Land gibt. Besonders ist aber, dass diese Verrückten in Russland von staatlichen Akteuren nicht nur in Ruhe gelassen, sondern teils sogar ermuntert werden.

Putin spricht von einer »Fünften Kolonne«, von »Nationalverrätern« im Inneren, die von außen gesteuert seien. Die Fünfte Kolonne suggeriert: Es gibt gelenkte Feinde im Inneren. Sei wachsam! Sprich nicht mit jedem! Traue keinem, der Kritik am Vaterland übt! Und siehe da, der Begriff zeigt Wirkung, opfert die Demokratie der Selbstverteidigung. Bald nach Putins Rede von der Fünften Kolonne fordern Duma-Abgeordnete, Parlamentariern, die nicht für die Heimholung der Krim stimmen, wegen »staatsfeindlichen Handelns« das Mandat zu entziehen. Putin mahnt, »man muss den Unterschied erkennen zwischen zivilisierter Oppositionstätigkeit und dem Bedienen ausländischer nationaler Interessen zu Lasten des eigenen Landes. Wir werden nie zulassen, dass Nichtregierungsorganisationen für destruktive Ziele benutzt werden.« Hier greift das NGO-Agentengesetz perfekt. Irina Prochorowas Arbeit wird immer schwieriger. Das Demonstrationsrecht wird eingeschränkt, wer wiederholt an nicht genehmigten Kundgebungen teilnimmt, kann bis zu fünf Jahre im Gefängnis landen. »Der Weg zur Demokratie ist lang«, sagt Prochorowa, »wir dürfen jetzt nicht in Panik verfallen. Und alle, die demokratische Ansichten teilen, müssen jetzt zusammenstehen.« Die Friedensdemo ist ein letztes Aufbäumen eines Haufens Aufrechter in Moskau. Alles, was danach kommt, sind Häufchen. Und sie sind chancenlos. Mehr als zwei Drittel der Russen befürworten Putins Krimpolitik. Regierungskritische Medien gibt es immer weniger, Blogs werden blockiert.

Putin kombiniert den Kampf gegen den Faschismus mit expansivem Nationalismus und spricht vom »historischen Süden Russlands«, von Gebieten, die seinerzeit von den Bolschewiken der Ukraine zugeschlagen wurden, obwohl dort Russen lebten. Als in Odessa das Gewerkschaftshaus brennt, geht die Angst um, Russland könne sich an der Küste entlang einen Korridor freikämpfen bis an die Grenze nach Rumänien. »Heim ins Reich«? Die Alarmglocken läuten immer schriller. Prominente ehemalige deutsche Politiker machen sich die Argumentation der russischen Führung zu eigen. Sprechen von der Sonderrolle Russlands und unterschlagen die Interessen der anderen ehemaligen Sowjetrepubliken. Sie reden von Russland, das sich bedrängt und bedroht fühle.

Ex-Bundeskanzler Helmut Schmidt reist nach Moskau und wird von Putin empfangen. Anschließend bezweifelt er in einem Interview mit der »ZEIT«, dass es überhaupt eine ukrainische Nation gibt, und behauptet, dass der Staat »durch die Revolution auf dem Maidan nicht existiert und nicht funktionstüchtig gewesen ist«. Das Vorgehen Putins auf der Krim findet er verständlich. Die Situation »ist gefährlich, weil der Westen sich furchtbar aufregt, was dazu führt, dass diese Aufregung des Westens natürlich für entsprechende Aufregung in der russischen öffentlichen Meinung und Politik sorgt«.

Auch Egon Bahr meldet sich zu Wort, der Strippenzieher aus der Zeit des Kalten Krieges, ein Taktiker der Entspannungspolitik. Ich hatte immer großen Respekt vor ihm, erinnere mich mit Freude an ein mehrstündiges Interview, das ich mit ihm geführt habe. Bahr redet auch jetzt über Entspannungspolitik. Vernachlässigt aber, dass damals die Konfrontation bereits mehr als 20 Jahre gedauert hat. In den 60er und 70er Jahren ging es darum, ein poststalinistisches System aus Diktaturen aufzuweichen, die Konfrontation zweier Blöcke zu überwinden. Man kann doch nicht Russland die Hand hinhalten, als wäre nichts gewesen, kurz nachdem die Regierung unter Getöse klargemacht hat, dass sie auf die Kooperation pfeift. Und auch Helmut Kohl weiß es offensichtlich besser als die Journalisten vor Ort. Von Schröder, Platzeck und »Welt«-Chef Aust gar nicht zu reden. Doch die konzertierten Aussagen der ehemaligen Staatsmänner und bekannten Fernsehgesichter verfehlen nicht ihre Wirkung.

In Moskau laden führende Vertreter großer deutscher Konzerne die Auslandskorrespondenten zu einem Pressegespräch. Der Tisch ist lang. An einem Ende die Manager, am anderen die Journalisten. Die Runde ist hochkarätig besetzt, auf beiden Seiten. Nach den Fragen der Journalisten zu den Auswirkungen der Krise auf die Geschäfte möchten die Wirtschaftsvertreter gern zurückfragen, beginnen dann jedoch zu schimpfen. Die Journalisten würden falsch berichten, schrieben voneinander ab, seien »gleichgeschaltet«. Die Konzerne fürchten um ihre Investitionen und prügeln auf die ein, die ihnen die schlechten Nachrichten überbringen. Am weitesten geht der Vertreter der Robert Bosch GmbH in Moskau. Er fordert tatsächlich, die Journalisten sollten mal aufhören, so negativ zu berichten. Allein der Versuch, Journalisten so zu beeinflussen, verbietet sich. So zu tun, als sei alles in Ordnung, ist indiskutabel, das Ansinnen des Managers obszön. Mehr als das komische Gebaren dieser Manager erschreckt mich deren Unwissen über die Art, wie Journalismus funktioniert, dass sie tatsächlich glauben, Berichterstattung lenken oder sogar abstellen zu können. Am schrecklichsten aber finde ich, dass sie locker Völkerrechtsverletzungen und Gewalt weglächeln, wenn es darum geht, Geld zu verdienen. Ist es nicht auch eine Lehre aus der deutschen Vergangenheit, das nicht mehr zu tun?

Überall sind die Menschen durcheinander und besorgt. Viele suchen nach Orientierung. Die russische Propaganda nutzt das und ist damit in Deutschland durchaus erfolgreich. Man hätte Russland besser einbinden sollen. Die Nato sei Russland zu nah gekommen und Russland sei umzingelt. Der Begriff Russland-Versteher oder Putin-Versteher kommt auf und wird für jene benutzt, die meiner Ansicht nach nichts verstehen. Russland ist nicht das Opfer, das russische Politiker und Medien gern von sich zeichnen. Russland war zu militärischer Kooperation eingeladen, saß am Tisch der sieben führenden demokratischen Industrienationen. Nun versucht die russische Propaganda, die eigene Völkerrechtsverletzung auf das Niveau der USA zu bringen: Das scheint einigen wichtig auf dem Weg Russlands zur Großmacht. Die Zeit nach der Annexion der Krim ist die Zeit, in der die Diskussion auch in Deutschland sich verändert hat. Mehr als zuvor werden Äpfel mit Birnen verglichen. Bei jeder Kritik an Russland reagiert jemand mit »aber Kosovo«, »und Guantanamo«. Und: »Die Amerikaner sind mindestens genauso schlimm.« – »Wir berichten aber gerade über Russland und die Ukraine, nicht über Guantanamo oder Kosovo.« Viele Argumente in der Debatte stimmen einfach nicht. Die Nato hat Russland nicht umzingelt. Da ist lediglich die Grenze im Norden zu Norwegen, dann das Baltikum und die Grenze zwischen der Exklave Kaliningrad und Polen. Die nächste Nato-Russland-Grenze ist an der Beringstraße.

Hörermails und Kommentare in Internetforen werden immer aggressiver. »Kriegspropaganda« steht da und »Kriegstreiber«. Dann wird Bezug genommen auf die deutsche Vergangenheit und darauf, dass Russland Opfer deutscher Aggression gewesen ist. »Nato-Bonzensau!«, »Wer bezahlt Sie für Ihre Propaganda?«, »Notorische Russlandhasser!«, und: »Wenn Putin so schlimm wäre, wie Sie schreiben, hätten Sie schon einen nicht aufzuklärenden Unfall gehabt.« Es war schon immer der Überbringer der schlechten Nachricht, der für diese verantwortlich gemacht wurde. Warum sollte es heute anders sein? Alles, was Putin so sagt, landet auch in den Postfächern der Korrespondenten – Lügenpresse eben. Man müsse das russische Fernsehen schauen, um die Wahrheit herauszubekommen. Immer mehr Leute sagen das. Wahrheit entsteht aber nicht aus These und Antithese, wie im schlechten Deutschunterricht. Fakten und Erfindungen sind keine ebenbürtigen Pole. »Nur weil Leute behaupten, die Erde sei eine Scheibe«, sagt Ina Ruck vom WDR, »ist sie noch lange kein Ei.« Und dann sind da immer noch ein paar versprengte Altlinke, die in Moskau eine Alternative zum weltweiten Kapitalismus vermuten.

Der Diskurs ist anstrengend und trifft ins Mark. Russland habe die meisten Opfer im Zweiten Weltkrieg zu beklagen gehabt, Deutschen stehe es nicht zu, diese Art von Kritik so scharf zu formulieren. Das ist ein gängiger Vorwurf. Nebenbei: Es war die Sowjetunion, und da waren es vor allem die Ukraine und Weißrussland, die unter dem Zweiten Weltkrieg gelitten haben. Ständig steht die deutsche Vergangenheit der kritischen Einordnung im Weg, und genau darauf baut die Propaganda. Es kann doch nicht sein, dass gerade die Schuld am Nationalsozialismus dazu führt, dass die, die sich mit Menschheitsverbrechen beschäftigen, schweigen, wenn sie deren Anfänge beobachten. Wir sind verantwortlich, Dinge beim Namen zu nennen, gerade als Journalisten dürfen wir keine Rücksicht nehmen und uns auch nicht einschüchtern lassen. Wer auf der Suche nach Harmonie ist, der ist im falschen Beruf gelandet. Journalismus lebt vom Konflikt, nicht nur als Subjekt der Berichterstattung. Konflikt ist konstitutiv für die politische Willensbildung durch Medien. Russlands »hybrider Krieg« versucht, da anzusetzen und den Diskurs zu stören – was auch ganz offen gesagt wird. Schön, dass das nicht klappt.

Bereits in seiner Rede nach der Annexion der Krim befeuert Putin diese nicht haltbaren Vergleiche und Relativierungen: »Ich erinnere daran, dass bei Weitem nicht alle Staaten die deutsche Einheit begrüßten. Unser Land aber hat ehrlich und eindeutig das Streben der Deutschen nach nationaler Einheit unterstützt. Ich hoffe, Sie haben das nicht vergessen. Und ich hoffe, dass die Bürger Deutschlands das Streben der russischen Welt, des historischen Russlands, zur Wiederherstellung der Einheit ebenso unterstützen.« Natürlich spricht Putin davon, dass »der Beitritt« der Krim mit dem Völkerrecht vereinbar ist.

Am Ende des turbulenten Winters kommen schlecht gekleidete Männer der Regierung der Krim nach Moskau und werden bejubelt. Die Krim ist Teil Russlands, die Ukraine durch die Kriege in den ausgerufenen Volksrepubliken Lugansk und Donezk langfristig destabilisiert. Es wird gejubelt, die Hymne gespielt, und der Urlaub auf der Krim wird zur patriotischen Pflicht. »Krym nasch«, »die Krim ist unser«. Super Slogan nicht nur für Sowjetnostalgiker, stellt die Annexion doch die gefühlte historische Gerechtigkeit wieder her. Etwas Populäreres hätte Putin kaum tun können. Erst Olympia, dann die Krim. »Urra! Vperjod«, »vorwärts«! Bei seiner Rede zur Lage der Nation im Dezember betont er dann, die Krim sei »uns heilig, wie der Tempelberg in Jerusalem den Juden und Muslimen heilig ist«.

Leider sind die Vermutungen vom Anfang unserer Zeit in Moskau wahr geworden: Zwei Jahre nach unserem Umzug und der Frage, ob hier nicht ein Krieg vorbereitet wird, hat Russland die Krim annektiert und führt Krieg in der Ukraine.

Kapitel 9

»Ich wünsche Ihnen gute Laune«

Urlaub auf der Krim

Urlaub auf der Krim, ein Mythos. Auf der Suche nach dem Sommergefühl, der Sommerfrische der Sowjetunion, dem Ausbruch aus dem heißen und staubigen Moskau mit seinen erschütternden Gewittern und platzenden Regenfällen, die die Straßen überschwemmen, um dann drückend feucht das Leben anstrengend zu machen.

Auf der Krim gibt es alles: Sonne und Seewind, Obst, das es früher nie bis auf die Märkte nach Moskau geschafft hat, geschweige denn in die Provinz. Alles blüht und duftet, die Pinien geben der Luft Würze. Nach sieben Monaten Winter, nach Dunkelheit und Schnee, Smog und Fabrikabgasen ein Paradies. Die russische Führung hat zum Urlaub auf der Halbinsel aufgerufen. Moskau ist gepflastert mit Werbung. Wir beschließen: Wir machen Urlaub auf der Krim. Aber wie kommen wir da hin? Früher fuhr man mit der Eisenbahn. Bei bester Sonne bepackt mit Koffern und Taschen, Rucksäcken und Proviant. Urlaubsreife Moskauer stiegen am Kiewer Bahnhof in den Zug ins Paradies, nach Süden zur

Seebrise, zum Schwarzen Meer. 35 Stunden Urlaubsvorbereitung.

Der Zug fährt nicht mehr. Wegen des Kriegs in der Ostukraine, wegen der Annexion der Krim. Man kann mit dem Auto fahren, verliert aber etwa 22 Stunden an einer Fähre, weil es keine befahrbare Straßenverbindung auf die Krim gibt. Die Brücke über die Meerenge bei Kertsch muss erst noch gebaut werden. Bleibt Fliegen – vor nicht mal einer Woche wurde der Flug MH17 über der Ostukraine abgeschossen. 295 Tote.

Frühmorgens auf dem Moskauer Flugplatz Domodjedowo. Männer in Schlappen und dreiviertellangen Hosen, Frauen auf High Heels, Sommerkleider, Jeans. Komplette Familien mit Großeltern, Eltern und Kindern. Junge Paare, ältere Paare. Russische Hippies mit Dreadlocks. Alle halbe Stunde startet ein Flugzeug nach Simferopol, in die Hauptstadt der Halbinsel. Russlands staatliche Fluggesellschaft Aeroflot hat vor Kurzem eine Billigflugtochter gegründet, Dobroljot. Deren erste Flüge gehen nach Simferopol. Doch die Maschinen von Dobroljot fliegen nicht lang. Sie sind bei europäischen Firmen versichert und werden von europäischen Firmen gewartet. Als die EU die Sanktionen verschärft und das verbietet, stellt Dobroljot den Betrieb wieder ein.

Der Pilot fliegt in großem Bogen um das Kriegsgebiet herum. Als das Flugzeug in die Kurve geht, schaue ich nach Westen und herunter auf die braune Landschaft westlich vom Asowschen Meer. Abgeschossen zu werden, ist unvorstellbar. Die Meerenge von Kertsch ist zu sehen und das Schwarze Meer. Sandstrand und Sandbänke schimmern grünlich im sonst blauen Wasser. Die Krim selbst ist graubraun, Ende Juli ist viel verbrannt. Nach dreieinhalb Stunden setzt das Flugzeug weich auf. Die Urlauber klatschen, die Mobiltelefone klingeln. Am Rand stehen ein paar Hubschrauber, ein Flugzeug wartet auf den Start nach Moskau.

Der Flugplatz ist klein. Überall Bauzäune. Ein offener Unterstand, daneben ein Neubau und ein altes Gebäude. Vor dem Flughafen stehen Männer in grauen und braunen Hemden. »Haben Sie Gepäck?« – »Ja.« – »Brauchen Sie ein Taxi?« – »Nein.« Natürlich brauchen wir ein Taxi. Mit den ersten, die gleich am Ausgang stehen, sollte man gar nicht erst reden. Viel zu teuer. Der Nächste kommt. Ignorant gehen wir durch das Spalier der Taxifahrer raus in Richtung Parkplatz. »Taxi gefällig?« – »Ja.« – »Jalta?« – »Wie viel?« – »2000.« Das sind knapp 50 Euro. »Nee.« – »Taxi?« Der Nächste. »1500.« – »Spasibo, njet.« – »1000«, sagt einer aus der zweiten Reihe. Böse Blicke. »Nu, dawajtje.« Die Sitze sind gut eingesessen, am Rückspiegel baumelt ein Kreuz, auf dem Aschenbecher klebt eine Ikone. Die wenigen Haare des Fahrers sind grau, er trägt Shorts und Sandalen.

Zu Sowjetzeiten lagen überall um den Flughafen herum Leute im Gras, warteten auf Trolleybusse und Autobusse, um an die Südküste zu fahren. Es kamen aber nicht nur Hippies. Natürlich fuhren auch die Privilegierten. Aber vor allem kamen Arbeiter aus den Industriegebieten nördlich des Polarkreises und östlich des Urals auf die Krim. In Sanatorien erholten sie sich von harter Arbeit in den Regionen, in denen das Leben schwierig ist, von verseuchten Industriestädten, von Wintern, die schon im September beginnen und kälter als minus 30 Grad werden, von teils wochenlanger Dunkelheit. Die Arbeiter aus diesen Orten hatten länger Urlaub als andere, brauchten die Auszeit im Süden, um nicht langsam zu verrecken. Sie hatten finanzielle Vorteile, bekamen bevorzugt Autos, die sie zu Hause nicht richtig fahren konnten und gleich im Süden stehen ließen.

Die Straße nach Jalta ist dreispurig. Große Werbetafeln für den »Gipermarket« und »Windserfing«, alles noch auf Ukrainisch. Er habe zwei Töchter, die in Kiew leben, erzählt der Taxifahrer, »und wir sind hier auf der Krim. Wie sollen wir jetzt die Verbindung aufrechterhalten?« Die Verbindung in die Ukraine ist gleichsam über Nacht abgebrochen. Die meisten Bewohner der Krim haben sich russische Pässe geholt. Auch unser Fahrer. Das bringt Vorteile, zum Beispiel eine kostenlose Gesundheitsversorgung. Es gibt noch genug praktische Probleme, vor allem mit den Banken und Geldautomaten; Kreditkarten westlicher Banken funktionieren gar nicht. An einer Kreuzung in Simferopol ein McDonald's-Restaurant. Die Tür ist zu, der Laden leer. Geschlossen seit der Annexion. Viele internationale Firmen können oder wollen derzeit nicht auf der Krim arbeiten. Die EU-Sanktionen stellen Geschäfte auf der Krim unter Strafe. Doch natürlich geben die großen Firmen ihre Investitionen nicht so einfach auf.

»Die Leute da oben sind ja immer noch die gleichen«, stöhnt der Taxifahrer, »die haben sich in der Ukraine alles unter den Nagel gerissen und werden das nun auch in Russland tun. Vielleicht nicht ganz so schlimm. Aber Korruption kann man nicht besiegen.« Zeit des Übergangs. »Wir werden ja sowieso nicht gefragt. Na ja, man will ja nicht die Arbeit verlieren. Meine Frau hat nach russischem Recht noch zwei Jahre, bis sie in Rente gehen kann. Das schaffen wir auch noch.« Der Riss geht auf der Krim mitten durch die Familie. Sein Bruder sei gegen die Angliederung der Krim. »Meine Familie ist gemischt. Ich bin Russe, meinem Vater nach. Früher bekam man ja die Nationalität des Vaters. Meine Mutter ist Ukrainerin, meine Frau auch. Und sie hat viele Verwandte im Westen des Landes, Cousinen und Cousins. Alle haben unterschiedliche Meinungen. Und meine Meinung ist anders als die ihre.« Sie hätten sich auf der Krim von der Regierung der Ukraine vernachlässigt gefühlt. Dass es allen so ging, auch im Westen des Landes, spielt dabei keine Rolle. Russland nutzte die Unzufriedenheit und annektierte die Krim. Nun hoffen sie, dass das Leben als Teil Russlands besser wird.

Nach gut einer Stunde sind wir in Jalta. Ende März kam Premierminister Dmitrij Medwedew mit sämtlichen Ministern auf die Krim. Medwedew kündigte an, die Renten und Gehälter auf russisches Niveau anzuheben. Die neuen Staatsbürger würden kostenlos medizinisch versorgt werden. Medwedew versprach, Turnhallen zu renovieren und in den sozialen Wohnungsbau zu investieren: »Kein einziger Bewohner der Krim, kein einziger Bewohner Sewastopols darf aufgrund des Beitritts zu Russland etwas verlieren. Alle müssen gewinnen. Die Menschen erwarten von uns, dass wir Bedingungen schaffen für ein ruhiges und menschenwürdiges Leben, für den Glauben an die Zukunft und für das Gefühl, Teil eines starken Landes zu sein. Wir müssen diese Erwartungen erfüllen.« Russland will in die Infrastruktur investieren, in Straßen und eine Brücke, die die Krim mit dem russischen Festland verbindet. Die Kosten dafür hat die Regierung mehrfach nach oben korrigiert. Zurzeit sind es etwa 13 Milliarden Euro. Dabei bricht Russlands Wirtschaft ein. Der Ölpreis sinkt, der Rubel rollt nach unten, auch wegen der Sanktionen. Ehrgeizig, in dieser Situation das alte Sowjetparadies in einen Garten Eden verwandeln und mit dem Füllhorn durchs Land gehen zu wollen.

Die Frau an der Rezeption trägt Halstuch: rot-blau-weiß. Sie nimmt den Pass, überprüft die Registrierung in Moskau, die Einreisekarte vom Grenzübertritt, die polizeiliche Anmeldung in Moskau, das Visum, macht Kopien. Sie muss alles den Behörden melden. »Das machen wir seit Anfang Juli. In der Ukraine gab es das nicht.« Wir haben Fragen. »Ich darf keine politischen Fragen beantworten«, sagt sie. Das Hotel ist nicht annähernd ausgebucht. An der Rezeption steht eine Tafel mit Zimmerpreisen. Krumme Summen. Das günstigste Zimmer kostet 6327 Rubel die Nacht, im Sommer 2014 sind das etwa 130 Euro. »Warum ist das so eine krumme Summe?« Sie wird ein bisschen rot, schaut ihre Chefin an, ob das schon eine politische Frage ist. Die schüttelt den Kopf, die Rezeptionistin antwortet: »Unsere Preise waren erst in ukrainischen Griwna angegeben. Dann haben wir alles nach Tageskurs umgerechnet. Wir haben noch nicht gerundet.«

Der typische Urlaubstag auf der Krim beginnt bei Sonnenaufgang mit einem Bad im Meer. Der Strand ist steinig, wie fast überall auf der Krim. Und er ist zugemüllt. Flaschen: Bier, Cola, Wodka, Wein. Tüten, abgegessene Maiskolben, Zigarettenpackungen, Kippen sowieso. Tauben laufen auf dem Steinstrand rum. Ein paar Leute schlafen ihren Rausch aus.

Auf den grauen Steinen sitzt ein alter Mann im Schneidersitz und streckt die Arme der aufgehenden Sonne entgegen. Er ist hager, sehnig. Seine Badehose ist blau, seine wenigen Haare grau. Er schließt die Augen, öffnet den Mund weit und zeigt der Sonne die Zunge. Er schließt den Mund wieder, öffnet die Augen, lächelt. »Um diese Uhrzeit ist es noch leer, und nach zehn wird es zu warm. Dann ist das kein Sonnenbad mehr, dann wird man hier gegart.« Er heißt Wladimir, ist 73 Jahre alt und war Volleyballtrainer. »Und das ist meine Enkelin Eva.« Sie kommt aus dem Wasser, roter Bikini, blonde Haare. Die wringt sie aus. »Das Wasser ist toll, nicht zu kalt, nicht zu warm. Ideal.« Eva ist 19 Jahre alt, studiert Theater- und Filmregie. »Freunde von uns haben hier eine Wohnung, und wir sind drei, vier Tage zu Besuch.« Sie kommen vom ukrainischen Festland, »aber viele Leute dort sind verschreckt, weil im Südosten der Ukraine Krieg ist. Sie haben Angst, denken, dass es auch hier gefährlich ist, dabei ist hier alles okay. Das ist ein einzigartiger Ort. Die Ukraine hat der Krim natürlich nicht genug Aufmerksamkeit geschenkt. Das war schlecht. Ich weiß aber nicht, wie das jetzt in Russland wird.« Es sei ihnen egal, ob die Krim zur Sowjetunion, zur Ukraine oder Russland gehört.

Auf der Promenade hält ein Müllauto. »Veolia« steht darauf. Ein Mann steigt aus, leert Mülltonnen. Es bleibt unklar, ob der französische Konzern trotz der Sanktionen noch auf der Krim aktiv ist oder die Stadtreinigung nur das Auto nutzt. Der Raub der Krim bringt alles durcheinander und macht allen Schwierigkeiten. Ausländische Firmen finden ihre Investition quasi über Nacht in einem anderen Land wieder. Durch die verhängten Sanktionen ist es ihnen dann auch noch verboten, weiter auf der Krim aktiv zu sein. Am Strand sammelt jetzt eine Frau mit großem Müllbeutel und Handschuhen Flaschen und Tüten ein. Die Tauben fliegen auf. Ein Mann setzt noch einmal die Wodkaflasche an, die junge Frau an seiner Seite schläft ein. Zwei Schnapsleichen werden wach. Der Tag im Ferienparadies kann beginnen.

Im Büro der Hotelmanagerin Wera schreit ein grün-gelber Wellensittich sein Spiegelbild an. Den haben im letzten Jahr Gäste aus der Ukraine dagelassen. Sie wollten ihn in diesem Sommer abholen. Nicht nur die Krim hat den Besitzer gewechselt. Weras Schreibtisch ist blitzblank. Topfpflanzen. Zwei Frauen und ein Mann kommen in ihr Büro: »Sie haben die halbe Nacht gesungen«, schimpft eine der Frauen. »Es ist ja auch Samstag«, lacht der Mann. »Und es wurde geklopft, und Sie haben Möbel gerückt.« Die Frauen sind aufgebracht, der Mann amüsiert: »Kommen Sie doch rauf.« – »Laden Sie immer alle ein?« – »Also, nächstes Mal kommen Sie rauf, ja?« – »Und Sie rücken Stühle!« – »Nein.« Die Frauen heißen beide Elmira und sind Freundinnen. Die eine Elmira ist groß und schlank, die andere Elmira klein und untersetzt. Die eine hat lange Haare, die andere kurze. Blond sind beide, aber gefärbt. »Wir sind extra früh ins Bett gegangen, und Sie haben um 23 Uhr angefangen.«

Das Problem ließe sich lösen. Denn das Hotel ist so leer wie der Schreibtisch der Managerin. Acht Stockwerke, 200 Betten, nur 14 davon belegt und das in der Hauptsaison. »Die Leute haben Angst vor der Anreise«, sagt Managerin Wera. »Es heißt, russische Staatsbetriebe wurden angewiesen, ihre

Belegschaften auf die Krim zu schicken. Aber bei uns ist niemand angekommen.« Sie steht auf, um das leere Hotel zu zeigen. Ihre Absätze sind hoch, glänzen golden. Die Hotelhalle in gräulichem Marmor, an der Wand hängen güldene Lampen wie Galionsfiguren. Der Fahrstuhl rattert, es geht hoch zu den Standardzimmern, 1700 Rubel am Tag, etwa 35 Euro, Verpflegung inklusive. Beige Tapete, braune Möbel – Furnier –, drei Betten, davon eins fürs Kind, separat. Bretter fassen das Doppelbett ein, am Kopfende, am Fußende, und auch in der Mitte trennt ein Brett die Schlafenden. »Damit man im nächsten Jahr kein Vierbettzimmer braucht.« Wera erzählt, dass in den letzten Jahren viele Bergarbeiter aus der Ostukraine da gewesen seien. Aus der Gegend, in der jetzt Krieg ist. Sie geht weiter auf die Etage mit den Luxuszimmern. Die sind einfach eingerichtet, aber modern: Doppelbetten ohne Trennwand, mit Wasserkocher und Schlafsofa. »Wir hatten Verträge mit ukrainischen Betrieben. Sie haben uns ihre Mitarbeiter zur Erholung geschickt. Das ist vorbei. Was soll's. Jetzt haben wir weder russische Gäste noch ukrainische. Ich glaube aber, dass wir das schaffen.« Die Krim lebt vom Tourismus. Im Sommer 2014 sind die meisten Hotels nicht mal zur Hälfte belegt, einige nur zu zehn Prozent. Wera hat Leute entlassen. Zur Herrschaft Russlands äußert sie sich nicht. »Warten wir's ab. Immerhin machen wir noch keinen Verlust. Wir liegen bei null.«

Um der angeschlagenen Wirtschaft auf der Krim auf die Sprünge zu helfen, hat das russische Parlament beschlossen, Glücksspiel auf der Halbinsel zuzulassen. Erst 2009 hatte die Duma Geschäfte mit Glücksspielen in Russland mit wenigen

Ausnahmen verboten. Oleg Saweljew, Minister für die Angelegenheiten der Krim, wünscht sich, dass reiche Russen ihr Geld von Zypern abziehen und stattdessen auf der Krim investieren. Das sagte er zumindest der Zeitung »Wedomosti«. Er konnte aber keinen einzigen Investor nennen, der sich dazu bisher bereit erklärt hätte. Die Gelder sind bitter nötig. Denn die Wirtschaft der Krim ist ohnehin nicht weit entwickelt.

Im Park der Hotelanlage steht ein Holzhaus. Innen ist es braun getäfelt. Es sieht aus wie der Bauch eines Schiffes: Werftarbeiter haben es in den 30er Jahren gebaut und ausgestattet. Der Sowjetmensch lebte im Kollektiv. Mit ihren Familien schliefen die Arbeiter in großen Sälen, bis die Bettenburgen aus Beton gebaut wurden. Jetzt sind hier die Küche und der Speisesaal untergebracht. In der Wand ist eine Klappe. Die Essensausgabe. Sie ist geschlossen. »Menü« steht auf einer weiß-blauen Tafel. Sie ist leer. Nadeschda Petrowna kommt aus der Küche, wischt sich die Hände an einem Handtuch trocken: »Früher, als noch genug Leute hier waren, hatten wir immer ein Buffet. Jetzt gibt es ein festes Menü.« Die Küchenchefin trägt einen weißen Kittel, ihr Haar hat sie zu einer Art Vogelnest aufgetürmt. »Es hat mehr Spaß gemacht, für viele Urlauber zu kochen, damals, als es noch einfach war, auf die Krim zu kommen, jedoch schwer, einen freien Platz zu finden. Wir versuchen, viel Gemüse anzubieten, Fleisch- und Fischgerichte. Wir fragen die Leute auch mal, was sie essen möchten. Zurzeit haben wir Gäste aus Moskau. Die freuen sich, dass sie jeden Tag etwas anderes bekommen. Wir versuchen, Gerichte zuzubereiten, die den Frauen zu

Hause zu aufwendig sind.« Die beiden Elmiras kommen. Sie sind die Gäste aus Moskau. Sie haben einen festen Tisch, und auf dem wartet schon die erste Vorspeise. Salat: Gurken, Surimistäbchen, Mais, Zwiebeln, Eier, Mayonnaise – eigentlich ein klassischer russischer Feiertagssalat. »Sie versorgen uns hier wirklich reichlich.« Die kleine Elmira nickt: »Und wenn eine was nicht mag, dann isst die andere das auf jeden Fall auf. Ein Mann aus Sibirien war hier im Urlaub. Er hat gesagt, er habe fünf Kilo zugenommen.« Die Köchin kommt an den Tisch: »Als Vorspeise gibt es heute ukrainischen Borschtsch. Dann Geflügelfrikadelle mit Pilzen in Sahnesoße, gebratenen Blumenkohl und Zucchini mit Mayonnaise und Knoblauch als Garnitur. Tomaten und Gurken. Was zu trinken und Pfirsiche. Probieren Sie jetzt. Guten Appetit.« – »Wir bewegen uns viel. Das Meer, das Baden, meine Hosen rutschen sogar. Dabei versuche ich, alles zu essen.« Elmira und Elmira sind Ärztinnen, Kolleginnen und Freundinnen. Sie teilen sich ein Zimmer. Standard. Das mit dem Brett im Bett. »Wir haben beim Buchen auf den Preis geachtet.« Sie verdienen wenig. 40 000 Rubel knapsen sie für den Jahresurlaub ab. Etwa 1000 Euro. Beide sind solo. Die lange Elmira wohnt mit ihrer Mutter in einer Zweizimmerwohnung am Rande Moskaus. Sie hatten Reisepässe beantragt, wollten ins Ausland fahren, »nach Europa«, sagt die kleine Elmira, »irgendwo an den Strand. Als dann aber die Krim unsere wurde, haben wir beschlossen, hierherzufahren.« – »Noch kann man sich das ja leisten, noch ist es billiger als in Sotschi, vielleicht, weil der Service nicht so gut ist.« Die Köchin bringt Schüsseln mit rotem Borschtsch, Dill und Smetana, saurer Sahne. Die lange

Elmira nimmt einen Klecks und marmoriert die rote Suppe. »In der Sowjetunion, als das hier sozusagen allen gehörte, da gab es keine freien Plätze, da war immer alles ausgebucht.« Und die Angst? »Meine Mutter sieht fern, während ich bei der Arbeit bin. Da zeigen sie den Südosten der Ukraine. Der ist ja gleich um die Ecke. Wir haben dann aber die Berichte der Leute gelesen, die vor uns auf die Krim gefahren sind, und dass hier alles ruhig ist. Dann haben wir beschlossen, auch zu fahren.« Die beiden gehen für eine kurze Mittagsruhe aufs Zimmer. Später wollen sie an den Strand. Bis fünf, denn um sechs gibt es Abendbrot.

Urlaub auf der Krim ist in diesem Jahr eine hochpolitische Angelegenheit. Nicht nur, weil überall russische Fahnen wehen. Viele Leute tragen T-Shirts mit Putin-Aufdruck, nachts rufen Betrunkene in Jalta: »Rossija, Rossija.«

Der Krieg ist auch in Sewastopol, wenn nicht hier, wo dann? Ist Sewastopol doch Heldenstadt der Sowjetunion, weil die Bewohner im Zweiten Weltkrieg monatelang den schweren Angriffen der Wehrmacht trotzten. Vom Meer weht ein warmer Wind. Menschen flanieren im Park an der Uferpromenade. Buden, Militärpolizei mit ihren großen Mützen. Männer haben Tauben auf dem Arm. Für umgerechnet zwei Euro darf man sie halten und wird von den Männern fotografiert. Sie leben zwar von Touristen, mögen sie aber nicht, sagt einer. »Ich denke, die Krim muss ganz Russland verteidigen, und da stören Touristen«, sagt der andere. Die ständige Angst der Russen, angegriffen zu werden, macht wiederum mir Angst. Sie wollen ihre sowjetische Garnisonsstadt zurück. »Wir möchten in unserer abgeschlossenen Welt leben.« Die

Tauben sind sauber, aber nicht weiß. »Bei uns will niemand Krieg, wir wollen alle Frieden«, sagt der Erste, und dass er gekränkt sei, »weil ganz Europa auf uns schaut, als hätten wir sie nicht mehr alle.« Ist die Menschheit fortschrittsfähig, wenn einige in der Vergangenheit festhängen? Der zweite Mann mit den Tauben sagt, die Deutschen hätten im Krieg keine Frauen und Kinder umgebracht, anders, als die Ukrainer das jetzt tun, nicht weit von hier in Donezk. Und zum Abschied meint er noch: »Ich hasse die Ukrainer!«

Die Häuser in Sewastopol glänzen weiß in der Sonne: Säulen, Türmchen, verspielte Fassaden, schmiedeeiserne Gitter mit Sowjetstuck: Hammer und Sichel, Waffen, Anker und Schiffe in Stein gehauen. Doch nicht nur architektonisch war Sewastopol immer ein Ort der Sowjetnostalgie. Sewastopol wurde im Zweiten Weltkrieg fast vollständig zerstört. Danach mussten deutsche Kriegsgefangene die Stadt wiederaufbauen. So entstand eine sowjetische Musterstadt.

»Die Deutschen werden Sewastopol wieder angreifen«, sagt Iwan. Er verkauft die zum Thema passenden T-Shirts, die hier jeder Dritte trägt. Darauf Putin, mal mit Sonnenbrille, mal in Uniform. Finstere Typen, schwer bewaffnet und vermummt mit der Aufschrift »Freundliche Leute«. »Ich weiß nicht, was die freundlichen Leute kosten, das T-Shirt kostet 400 Rubel«, meint Iwan. Alle T-Shirts kosten 400 Rubel, acht Euro. Es gibt auch ein T-Shirt mit Putin und der Aufschrift »Freundlichster Mensch«. Und natürlich ist auch das Porträt von Verteidigungsminister Schoigu käuflich. Er guckt ein wenig ramponiert auf dem T-Shirt. »Der wurde wahrscheinlich nach einer Feier verkatert fotografiert. Solche Leute müssen sich doch auch mal entspannen.« Iwan hat auch Rasiercreme der russischen Armee und Handtücher und Flaggen. Zwei Kartons mit T-Shirts hat er in die Ukraine geschickt, »allerdings Kindergrößen«. Dienst am Vaterland. Kein Wunder, dass viele in der Ukraine sich vor dem aggressiven Nachbarn fürchten.

In Sewastopol werden westliche Ausländer, anders als auf dem Rest der Krim, komisch angeschaut. Die Angst vor Fremden, das Bild von Ausländern als Agenten, das die Medien schüren, hat sich hier in den Köpfen der Menschen offenbar bereits festgesetzt. »Dem Westen ist ja nichts heilig«, sagt Iwan, »wenn hier nicht die Schwarzmeerflotte stationiert gewesen wäre, hätte sich früher oder später die Nato diesen Laden gegriffen. Hier wären nicht die 6. und 7. Flotte, sondern Italien, Spanien, sicher hätte man auch Platz für die deutsche Marine gefunden.« Es gibt die Diskussion, Sewastopol erneut für Fremde zu sperren, wie damals in der Sowjetunion. Er würde dann einen neuen Job suchen, sagt Iwan.

Die ganze Stadt ist geprägt von der Schwarzmeerflotte. Das war schon immer so. Zarin Katharina ließ Sewastopol als Militärfestung bauen. Jetzt, nach der »Heimholung«, soll der Stützpunkt ausgebaut werden. Junge Männer und alte Frauen werben für Hafenrundfahrten an den Kriegsschiffen entlang. Wimpel und Fahnen flattern. Soldaten in Uniform flanieren. Das beste Hotel Sewastopols ist mit großen Georgsbändern geschmückt. Auf dem Platz vor dem Hafen steht eine Bühne. Russische Flaggen schmücken die Stahlgestänge. Am Bahnhof steht eine Museumslok mit der Aufschrift »Smert' Faschistam«, »Tod den Faschisten« – der alte Auftrag, nun reaktiviert.

Im Sommer 2014 ist auf der Krim Wahlkampf. Auf Plakaten der Regierungspartei Einiges Russland grüßen Marineoffiziere und beschwören den Ruhm der russischen Flotte. Und auch die Kommunisten finden Nationalismus besser als Internationalismus. Busse, die die Menschen in die Vororte von Sewastopol bringen, sind geschmückt mit der russischen Trikolore, dem doppelköpfigen Adler und dem Schriftzug: »Sewastopol Russisch«. Aufschriften bejubeln den »Russischen Frühling«.

In Zeiten des übersteigerten Patriotismus sind die Menschen in Sewastopol bereit, Einkommenseinbußen in Kauf zu nehmen. Die Kreuzfahrtschiffe kommen nicht mehr, vor der Küste liegen graue Kriegsschiffe. Auch in der Bucht liegen fast nur Kriegsschiffe, jedes mit einer Nummer und einem roten Sowjetstern am Bug. In den letzten 200 Jahren sind im Hafen von Sewastopol ungefähr 80 Schiffe zerstört und versenkt worden. Die meisten wurden nie gehoben. Bei Sturm kommen manchmal Minen hoch. Im Kalten Krieg sollte die Schwarzmeerflotte gegen die US-Marine im Mittelmeer kämpfen. Nach dem Krieg in Georgien 2008 hatte die russische Marineführung geprahlt, hätte man Hubschrauberträger vom französischen Typ Mistral gehabt, hätte die russische Armee nicht 26 Stunden gebraucht, um das Nachbarland zu besiegen. Frankreich und Russland wurden bald handelseinig, die russische Marine bestellte zwei Stück, und der französische Präsident Sarkozy sprach von Russland als einem befreundeten Land und dass der Kalte Krieg vorbei sei. Das erste Schiff war im Herbst 2014 fertiggestellt, wurde aber nicht mehr ausgeliefert. Eben wegen des andauernden

Krieges und der Annexion der Krim. Russland tut alles, um feindlich zu wirken.

In Sewastopol hört man zurzeit nur eine Meinung, wer eine andere hat, ist entweder verstummt oder weggegangen. So auch der Militärexperte Alexander Schtaltownyj. Vor drei Jahren habe ich ihn in Sewastopol getroffen, jetzt will ich ihn wiedersehen. Ich wähle seine Nummer und erreiche ihn in Kiew. Es hätte niemanden mehr gegeben, mit dem er reden konnte, sagt er. »Selbst als ich mich von Freunden telefonisch verabschieden wollte, ist es zum Streit gekommen.«

Die knapp 400 000 Bewohner von Sewastopol sind meist ethnische Russen. Ihre Identität war immer an die russische Flotte gebunden. Und so war ihnen der ukrainische Pass, den sie bei der Unabhängigkeit der Ukraine bekommen haben, häufig egal. Viele der Älteren sind in der Sowjetzeit als Soldaten nach Sewastopol gekommen, haben in der Flotte gedient. Auch deshalb fanden vorher eigentlich alle, dass es besser wäre, wenn Sewastopol eine russische Stadt wäre. Diese Ansicht war auf der gesamten Krim weit verbreitet. Auch, dass die Ukraine und Russland eigentlich keine zwei Staaten sein sollten, hörte man immer wieder.

Geschichte wird gemacht. Gerade auf der Krim, deren ursprüngliches Zentrum nicht Jalta ist und schon gar nicht Sewastopol oder die Hauptstadt Simferopol. Seit Mitte des 15. Jahrhunderts regierten die Krimtataren die Insel von Bachtschyssaraj aus, einer alten Stadt mit Khanspalast, Moscheen und Minaretten. Dann kam Katharina, und die Krim wurde russisch. Die Insel könnte türkisch sein, aber es stehen auch noch Säulen aus der Zeit des antiken Griechenlands.

Wie weit muss man zurückgehen, um die ursprüngliche Zugehörigkeit einer Region zu klären? Historische Gerechtigkeit geht immer so weit zurück, wie die eigenen Interessen reichen. Der Zerfall Jugoslawiens wirkte für viele noch wie ein Unfall. Sollte es in Europa im 21. Jahrhundert nicht egal sein, zu welchem Staat eine Region gehört? Deutschland scheint, mit wenigen Ausnahmen, den Verlust des Elsass und Ostpreußens überwunden zu haben. Und doch kommt gerade jetzt in vielen Ländern, und besonders in Russland, ein Nationalismus auf, der die Köpfe verdirbt, indem er die Herzen entzündet.

Sebastian Haffner hat den Deutschen einst eine Begabung zur Massenpsychose attestiert, schrieb von komischen Rauschzuständen. In Russland wird das in den letzten Jahren gekoppelt mit einem sowjetischen Nihilismus, der mit Stolz zur Schau gestellt wird: Die Bürger lehnen das System ab, glauben, dass Teilhabe nichts bringt und auch gar nicht möglich ist. Dann baden sie im Nationalstolz und der eigenen Opferrolle. Oft scheint es, als nähmen die Menschen nicht wahr, dass es sehr ernst ist, dass die Führung Russlands die Grenze zum Krieg austestet, um Größe vorzutäuschen.

Ein Besuch in Bachtschyssaraj mit dem Khanspalast gehört zum Pflichtprogramm eines jeden Krimurlaubers. Der Palast ist bescheiden: Arkadengänge, Treppen führen die weiß getünchten Mauern hoch unters rot gedeckte Ziegeldach. Geschwungene Fensterbögen. Davor Verkaufsstände, und hinter einem steht Sinaida in einem geblümten Sommerkleid. Mit einem freundlichen Lächeln bietet sie Gewürzmischungen an. »Die ist für Lagman, für Chartscho, für Ucha, und die hier sind für Plow, dies für Hammel, das für Barbecue, Schaschlik. Alles wird hier hergestellt.« Daneben gibt es den üblichen Touristenkitsch: Tellerchen, auf denen Krim steht, kleine Pfeffermühlen, Seife, glänzende Steine an Ketten und Ketten aus glänzenden Steinen in Rot, in Grün. Sinaida ist glücklich, »einfach glücklich, dass wir jetzt zu Russland gehören! Sie können sich nicht vorstellen, was für eine Angst wir hatten, dass das nicht klappt und dass wir in der Ukraine bleiben müssen. Wir hatten solche Angst vor dem Rechten Sektor, vor der Nationalgarde.« Und wieder frage ich mich, ob ich blind war all die Jahre oder warum mir diese freundliche Marktfrau erzählt, was ich aus dem russischen Staatsfernsehen kenne und nicht glaube und was sie doch eigentlich auch nicht glauben sollte, weiß sie es doch besser. Aber wer bin ich, ihr zu sagen, was sie weiß und glauben soll. Nur ich glaube ihr nicht. Es ist ja nicht das erste Mal, dass in dieser Amtszeit Putins die eigene Beobachtung, die ja als Wahrheit oder Realität empfunden wird, von den Erzählungen anderer vollständig abweicht. Ich hatte immer den Eindruck, dass es den Menschen auf der Krim besser geht als im Rest der Ukraine. Vor der Annexion habe ich auch keinen getroffen, der etwas anderes gesagt hat. Auch nicht auf der Krim. »23 Jahre haben wir in der Ukraine gelebt und waren Sklaven. Juschtschenko hat uns in den Staub getreten, Timoschenko hat geschrien, man müsse uns fertigmachen. 23 Jahre ist kein Geld hierher geflossen, immer haben sie nur Geld abgeschöpft. Alle Sanatorien, alle Kurorte sind in einem schlechten Zustand. Und Russland beginnt jetzt, das alles aufzubauen. Es werden Schulen gebaut. Die Schulen werden vor dem neuen Schuljahr neu ausgestattet. Da passiert was!« Das ist auch nötig, denn in ukrainischen Schulbüchern ist u. a. die Krim natürlich nicht Teil Russlands.

»Putin ist so klug. Er ist ein Prachtkerl. Ein Politiker, ein Pragmatiker von ganz großer Klasse. Es gibt keinen Führer weltweit, der klüger ist als er. Weitsichtiger. Alle andern sind dagegen Nulpen.« Nun weiten sich Sinaidas freundliche Augen: »Aber Putin – oj!« Sie kommt sehr dicht heran und sagt, dass sie es überleben wird, wenn weniger Touristen kommen, denn »es werden Russen kommen. Wenn die unverschämten Polen nicht kommen – dann eben nicht, die klauen doch eh nur. Die Polen sind ein schlimmes Volk. Da muss man aufpassen. Und die Ukrainer, die Chochly. Die haben drei Rubel in der Tasche und fragen noch nach einem Rabatt.« »Chochly« ist ein Schimpfwort für Ukrainer. Früher stand es für die Kosaken aus der Ukraine, denn die trugen einen Zopf, den »Chochol«. Auch der Begriff »Ukropij« ist salonfähig geworden, um die Ukrainer herabzusetzen, »Dillköpfe«. Die wiederum sprechen abwertend von den »Moskalij« und von »Watnikij«, abgeleitet von den sowjetischen Wattejacken.

Sinaida ist nicht zu bremsen: »Russen, Weißrussen und Kasachen kaufen etwas. Die Franzosen haben nie was gekauft. Die gucken, als hätten sie selbst was Besseres.« Bei mir setzt ein Reflex ein, vielleicht ja ein deutscher Reflex: Ich möchte gehen. »Vor der Krise haben auch die Deutschen viel gekauft. Sehr viel. Da kann ich nichts sagen. Die haben auch nie versucht zu handeln.« Ich kenne Gegenden, da steht diese Aussage nicht für Großzügigkeit, sondern für besondere Naivität. »Wir sind einfach froh. Die Löhne haben sie angehoben. Die Renten haben sie angehoben. Russland ist aufgestanden. Und wer hat Russland erhoben? Putin hat Russland von den Knien erhoben. Und er gibt nicht nach gegenüber Obama. Warum die Sanktionen? Warum wollen Sie uns mit Sanktionen Angst machen? Wir geben nicht nach. Wir verehren unseren Präsidenten. Wir stehen hinter ihm wie ein Fels.«

Wo kommt dieser Hass her? Lebt diese Frau vollständig ohne Moral und Gewissen? Ist das eine Hinterlassenschaft der Sowjetunion? Mir ist es unangenehm, solche Fragen zu stellen.

Die Krimtataren wurden unter Stalin nach Zentralasien deportiert. Viele starben. In der Sowjetunion wurde das verschwiegen, und doch müsste es jeder wissen, auch Sinaida. Die ersten Tataren kamen nach 45 Jahren zurück auf die Krim, damals noch in der Sowjetunion, später in die Ukraine. »Was wollen die hier?«, fragt Sinaida, »die hatten hier keinerlei legale Grundlage, als sie Anfang der 90er hierhergekommen sind.« Und ich bin mir sicher, wenn ich sie ein bisschen besser kennenlernte und die medial vergiftete Stimmung ein wenig abgeklungen wäre und ich mit ihr in einer Küche Tee tränke, dann würde sie mir erzählen, dass es arme Menschen waren, die da deportiert wurden. Und dann wären die meisten Menschen Opfer von Politikern, und Kriege wären nicht die Kriege der einfachen Menschen, denn die können ja eh nichts machen.

Die Rückkehr der Krim nach Russland ist auch die Rückkehr der Angst. »Plötzlich stürmten vier bis fünf Leute mit Maschinengewehren und sieben Leute in Zivil rein und zeigten ein Papier vor, auf dem stand, sie hätten Hinweise darauf, dass hier illegale Geschäfte gemacht werden. Und dass sie das überprüfen müssten.« Dilara Seytweliewa und ihre Familie betreiben in Bachtschyssaraj ein Restaurant und ein Hotel. Durchsuchungen wecken in ihnen schlimmste Erinnerungen an die Deportationen. »Sie haben alle Mitarbeiter verängstigt. Gut nur, dass die Saison dieses Jahr so schlecht ist und nur zwei Tische besetzt waren. Die haben eine richtige Show abgezogen.« Die Kellnerin bringt kleine Schälchen und gießt Kaffee aus Tiegeln ein. Es riecht nach Kardamom. Das Café ist eine Touristenattraktion in Bachtschyssaraj. Seytweliewas Bruder ist Mustafa Dschemiljew, ein ehemaliger Dissident und Fürsprecher der Krimtataren. Er ist Abgeordneter im Parlament der Ukraine. Er wird von den russischen Sicherheitskräften nicht mehr nach Hause auf die Krim gelassen. Er habe Provokationen vorbereitet, heißt es. Seytweliewa wurde in Usbekistan geboren und möchte die wiedergewonnene Heimat der Krimtataren nicht verlassen: »Wir werden auch weiterhin dafür kämpfen, dass die Krimtataren hier leben können und ihre Kultur auf heimatlicher Erde wiedergeboren wird.« Es wird immer schwieriger. Die Behörden verbieten den Medschlis, die politische Vertretung der Krimtataren.

Auch Lisa Boguzkaja wehrt sich gegen die russische Besatzung. Sie ist auf der Krim geboren und aufgewachsen. Sie ist stolz auf die, die die Krim im Zweiten Weltkrieg von den deutschen Besatzern befreit haben. »Nun leben wir wieder unter einer Besatzung, können wieder nicht unsere Meinung sagen.« Lisa Boguzkaja ist selbstständige Designerin.

Sie ist 51 Jahre alt und hat zwei Kinder. Sie ist Russin, die russische Staatsbürgerschaft möchte sie trotzdem nicht. »Weil ich gegen jede Art von Gewalt bin«, sagt sie, »wenn hier jemand herkommt und sagt, von jetzt an bestimme ich, dann gefällt mir das nicht.« Seit der Annexion ist sie deshalb in ihrer Geburtsstadt eine Ausländerin. Die Ukraine sei ein Symbol der Freiheit, sagt sie und hat ihr Auto mit traditionellen ukrainischen Bordüren verziert. Die meisten Autos sind mit russischen Fahnen geschmückt. Hinter Boguzkajas Windschutzscheibe steckt ein blau-gelbes Fähnchen. »Manche Leute winken mir zu oder werfen mir Blumen ins Auto. Gestern wollte ein Mann mein Fähnchen wegreißen. Ich wisse wohl nicht, in welches Land ich gefahren sei.« Im Auto hört sie demonstrativ ukrainische Volkslieder oder die Nationalhymne der Ukraine: »Die schalte ich ein, wenn ich am Sitz des Geheimdienstes oder am Innenministerium vorbeifahre.«

Etwa 3000 Krimbewohner haben offiziell den russischen Pass abgelehnt, von etwa zwei Millionen Einwohnern. Lisa Boguzkaja hofft, dass die Krim irgendwann wieder zur Ukraine gehört, dass sie nicht allzu lang aushalten muss, und schreibt das auch auf ihrer Website. Sie hat etwa 10 000 Leser, wird bedroht und sagt, dass die Drohungen ihr nichts ausmachen und dass sie nur sage, womit sie nicht einverstanden ist. Das scheint naiv angesichts des Tempos, mit dem die Meinungsfreiheit auf der Krim beschnitten wird: »Meine Leser vertrauen mir. Wir dürfen die Hoffnung nicht verlieren. Das ist das Wichtigste.« In der aktuellen Amtszeit Putins geht es auch darum, Geschichte so zu erfinden, wie sie am besten passt. Egal, welche Folgen das hat. Und da es ganz gut ins Konzept passt, bezweifeln Politiker, dass es die Ukraine als Staat je gegeben hat. Und die Sprache Ukrainisch sowieso nicht, das ist nur so eine Art falsches Russisch, über das sich viele in Moskau lustig machen, leider auch meine Russischlehrerin. Russische Ultranationalisten sind der Ansicht, dass es eine historische Pflicht gibt, alle ehemaligen Gebiete der Kiewer Rus, des mittelalterlichen Vorläuferstaats Russlands, zu vereinen.

Boguzkaja erzählt von ihrem Sohn. Der kommt in die elfte Klasse und muss jetzt Geschichte neu lernen. »Ich habe ihm gesagt: Du wirst das auswendig lernen, und du wirst es in der Schule aufsagen, damit du gute Noten bekommst. Aber zu Hause bringe ich dir richtige Geschichte bei.«

Wer früher verfolgt wurde, spürt das heute wieder. Dem Bischof der orthodoxen Kirche des Kiewer Patriarchats wurde das Haus angezündet. Die jüdische Gemeinde hat sich arrangiert, sagen zumindest ihre Sprecher. Besser nicht auffallen. Wer die Annexion der Krim kritisiert, setzt sich dem Vorwurf des Separatismus aus. Bis zu vier Jahre Haft gibt es für »Aufrufe zur Zerstörung der territorialen Integrität Russlands«, fünf Jahre für »Aufrufe zu Separatismus mit Hilfe von Medien«. Das ist der Zynismus der Politik Russlands in der Ukraine. Demokratie in Russland heißt, dass die Mehrheit die Minderheit dominiert, nicht, dass die Minderheit geschützt wird. Viele Tataren sind in die Ukraine gezogen, Gläubige unterschiedlicher Religionen auch.

Als Lisa Boguzkaja zurück zu ihrem Auto kommt, steckt an der Windschutzscheibe ein Zettel. Darauf ein Pfeil zu dem ukrainischen Fähnchen im Wageninneren und drei handgeschriebene Worte: »Koffer – Bahnhof – Kiew«. »Ich weiß, wer das war. Die Typen von der Bürgerwehr. Wenigstens haben sie das Auto nicht zerkratzt.« Sie hat noch einen besseren Wagen. »Dieses ist nicht so teuer, da sind Kratzer nicht so schlimm.« Sie steigt ein, macht die Fenster auf, schaltet die ukrainische Hymne ein. Jetzt erst recht. Ein Jahr später lebt auch sie in Kiew.

Die Urlauber am Meer bekommen von all dem nichts mit. Elmira und Elmira haben ein Nickerchen gemacht und sind auf dem Weg an den Strand. Sie tragen bunte Tücher über ihren Bikinis. Sie müssen durch den Park des Nachbarhotels. Es ist heiß, es geht bergab. »Wenn man auf dem Rückweg beim Hochgehen außer Atem kommt, kann man sich hier schnell mal ausruhen«, sagt die kleine Elmira. Die Küste bei Jalta ist felsig. Hohe, schlanke Zypressen säumen den Weg. Blumen blühen. Ein achteckiger Brunnen mit einem Kreis Düsen ist trocken. Die Kacheln sind Blumenmosaike. »Zu Sowjetzeiten war das alles voll Wasser. Das war so schön. Als ich das erste Mal hier war, war ich neun Jahre alt. Oder warten Sie mal, wie alt war ich?« – »Vor 32 Jahren …«, assistiert die Große. »Ich war in der dritten Klasse, neun Jahre alt. Und jeden Abend gab es hier Licht und Musik zu den Fontänen. Ich hab mich mit einer Frau unterhalten. Die hat gesagt, die Ukraine hat nie etwas investiert, immer nur das Geld abgeschöpft. Putin sagt ja auch, dass sie jetzt hier Geld investieren. Auf der Krim hoffen natürlich alle, dass es jetzt besser wird. Sie wissen alle, dass das jetzt eine Übergangszeit ist. Die haben Verständnis.« Die Krimbewohner werden in den nächsten

Jahren noch viel Verständnis aufbringen müssen. Als Aktivisten Ende 2015 auf dem ukrainischen Festland das Stromkabel kappen, das auf die Krim führt, sitzen sie wochenlang im Dunkeln. Die Inflation steigt auf über 25 Prozent, mehr als doppelt so viel wie im russischen Durchschnitt. »Ach, das hier ist der allerschönste Blick: sehr, sehr schön.« Das dichte Grün lichtet sich. Der Blick geht weit, am Horizont die Silhouette eines Frachtschiffes. Weiße Schaumkronen auf dem Schwarzen Meer. »Und da geht's zum Strand.« Der ist abgezäunt. Ein Wachmann kontrolliert, ob Elmira und Elmira zum richtigen Hotel gehören. Einen echten Strand gibt es nicht. Auf einer Betonfläche stehen weiße Plastikliegen und bunte Sonnenschirme. Zum Wasser führt eine Treppe hinab. Auch hier gibt es nur graue Steine. »Achtung, liebe Gäste«, schallt es aus einem Lautsprecher, »das Baden im Meer ist verboten. Die Brandung und die Wellen haben Stärke fünf. Es werden alle gebeten, sich am Ufer aufzuhalten. Ich wiederhole: Das Baden im Meer ist verboten!«

Das Wasser hat fast 25 Grad. Am Meer gibt es Kuranwendungen. Das gehört für viele Russen zum Urlaub dazu, erläutert die lange Elmira: »Ich habe mir den Rücken massieren lassen. Danach ging es mir allerdings schlechter. Man kann sich auch schröpfen lassen oder eine Reflextherapie bekommen. Ich war früher im Sanatorium in Sotschi. Da hat man erst Anwendungen, dann muss man sich von denen erholen. Und an den Strand kommst du erst gegen Abend. Das ist nicht schön. Deswegen haben wir einen Ort gesucht, an dem es möglichst wenige Anwendungen gibt. Wir zahlen dann lieber extra für das, was wir wollen. Dafür haben wir mehr

Freizeit.« Unter einem Sonnenschirm steht ein Stuhl und davor eine Schüssel mit Wasser. Darin schwimmen kleine Fische. Eine junge Frau hält die Füße ins Wasser, die Fische knabbern an ihrer Hornhaut. »Ich habe das auch gemacht. Das ist ein sehr schönes Gefühl. Das sind erst so kleine Stiche, aber dann ist alles sauber.« 200 Rubel kostet die fischige Fußpflege. Zehn Minuten dauert sie. Auch auf der Krim besteht ein Tag am Meer aus Langeweile. »Es gibt auf der Welt keinen schöneren Ort als die Krim«, sagt die kleine Elmira, und ihre lange Freundin nickt.

Russland investiert viel Geld, um die Menschen auf der Krim bei Laune zu halten. Renten und Gehälter werden vom ukrainischen auf das russische Niveau angehoben. Parallel steigen jedoch auch die Preise auf der Krim. Und so lässt die Euphorie bald nach. Im Sommer 2016 besucht Premierminister Medwedew die Krim. Eine alte Frau fordert die Rentenanpassung, die für ganz Russland versprochen wurde. »Es ist gerade kein Geld da«, wiegelt der Premierminister ab. »Halten Sie hier aus. Ich wünsche Ihnen gute Laune! Alles Gute!« Dann sieht er zu, dass er wegkommt. Die Angst vor der eigenen Bevölkerung ist auch wieder da.

Kapitel 10

Unterwegs im Land der Superlative

Irkutsk und der Baikalsee

Unterwegs im Land der Superlative. Meine Erdkundelehrerin pochte immer mit dem großen Schlüssel auf den Tisch: »Ruhe, bitte! Rrrrrruhe!« Mittwochs dritte Stunde. »Die Sowjetunion ist das Land der Superlative: größte Fläche, längster Fluss, tiefster See!« Margarita Weiß kam aus Leningrad, konnte die Sowjetunion verlassen, weil sie Jüdin war. Sie ist aus irgendeinem Grund an dem durchschnittlichen reformpädagogischen Gymnasium am Hamburger Stadtrand gelandet; in Poppenbüttel beschulte sie Flegel, unter anderem mich. Erst viel später ist mir aufgegangen, dass sie vielleicht die interessanteste Lehrerin war, die ich hatte. Mein und unser damaliges Desinteresse ging so weit, dass wir uns nicht mal gefragt haben, warum sie da war. Russland war weit weg in Hamburg-Poppenbüttel, die Sowjetunion die riesige Fläche im Osten, und im Fernsehen war Raimund Harmstorf als Kurier des Zaren unterwegs nach Irkutsk. Dass Frau Weiß dazu vielleicht etwas Interessantes zu sagen gehabt hätte, kam uns nicht in den Sinn. Margarita Weiß war der Sowjetunion entkommen. Ich versuchte, ihrem Erdkundeunterricht zu entkommen. Nicht nur dem, dabei war ihr Unterricht nicht langweilig. Ebenso wie die Frau und ihre Biografie. Margarita Weiß trug im Winter Pelz, die Haare stets hochfrisiert, Pfennigabsätze. Sie rauchte dünne braune Zigaretten. Margarita Weiß hat uns nichts über die Deportationen erzählt. Im Erdkundebuch ging es um Rohstoffe und Städte, Wälder und Flüsse. »Rrrruhe, bitte! Schreibt: Die BAM und die Transsib sind die wichtigsten Eisenbahnverbindungen in Sibirien.« Die Bedingungen, unter denen die Sowjetunion industrialisiert wurde, waren nicht Thema des Erdkundeunterrichts in der Mittelstufe.

Nachtflug nach Irkutsk. Verspätung schon beim Abflug. Der Flugplatz überfüllt, das Flugzeug bis auf den letzten Platz ausgebucht. Es müffelt, die Sitze eng aneinander. Ich arbeite, um die Zeit rumzukriegen. Neben mir eine Deutschlehrerin. Ich bearbeite Bilder, die sie kommentiert. »Darf ich das eben noch mal sehen?« Ich fange an zu schreiben, sie liest mit. Sie fragt nach Details meiner Arbeit, meines Lebens, meiner Freunde. »Gute Nacht«, sage ich. Die Reise wird organisiert von der Vereinigung der Auslandskorrespondenten in Moskau. Die Gruppe ist überschaubar. Ein Schweizer Kollege, der Vertreter des syrischen Staatsfernsehens in Moskau und ich. Der Syrer erzählt, er sei das erste Mal 1971 in Moskau gewesen, auf Einladung der Kommunistischen Partei. In der ist er heute noch. Er habe in Moskau studiert und für seine Promotion »Das Kapital« von Karl Marx aus dem Russischen ins Arabische übersetzt. Aus dem Russischen? »Die sowjetische Version ist besser als das Original.«

Ich fahre dorthin, wo Frau Weiß im Unterricht die Superlative verortete. »Von der Sowjetunion zum Verkehrsknotenpunkt ausgebaut, ist Irkutsk eine der ältesten Städte Sibiriens«, jubelt ein sowjetischer Film aus den 80er Jahren, »ein altes Handelszentrum.« Logisch, Irkutsk liegt an der Angara, einem der wichtigsten Flüsse Sibiriens, da kamen die Händler aus der Mongolei und aus Jakutien im Norden zusammen. Der Superlativ war abstrakt, wenn er real wird, ist er bedrohlich, faszinierend. Ganz Sibirien ist landschaftlicher Superlativ, die Weite, sie ist unheimlich und macht Angst. Sibirien steht für den Gulag. Erst an zweiter Stelle für Schönheit. Häftlinge starben beim Bau der Transsibirischen Eisenbahn, der Transsib, und beim Bau der BAM, der Baikal-Amur-Magistrale. Sie verlegten die Schienen, auf denen später andere deportiert wurden. Die eigentlich unbewohnbaren Gegenden im Norden und Osten Russlands wurden von der Sowjetunion zwangsindustrialisiert, meist mit Hilfe von Häftlingen, zur Arbeit gezwungen, erfroren, verhungert, verreckt. Die industriellen Superlative gab es nur, weil der Mensch nichts gezählt hat, als die Superlative der Sowjetunion geschaffen wurden.

Dazu schweigt der Film aus den 80er Jahren natürlich. In Irkutsk gibt es alles, was das nach Superlativen strebende Herz der Sowjetsozialisten erfreute: eine Fabrik, benannt nach Kuibyschew, führend beim Bau von schweren Maschinen zur Förderung von Gold und Diamanten. Die Zellulosefabrik am Südende des Baikalsees steht gerade still, vergiftet, als wir da sind, gerade nicht das Wasser des Sees. Es gibt Wärmekraftwerke, eine Erdölraffinerie und den großen Staudamm.

»Rrrruhe bitte!« – Gidro Elektro Stanzia, GES – in meiner Erinnerung kannte ich Gidro Elektro Stanzia gleich nach »Kapusta« und »Karascho«, »Rabotti« nicht zu vergessen und »Nastrowje«, was wir damals halt für Russisch hielten. Es gibt mehrere Wasserkraftwerke in Sibirien. Wir lernten sie auswendig, damals am Hamburger Stadtrand. Im Baikalsee entspringt die Angara, und die ist gestaut bei Irkutsk durch ein Wasserkraftwerk. Die GES ist einer der Programmpunkte auf unserer Journalistenreise.

Die Beziehungen zwischen der EU und Russland befinden sich im freien Fall. Die Sanktionen beginnen zu wirken. Die Sowjetunion, das Land der Superlative, war für mich auch das gefährlichste Land. Wird Russland jetzt dem nacheifern? In Großbritannien findet alle zwei Jahre die größte Luftfahrtmesse der Welt statt. Russland war dort lange Gast. In wenigen Tagen ist es wieder so weit. Doch 2014 gibt es Streit um Russlands Teilnahme, wegen Russlands aggressiver Ukraine-Politik. Es sei nicht der richtige Zeitpunkt, um zur Tagesordnung überzugehen, heißt es aus westlichen Teilnehmerkreisen. Und so steht die in den letzten Jahren entstandene und geförderte Zusammenarbeit mit Russland wieder auf dem Prüfstand. Und so ruft der russische Vize-Ministerpräsident Dmitrij Rogosin zum Boykott der Messe auf.

Die kleine Journalistengruppe wird mit einem Minibus zur Flugzeugfabrik Irkut gebracht. Dort werden zivile Flugzeuge gebaut, aber auch Jagdbomber vom Typ SU 30 und Jak 130. Flugzeuge aus seiner Fabrik seien aber nicht in der Ukraine im Einsatz, beteuert der Direktor Alexander Weprew. Und dass man immer noch gut mit der Ukraine zusammenarbeite und Aluminium aus dem ukrainischen Saporoschje bekomme. Die Sowjetunion ist weg, das Gefühl der Bedrohung wieder da, gerade in der Flugzeugfabrik. Es ist ein bisschen ungewohnt nach 25 Jahren Aufbauhilfe. »Ich hoffe, dass es keinen neuen Kalten Krieg gibt«, sagt Weprew. In den letzten sieben Jahren habe Irkut seine Produktion verdreifacht, und 60 Prozent davon gingen in den Export. Früher seien es sogar 95 Prozent gewesen. Doch neuerdings bestellt die russische Luftwaffe wieder mehr. Weprew findet das gut, möchte den Export weiter herunterfahren.

Zehn Sicherheitskräfte und Verwaltungsmitarbeiter passen auf uns drei Journalisten auf, als wir durch die Hallen geführt werden. Vorbei an halb fertigen Jagdbombern. Die Kuppeln für die Pilotenkanzel sind schon montiert, Flügel und Leitwerk fehlen noch. Eine weitere große Halle. Hier sind die Maschinen fast vollständig montiert. Vor ihnen weiße Spitzen mit einem roten Stachel, der Bug der Bomber. Auf Gerüsten Arbeiter. Einer von ihnen hebt die Faust, als er die westlichen Journalisten sieht. Die Arbeiter identifizieren sich mit den Waffen, und ich bin ein Feind. Das zu begreifen, fällt schwer, 25 Jahre nach dem Ende des Kalten Krieges. Ich bin genauso lange als Reporter in Russland unterwegs. 25 Jahre begegnen mir Menschen in Russland freundlich und einladend. Auch das scheint nicht mehr selbstverständlich.

Die Wachleute sind freundlicher als die Arbeiter, lächeln aber nicht. Bleibt einer der Journalisten zurück, um beispielsweise ein Foto zu machen oder mit Arbeitern zu sprechen, werden sie sehr schnell. Die Feindbilder sind wieder festgezurrt. In Deutschland ist das ziemlich unvorstellbar.

Hier wiederum ist es unvorstellbar, dass die Bevölkerung in Deutschland den Konflikt völlig anders wahrnimmt und kein Feindbild hat. Erst langsam macht sich bei einigen Deutschen ein Gefühl der Bedrohung breit.

Doch dann lächelt Weprew und spricht von den alten Beziehungen: »Wenn es besonders genau sein muss, nehmen wir deutsche Technik. Und das Gute daran ist, dass wir uns hier Technologien nach internationalen Standards aneignen.« Und ich frage mich, ob ich das möchte, und denke an die Liste, die früher solche Exporte in den Ostblock verboten hat. Ende Juli 2014 beschließt die EU ein Waffenembargo gegen Russland und schränkt den Export von Gütern ein, die sowohl für zivile als auch militärische Zwecke genutzt werden können. Mit großem Getöse wendet sich Russland von der EU ab. Und viele westliche Konzerne haben Angst, dass ihre Produkte durch chinesische ersetzt werden. Weprew gibt unumwunden zu, dass Technik aus China die aus Westeuropa nicht ersetzen kann. Eine Erkenntnis des Besuchs in der Flugzeugfabrik ist, dass die EU mehr Druckmittel hat, als vielen bewusst ist.

Folgt auf den größten Zusammenbruch nach dem Ende des Zweiten Weltkriegs nun eine neue Eiszeit mit Russland? Klar, das sollte vermieden werden, aber wenn es so käme, wäre es auch kein Weltuntergang. Natürlich wäre es schade um die verpassten Chancen, die Begegnungen mit dem schönen Land und seinen Menschen. Aber im Kalten Krieg gab es immerhin klare Spielregeln, die gibt es jetzt nicht. Ich verstehe die ängstliche Aufregung in Deutschland nicht so richtig. Die Diskussion über die französischen Hubschrauberträger läuft. Ich bin der Ansicht, sie sollten auf keinen Fall geliefert werden. Russland definiert sich als Gegner der westeuropäischen Demokratien.

Der Baikalsee ist ein natürlicher Superlativ. Er ist der tiefste See der Erde, 1642 Meter tief, und der älteste, 25 Millionen Jahre alt. Er ist 82 Kilometer breit und 700 Kilometer lang. Das ist die Entfernung zwischen Kiel und München. Der Baikalsee ist das größte Süßwasserreservoir der Welt. Kein Wunder also, dass die Sowjetunion schonungslos die Natur ausgebeutet hat – es gab ja von allem reichlich.

Auf der graubeigen Staumauer der GES rauscht vierspurig der Verkehr, 44 Meter tiefer das Wasser. Ein leichter Wind kräuselt das graublaue Wasser des Stausees an diesem Vormittag. Ein wenig flussabwärts liegen das niedrige Zentrum von Irkutsk und die höheren Häuser der Wohngebiete. Die Wolken werfen Schatten auf die Stadt und die grünen Inseln und Sandbänke auf der niedrigen Seite der Angara. Unten im Turbinensaal der GES hängt Lenin in Öl. Sieben Meter hoch, hinter ihm der Fluss. Seine Rockschöße wehen im revolutionären Wind. »Kommunismus ist Sowjetmacht plus Elektrifizierung«, Lenins Motto. »Sowjetmacht ist Kommunismus ohne Strom«, ein alter Witz. Der Syrer macht ihn, die Ingenieure lachen, als wäre der Witz ein Freund, von dem sie lange nichts gehört haben. Die Irkutsker GES ging im Dezember 1956 ans Netz. Die Sowjetunion brauchte Strom für die Industrialisierung. Nahezu alle großen Ströme in Sibirien sind gestaut. Ökologie spielte bei der Industrialisierung keine Rolle. Die nächste große Stadt an der Angara, Bratsk, 600 Kilometer flussabwärts, war am Ende der Sowjetunion eine der am stärksten verseuchten Städte Russlands. Moderne Staustufen sind normalerweise mit Fischtreppen ausgerüstet, um das Ökosystem nicht zu unterbrechen. Die GES in Irkutsk wurde bisher nicht nachgerüstet. »Das ist auch nicht nötig«, erläutert Jewgenij Kolesnikow, Hauptingenieur des Irkutsker Wasserkraftwerks, »wir haben schon lange zwei Ökosysteme.« Eins vor der Staumauer, eins dahinter. Umweltschützer kritisieren, dass es keine Fischtreppe gibt, damit die Fische zum Laichen in die Angara können. Der Ingenieur winkt ab. »Nicht nötig.«

In der Sowjetunion wurden Umweltschützer verfolgt. Und auch nach deren Ende werden Aktivisten drangsaliert. Neuere Gesetze erschweren erneut ihre Arbeit und stigmatisieren teils auch sie als ausländische Agenten, die angeblich gegen die Interessen Russlands arbeiten. Das ökologische Bewusstsein ist in Russland nicht sehr ausgeprägt. Heizungen kann man nicht abstellen, Wasser läuft ungeklärt in Flüsse, Seen und Meere, große Teile des Landes sind vergiftet oder gar radioaktiv verseucht. Gleichzeitig schwärmen viele Russen von der überwältigenden Natur ihres Landes, von den Wäldern, den Flüssen, dem Ursprünglichen. Wildes Leben scheint für einige ein Fetisch zu sein. Der Baikalsee wird wärmer, wie alles auf der Erde. Das ist eine Bedrohung für das einmalige und wichtige Ökosystem. Dann wäre Schluss mit dem Superlativ.

Im Museum für den Baikalsee tummeln sich ein paar Süßwasserrobben putzig in zu kleinen Becken. Baikalrobben sind einzigartig. Schülergruppen machen Fotos. In einem Seminarraum sitzen etwa 20 Kinder und Jugendliche vor

Mikroskopen, »kleine Baikalforscher«. »Wir analysieren das Wasser, Mineralwasser und Seewasser«, sagt Denis, 13 Jahre alt. Er kommt aus Tulun, etwa 450 Kilometer vom Baikalsee entfernt. »Und wir testen den Geschmack. Sehr köstlich.« Er ist zum dritten Mal hier. Heimatkunde mit Superlativ. Neben Denis sitzt Jana. Sie ist zum ersten Mal hier, im Ferienlager: »Wir lernen, wer alles so im Wasser des Baikal lebt, außer den Robben und dem Omul.« Omul ist eine Art Lachs, groß wie ein Hering, der nur im Baikalsee und den angeschlossenen Flüssen lebt, den es hier zum Mittag und zum Abend gibt und, wenn man möchte, auch zum Frühstück. »Das ist interessant, denn das sind Sachen, die wir in der Schule nicht lernen. Und auch nicht in irgendwelchen Kursen. Das kann man nur hier am Baikalsee lernen.« Das Ganze nennt sich Kinderumweltschule. »Unser Ziel ist, dass die Schüler den kleinsten Lebewesen des Baikalsees Aufmerksamkeit schenken, denn sie sind die Grundlage allen Lebens im größten See der Erde«, sagt die Lehrerin Margarita Walentinowna. »Wir machen auch eine Bootsfahrt. Wir werden Proben vom Grund nehmen, und die Kinder werden das dann hier unter dem Mikroskop angucken und fotografieren. Das zeigen wir dann auf dem großen Bildschirm.« Dann dreht sie sich zu ihrer Kollegin: »Wie lang machen wir das jetzt schon, Jelena Wladimirowna? Sieben Jahre, oder? Ich glaube, seit sieben Jahren gibt es diesen Kurs des Baikalforschers in der Sommerschule.«

Das ökologische Bewusstsein, das den Jugendlichen in der Sommerschule vermittelt wird, kann schwierig werden, sollten sie das hier Gelernte ernst nehmen und sich gegen die großflächige Verseuchung der Natur in Russland stellen und damit den Interessen industrieller Großbetriebe in den Weg kommen.

Viele Verantwortliche in Verwaltung und Wirtschaft und auch Umweltschützer sehen die Perspektive der Region im Tourismus. Bisher gibt es am See keine Bettenburgen. Es ist auch fraglich, ob der Baikalsee überhaupt Massen von Touristen anziehen wird. Es ist hier einfach kalt! Westliche Touristen sind oft mit der Transsibirischen Eisenbahn unterwegs, bleiben ein bisschen, fahren weiter. Neben Russen kommen Chinesen und Mongolen.

Wir steigen auf ein Boot und fahren auf den See der Superlative. Das Wasser des Baikalsees ist grau. Um ihn ranken sich viele Sagen: Dschingis Khan sei im See bestattet. Auch nach dem Zarengold wurde auf seinem Grund schon gesucht. Bevor Russen das Land besiedelten, lebten hier vor allem Burjaten, und denen ist der Baikalsee heilig. Vater Baikal hatte mehr als 300 Söhne, aber nur eine Tochter, die wunderschöne Angara. Doch Angara war sehr unglücklich. Von einer Möwe hörte sie vom jungen Jenissej. Sie verliebte sich unsterblich, obwohl sie ihn noch nie gesehen hatte. Eines Nachts machte sich Angara auf den Weg zu ihm. Doch Vater Baikal merkte es und warf ihr einen Stein hinterher. Er traf aber nur den Saum ihres Kleides, und Angara entschwand zum Jenissej. Tatsächlich markiert ein Fels die Grenze zwischen dem See und dem Fluss.

Gleichmäßig tuckert das blau-weiß gestrichene Schiff das hügelige Westufer entlang. Das Wasser ist grau und kühl. Wasilij Selesnjow steht in seinem Steuerhaus und trägt eine gefütterte Weste. Das schüttere graue Haar wird von einer Kapitänsmütze verdeckt. Selesnjow fährt Touristen, wenn auch wenige. Die Saison ist kurz: »Um den 6. Mai herum war das Eis weg.« Anfang Juni hat es das letzte Mal geschneit. Im September wird es wieder schneien. »Dann müssen die Kinder wieder zur Schule, und es sind sowieso weniger Leute da. Dann beginnt für uns die Angelsaison.« Sie fangen Omul, was sonst.

Am Ufer Ausflugslokale, Wochenendhäuser, dann Landschaft, sehr viel Landschaft, und dahinter dann noch mehr Landschaft. Moskau und die Konflikte sind weit. Auf dem Schiff haben mindestens 40 Passagiere Platz. Doch es gibt nur ein chinesisches Pärchen, das an Deck knutscht, sich selbst fotografiert und dabei nicht gestört werden möchte. Die meisten Touristen im Osten Russlands sind mittlerweile Chinesen. In der Krise haben sie zahlenmäßig die Deutschen abgelöst – russlandweit haben sie sich in den Jahren 2015 und 2016 verdoppelt.

Auf den Bänken am Heck sitzt eine russische Familie. »Ich war schwimmen«, erzählt Jewgenij Anatoljewitsch, »zu Hause schwimme ich bei uns im Fluss bei vier bis fünf Grad. Im Vergleich dazu ist es hier ziemlich warm.« Der Baikalsee wird nie wärmer als 12 Grad. Die Familie lebt in Tschukotka. Das ist so richtig weit im Nordosten und eigentlich fast unbewohnbar. Die Durchschnittstemperatur liegt zwischen minus fünf und minus zehn Grad. Wärmer als neun Grad wird es selten. Dazu kommen starke Stürme und Orkane. In der Sowjetunion wurde dort Gold gefördert. Weiter weg von Europa geht es in Russland kaum.

Für Jewgenij und seine Familie ist der Urlaub am Baikalsee ein Ausflug in südliche Gefilde. Seine Mutter bietet ein paar Wurstscheiben an. Doktorskaja. Die Fleischwurst ist eines der Symbole der Sowjetunion. Sie ist billig und steht für eine vermeintlich bessere Zeit. »Uns gefallen unsere Orte. Das hier ist unsere Südsee. Woanders ist es uns zu heiß und zu ungemütlich.« Sie waren im Urlaub in der Türkei und in Ägypten. »Da ist es sehr heiß, nicht schön für Leute, die solche Temperaturen nicht gewöhnt sind.«

Es beginnt, leicht zu regnen. Am Ufer dunkle Bäume, hellere Wiesen. Felsen, grau und braun. »Sieben Gäste sind zu wenig«, sagt Kapitän Selesnjow. Er ist 65 Jahre alt. Das Schiff gehört ihm. Bevor er es kaufte, war er Bauingenieur, Vorarbeiter. »Ich wollte Schweißer werden, ein Zauberer des blauen Feuers. Das ist auch sehr romantisch, wie Kapitän.« Damals wurden hier überall Öl- und Gaspipelines gebaut, »und das Chemiekombinat in Angarsk. Da habe ich eine Bau-Hochschule absolviert und auf verschiedenen Großbaustellen gearbeitet.« Die Industrialisierung Sibiriens war eines der zentralen Projekte der Sowjetunion. Der See hat das erstaunlich gut überstanden. Ich kann eben einen Eimer runterlassen und Wasser holen. Wir trinken das natürlich«, sagt Selesnjow, »es ist normales, gutes Trinkwasser, sehr weich, man kann damit auch gut Haare waschen, sogar ohne Shampoo.« Und damit das so bleibt, hat die UNESCO die Region 1996 zum Weltnaturerbe erklärt.

Wäre nicht die Rüstungsfabrik, am Baikalsee scheinen viele Probleme und Krisen weit weg. Irgendwann fällt mir auf, dass ich kein einziges Georgsband gesehen habe und auch sehr wenige russische Flaggen. Das Land der Superlative: je weiter ich von Moskau weg bin, desto sympathischer ist es. Und man kann in Russland ganz schön weit weg fahren von Moskau.

Kapitel 11

Die Rückkehr der Angst

Mit faulen Eiern gegen die Realität

Ein Saal hinter einem Restaurant im Zentrum Moskaus. »Deti 404«, »Kinder 404« heißt der Dokumentarfilm, der hier gezeigt wird. »404« nach der Fehlermeldung im Internet. Die Botschaft: »Wir sind kein Fehler. My jest – es gibt uns«. »Kinder 404« ist eine Internetseite, auf der sich homosexuelle Jugendliche aus ganz Russland melden – teils anonym, teils zeigen sie Gesicht bei Facebook und der russischen Version VKontakte. Ich stehe am Rand an der Theke, habe immer gern den Raum im Blick, außerdem ist die Bar geöffnet. Nicht weit von mir steht ein Typ um die 25, schlecht sitzendes Sakko. Er filmt mit einem Smartphone. Ich spreche ihn an, er stellt sich als Journalist vor. »Mit dieser Kamera?« Dieses Smartphone scheint Standard zu sein in der Szene. Bei einer Demonstration vor der Geheimdienstzentrale Lubjanka standen viele Männer in identischen Daunenjacken in der Menge und fotografierten und filmten mit eben diesem Telefon und fragten, wer man sei. Der Dialog war fast wörtlich der gleiche. »Und Sie? Für wen arbeiten Sie?« Er sagt:

»Staatliche Medien, wie Sie ja auch.« Einen kleinen Vortrag über unabhängigen Journalismus und das öffentlich-rechtliche Rundfunksystem möchte er, wie erwartet, nicht hören.

Die Tür wird verschlossen, im Saal wird es dunkel. Auf der Leinwand sitzt ein Junge mit langen Haaren im Speisesaal einer Schule beim Mittagessen. Mitschüler kommen dazu, hänseln ihn. »Geht bitte weg, lasst mich in Ruhe essen.« Dann erklärt er: »Im Prinzip bin ich selbst Propaganda. Ich könnte jeden Tag eine Strafe bekommen dafür, dass ich in die Schule komme. Ich bin schwul, ich gehe zur Schule. Sie haben meine Seite bei VKontakte gehackt. Die ganze Klasse hat davon erfahren. Sie haben natürlich schlimm über mich geredet, mich beschimpft, mir vorgeschlagen, intim zu werden, im Unterricht haben sie männliche Genitalien auf Papier gemalt und mir zugesteckt, dauernd.« Plötzlich steht ein Mann um die 30 im Publikum auf. Lederjacke, grauer Pullover: »Sie zeigen Gay-Propaganda! Machen Sie das Licht an!« Unruhe. Die Zuschauer drehen sich um. »Verehrte Bürger, es geschieht ein Verstoß gegen das Gesetz der Russischen Föderation. Es wird Gay-Propaganda gezeigt, die in Russland verboten ist.« Mehr Unruhe, viele lachen. Es sind nur wenige im Raum, die nicht homosexuell sind. Weitere Störer stehen auf. »Wer sind Sie?« fragt Michail Ratgaus, der Organisator der Filmvorführung und stellvertretende Chefredakteur des Internetportals Colta.ru. »Wir sind die Nationale Befreiungsbewegung. Wir sind die Aktivisten der erzürnten Öffentlichkeit. Wir haben Informationen, dass hier Gay-Propaganda unter Minderjährigen verbreitet wird, was auf dem Gebiet der Russischen Föderation verboten ist.« Das Licht geht an.

Der Film wird unterbrochen. Die Nationale Befreiungsbewegung hat ihr Ziel erreicht.

Am Rand steht Maria Katasonowa. Sie holt Luft und setzt an: »Das ist eine ausländische Okkupation. Das ist eine ausländische Intervention. Das wird mit Geldern aus dem Westen, mit Geldern aus den USA gemacht, schadet unseren Kindern und zielt auf die vollständige Vernichtung unserer Nation. Warum sollen wir uns damit abfinden? Das ist unser Land, und wir werden …«

Ein Mann unterbricht sie: »Wer sind Sie?«

»Ich bin Russin!«

Der Mann ist der Aktivist der Schwulenbewegung, dem bei der Kuss-Aktion vor der Duma die Schläger faule Eier in die langen Haare geschmiert haben. Jetzt trägt er die Haare kurz.

»Ich bin auch Russe. Und ich finde nicht, dass das unsere Nation vernichtet. Können Sie sich mal vorstellen?«

»Ich heiße Maria. Die Bedrohung besteht darin, dass die Jugend verdorben wird und über die Jugend die ganze Nation. Menschen, die in gleichgeschlechtlichen Beziehungen leben, haben keine Zukunft. Ihr Geschlecht setzt sich nicht fort, das ist eine Schwächung der Nation. Dieser Film ist mit Geldern produziert, die aus dem Westen kommen. Das machen diese Nationalverräter bewusst, damit so Leute wie Sie denken, dass das alles normal ist und sogar ein Fortschritt. Wir wissen, worauf all diese ausländischen Gelder zielen.«

Ein Mann in Lederjacke kommt zur Unterstützung dazu. Er trägt eine rote Armbinde und fotografiert die Zuschauer: »Schauen Sie doch mal, wie viele Ausländer hier sind. Ich bin hier durchgegangen. Da ist einer. Zwei, drei, vier, fünf, sechs.

Da sitzen die Übrigen. Die sollen aufhören, Propaganda zu finanzieren!«

Der Film »Deti 404« ist 2013/2014 ohne jede Art von öffentlicher Förderung entstanden. Die jungen Homosexuellen erzählen von ihrem Leben und den Problemen, die sie in Russland haben. Die Vorführung ist eine Kooperation der Heinrich-Böll-Stiftung der Grünen und dem Colta.ru. Sie haben die Filmpremiere als Privatveranstaltung deklariert, auch, um nicht mit dem Gesetz in Konflikt zu geraten, das es verbietet, in Anwesenheit Minderjähriger positiv oder auch nur neutral über Homosexualität zu sprechen. Es wurde bewusst keine Werbung gemacht, es wurden keine Eintrittskarten verkauft, die Leute mussten sich anmelden, am Eingang wurde das Alter kontrolliert. Alle Anwesenden sind volljährig.

Eine russische Mitarbeiterin der Böll-Stiftung mischt sich ein: »Sie stören uns, einen Film zu sehen.«

»Ich störe Sie nicht, einen Film zu gucken, ich störe Sie, Kinderpornografie zu gucken. Auf unserem Territorium, auf russischem Gebiet, darf man keine Kinderpornografie zeigen. Wir sind dagegen.«

»Setzen Sie sich und schauen Sie den Film. Anschließend können wir darüber diskutieren.«

»Wir diskutieren schon. Sehr geehrte Bürger, hier geschieht ein Verstoß gegen das Gesetz der Russischen Föderation. Es wird Gay-Propaganda ausgestrahlt, die in Russland verboten ist. Sie sind jetzt Teilnehmer dieser Propaganda. Wir sind die Nationale Befreiungsbewegung, ich heiße Denis. Mein Familienname ist egal. Nennen Sie mich, wie Sie wollen.«

»Hier gibt es keine Minderjährigen!« ruft eine Frau, »aber zeigen Sie doch mal Ihren Pass und beweisen Sie, dass Sie älter als 17 sind.«

»Zuerst zeigen Sie Ihren Pass. Am Ende sind Sie noch ein ausländischer Agent auf dem Gebiet der Russischen Föderation und schnüffeln hier rum.«

Die fünf, sechs Leute von der Nationalen Befreiungsbewegung, kurz NOD, stimmen einen kurzen Sprechchor an: »Sodom und Gomorrha.«

Das Publikum beginnt, rhythmisch zu klatschen und zu skandieren: »Wir wollen den Film weitergucken.« Von Weitem ruft jemand, die Störer sollten sich hinsetzen, den Film anschauen, da könnten sie etwas lernen: »Da geht es um die Probleme junger Menschen!«

Der NOD-Mann brüllt zurück: »Wir sehen hier arme Kinder, die über ihre Probleme reden. Schauen Sie doch mal auf die Leinwand, wie viele Kinder da sind, die sagen, dass sie Probleme haben. Und Sie, erwachsene Menschen, haben sich hier versammelt und schauen sich das an. Und Sie applaudieren und lächeln über diese armen Kinder.«

»Ausgerechnet Sie reden davon, diese Jugendlichen zu schützen?»

»Unsere Aufgabe ist es, *Sie* hier zu schützen. Damit diese Pornografie nicht gezeigt wird. Und Sie sitzen hier, und Ihnen läuft schon der Speichel aus dem Mund, angesichts dieser Kinder.«

»Sie haben eine kranke Phantasie«, ruft jemand von Weitem.

Ratgaus geht nach vorn vor die Leinwand: »Ich bin der Organisator. Entfernen Sie sich bitte!«

»Zeigen Sie bitte erst mal eine Bescheinigung, dass Sie der Organisator sind.«

»Eine Bescheinigung zeigen? Ihnen?«

»Sie sind Verräter, die sich hier versammelt haben. Wir sind Russen, die dagegen sind, dass Leute wie Sie unseren Kindern erklären, dass das normal oder gut ist. Dass es kein Problem ist.«

»Beschäftigen Sie sich doch mit Ihren Angelegenheiten!«

»Ich beschäftige mich mit der russischen Sache. Jedes russische Kind ist auch mein Kind.« Schwer zu glauben, dass er das glaubt. Schwer zu prüfen, ob die NOD 170 000 Mitglieder hat, wie sie behauptet. Tatsache ist, dass die Aktivisten der Bewegung immer wieder bei Veranstaltungen auftauchen und stören. Der Duma-Abgeordnete Jewgenij Fjodorow von der Regierungspartei Einiges Russland hat die NOD gegründet. Er ist auch ihr Vorsitzender. Maria Katasonowa arbeitet für ihn. Ein guter Schutzschild. Ziel der NOD ist, dass Russland so mächtig wird wie einst die Sowjetunion.

Eineinhalb Jahre nach Inkrafttreten des Gesetzes über sogenannte Schwulenpropaganda gibt es in Russland kaum noch öffentliche Aufklärung über Homosexualität. Die Unwissenheit wird von ganz oben gefördert. »Jeder Mensch entscheidet selbst, was er wird. Heterosexuell, homosexuell, asexuell«, sagt Putins Kinderschutzbeauftragter Pawel Astachow. »Sollte so etwas passieren, gibt es heute die Möglichkeit, zu einem Spezialisten zu gehen. Zu einem Psychologen, nicht zum Arzt. Es gab eine Zeit, in der Homosexualität als anormal galt und die Leute zum Psychiater geschickt wurden. Heute kann sich jeder an einen Psychologen wenden.«

Solche Sätze von politisch Verantwortlichen machen Angst, lassen befürchten, dass die Situation Homosexueller noch schlechter wird. In der Sowjetunion waren sexuelle Handlungen zwischen Männern verboten. Etliche wurden erpresst, verurteilt zu Gefängnis oder Zwangsarbeit.

Gleichzeitig stehen im Restaurant vor dem Saal etwa zehn Leute, darunter mehrere alte Frauen. Sie tragen Schürzen mit Putins Konterfei. »Erlöser« steht darauf. Ein Kamerateam dreht. Die Frauen halten Ikonen hoch, ein Mann macht Stimmung: »Sodom und Gomorrha«, skandiert auch er. »LGBT und Sodomie, raus aus Russland! Sodom und Gomorrha, kennen Sie die? Das waren antike Städte. In Sodom gab es genau solche Beziehungen wie LGBT. Die Städte wurden von Gott zerstört. Und wir wollen nicht, dass unser Land zerstört wird, weil hier so etwas passiert. Natürlich soll man niemanden mehr auf dem Scheiterhaufen verbrennen. Auch keine Schwulen.« Einige Gäste starren angestrengt auf das teure Essen, andere blicken fassungslos. Das Fernsehteam dreht fleißig. Es kommt von dem Kreml-nahen Kanal NTW und begleitet die Provokateure. NTW hat schon viele Hetzfilme über angebliche Feinde Russlands gedreht. Kaum ein anderer Kanal erfindet und manipuliert so schamlos Geschichten. Die Geschäftsführerin des Restaurants kommt. Ihr Tonfall ist freundlich bestimmt:

»Hören Sie auf, den Restaurantbetrieb zu stören.«

»Rufen Sie doch Ihre Wachleute, dass die uns rauswerfen.«

»Sie stören den Restaurantbetrieb. Entweder Sie bestellen etwas, oder Sie gehen. Aber stehen Sie hier nicht so rum.«

»Wir gehen nicht weg. Sie verbreiten hier Schwulenpropaganda und verstoßen gegen das Gesetz der Russischen Föderation.«

Die Kellnerin kommt: »Gehen Sie bitte nach hinten durch, Sie stehen im Weg.«

»Wir gehen hier nicht weg, ehe Sie nicht diese Vorstellung beendet haben. Das ist Sodom in der Mitte von Moskau. Djewuschka – junge Frau, wie heißen Sie? Wissen Sie überhaupt, wofür Sie hier verantwortlich gemacht werden können?«

Der Rausschmeißer kommt: »Sie haben keine Drehgenehmigung. Das hier sind private Räume, keine öffentlichen.«

»In Moskau gibt es kein privates Gelände.«

Die Geschäftsführerin: »Jetzt kommen Sie doch mal mit raus und erzählen mir das auf der Straße.«

Der Provokateur lächelt: »Im Saal sind Minderjährige. Und wir werden nicht reingelassen, um das zu untersuchen. Handeln Sie! Kann ich Sie mal eben fragen: Wie heißen Sie? Was ist hier organisiert? Wir haben unsere Leute im Saal, die sagen uns, was gerade passiert.«

»Was haben Sie da für ein Abzeichen?«

»Das ist die Nationale Befreiungsbewegung Russlands.«

»Wovon wollen Sie denn Russland befreien?«

»Von dem, was 1991 passiert ist. Damals gab es einen Umsturz in der Sowjetunion.« Er sieht das Mikro, wendet sich mir zu: »Von welchem Medium sind Sie?«

»Vom deutschen Radio.«

»Ich erkläre Ihnen das jetzt: Im Saal läuft Propaganda. Dort werden Kinder, die schwul sind, als sehr bewegende, traurige und arme Menschen dargestellt, die niemand versteht. Wir wissen aber, dass sie rein psychologisch noch gar keine

Schwulen oder Lesben sein können, weil sie noch zu jung sind. Aber ihnen wird bereits dieses Etikett verpasst. Und die Leute, die traditionelle Werte vertreten, die keine Gay-Propaganda machen, die werden als Barbaren dargestellt.«

Die Geschäftsführerin verliert die Geduld: »Gehen Sie, Sie stören den Restaurantbetrieb. Hauen Sie ab!«

»Wenn du mich noch mal wegschiebst …«

»Na, was dann?«

Der Rausschmeißer stellt sich neben seine Chefin. Der Mann von der NOD ballt die Fäuste: »Sie haben jetzt gerade angedroht, mir die Nase zu brechen.«

Ein paar Restaurantbesucher zahlen. Kellner bringen Gäste, Geschirr und Essen der angrenzenden Tische ein bisschen weiter weg in Sicherheit.

»Wir sind kultiviert. Sprechen in der großen mächtigen russischen Sprache ohne Dialekte.« Die Geschäftsführerin seufzt: »Was ist das hier bloß für ein Zirkus …?«

»Der Zirkus ist Ordnung«, sagt der Wortführer, »wir kämpfen für ein Russland, das Sie in Sodom und Gomorrha verwandeln wollen. Haben Sie die Bibel gelesen? Kennen Sie das Strafgesetzbuch?«

Jemand ruft von Weitem, die Typen seien Faschisten. »Das ist ja unglaublich, man hat mich hier Faschist genannt. Ich bin Internationalist, und ich liebe Kinder. Meine Freunde sind Tataren und Juden.«

Die Restaurantchefin hat mittlerweile rote Flecken im Gesicht: »Sie kommen hier einfach rein, ohne Erlaubnis, stellen sich nicht vor, verhalten sich gesetzeswidrig, indem Sie einfach machen, was Sie wollen. Rein rechtlich könnte ich Sie …«

»Klar, Sie hätten sogar das Recht, uns zu erschießen, aber aus irgendeinem Grund schießen Sie ja nicht.«

Im Saal geht der Irrsinn weiter. Die Veranstalter haben die Polizei geholt, die Provokateure auch und die Besitzer des Restaurants ebenfalls. »Es ist unsere Polizei«, sagt die Geschäftsführerin beruhigend zum Veranstalter. Jeder scheint hier seine eigene, ihm gewogene Polizei zu haben. Der Mann mit Lederjacke und roter Armbinde lächelt zufrieden: »Die Polizei wird jetzt feststellen, ob hier ein Gesetzesverstoß vorliegt. Wenn nicht, dann gehen wir.« Der Einsatzleiter schüttelt den Kopf: »Sie sagen, das sind Provokateure, die sagen aber, Sie sind die Provokateure.« An einem Tisch geht es hin und her. Neben jedem Ausgang steht jetzt ein bulliger Uniformierter mit Maschinenpistole. Polizisten kontrollieren Ausweise, prüfen, ob jemand unter 18 Jahren ist, auch deutlich Ältere. Katasonowas Telefon klingelt: »Ja«, gibt sie durch, »es funktioniert«. Das Fernsehteam filmt noch ein paar Homosexuelle und ein paar Ausländer. Die nationalen Befreier ziehen ab. Als Erstes die alten Frauen mit den Putin-Schürzen, die in der Kulisse standen. Dann die Wortführer mit den roten Armbinden und das Kamerateam. Nachdem schließlich auch die Polizei gegangen ist, geht das Licht aus und der Film weiter.

»Das ist neu, so etwas gab es vor zwei Jahren noch nicht«, sagt Michail Ratgaus von Colta.ru und nennt es »eine notwendige Erfahrung«. Ob er Anzeige erstattet, weiß er an dem Abend nicht. Stattdessen wird das Parlament aktiv. Aus der Duma kommt eine Anfrage an die Staatsanwaltschaft, inwiefern bei der Filmvorführung »russische Kinder verdorben wurden«. Der Leiter der Böll-Stiftung und die Betreiberin des Restaurants werden vorgeladen, können aber nachweisen, dass alle im Raum volljährig waren. Die Vorsichtsmaßnahmen erwiesen sich als weitsichtig.

Der Gesetzgeber schafft immer mehr dehnbare Gesetze. Vor ein paar Tagen hat er obszöne Sprache im Film und auf der Bühne verboten. »Wir sind ständig damit konfrontiert, dass immer neue Tabus produziert werden«, sagt Ratgaus. Am meisten habe ihn gewundert, dass die selbsternannten Sittenwächter so geschäftsmäßig vorgegangen seien. »Denen war fast langweilig. Die waren nicht mal richtig aggressiv. Denen geht es überhaupt nicht um Überzeugungen. Das sind Leute, die engagiert wurden, von wem, können wir erraten. Nun ja, jeder hat so seine Arbeit.« Unabhängige Sozialforscher bestätigen den Verdacht. Gruppen wie die Nationale Befreiungsbewegung seien vom Kreml gesteuert, ihre Aktionen würden von der Präsidialverwaltung geplant und organisiert und mit der Polizei und dem Geheimdienst koordiniert. Es gäbe ein paar Anführer und den aufgebrachten und bezahlten Plebs.

Auf solche Aktionen ist Maria Katasonowa mächtig stolz: »Vor anderthalb Jahren kannten uns die mit den weißen Schleifen gar nicht. Jetzt haben sie Angst vor uns. Wenn sie wissen, dass wir kommen, ändern sie ihre Aktionen, halten sie geheim. Wir wiederholen immer wieder: Wir werden in Russland keinen gewaltsamen Umsturz zulassen. Hier wird das nicht gelingen.« Dieser Satz ist ein Evergreen der Propaganda. Dabei waren im Winter 2011/2012 nur 100 000, vielleicht 150 000 Menschen in Moskau auf der Straße, im

Rest des Landes war vom Aufbruch nur selten etwas zu spüren. Abwartend beobachteten die Menschen das, was auf den Straßen in Moskau passierte. Und als sie sahen, dass Putin wieder Präsident ist und die Macht sich zur Wehr setzt, als die Propaganda begann, von Ruhe und Ordnung zu sprechen und vor dem Chaos eines Umbruchs zu warnen und vor der Armut, die drohe, da erschöpfte sich die Kraft und verlief sich die Hoffnung auf einen Wechsel in den Weiten bis zum Pazifik. Doch selbst, als schon lange niemand mehr auf der Straße ist, als das Fernsehen unter Kontrolle ist und es keine echte parlamentarische Opposition mehr gibt, zeichnen Politiker und ihre Medienbüttel ein drohendes Chaos an den Fürst-Pückler-farbenen Abendhimmel zur Zeit der Hauptnachrichten. Es gründet sich sogar ein »Antimaidan«. Das alles sind Präventivmaßnahmen einer Regierung, der ein Geheimdienstler vorsteht, eine Kombination aus Paranoia und Kontrollwahn – nennen wir es Angst. Man kann nur mutmaßen, was alles ans Tageslicht kommt, wenn diese Regierung mal die Macht verliert.

Die Angstmache wirkt. Der Soziologe Lew Gudkow vom Lewada-Institut spricht von zwei Dritteln der Bevölkerung, die davon überzeugt seien, der Westen wolle Russland kolonisieren, schwächen, erniedrigen. Wie können Menschen so etwas glauben? Der niederländische Historiker Louis de Jong stellte bereits in den 50er Jahren fest: »Das kritische Denkvermögen der meisten Menschen treibt auf dem Strom der Empfindungen und Überzeugungen dahin.« Wie begrenzt ist menschliche Urteilskraft? 2013 sollte Lewada sich das erste Mal in das Register »Ausländischer Agent« selbst eintragen.

Das konnte abgewehrt werden. Vor der Wahl im September 2016 gelingt das dann nicht mehr. Das Justizministerium registriert einfach eine namhafte Organisation nach der anderen in der Liste, ob diese wollen oder nicht.

Die Gesetze entfalten ihre Wirkung. Einige verstehen das als Freibrief, um für »Ordnung« zu sorgen. Das Phänomen ist seit Jahren bekannt: In Trupps durchforsten selbsternannte Ordnungshüter Städte auf der Suche nach angeblichen Gesetzesbrechern, schüchtern sie ein, rufen die Polizei, die goutiert es. Anfangs waren vor allem Zentralasiaten ihr Ziel, später illegale Arbeiter. Manchmal schließt sich ein Mob an. Wie 2013 in Moskau. Da hat es einen Mord gegeben, angeblich soll ein Gastarbeiter aus Zentralasien oder aus dem Kaukasus der Täter sein, sicher ist das nicht. 400 Nationalisten sammeln sich in einem Randbezirk Moskaus. Dort ist ein Gemüselager, in dem vor allem Kaukasier und Zentralasiaten arbeiten. Das Ganze beginnt mit einem Aufmarsch. Vorneweg brüllende Männer: »Russland den Russen, Moskau den Moskauern«. Paare mit Kindern schließen sich an. Sie versuchen, in ein Einkaufszentrum zu kommen, in dem sie ihr Opfer vermuten, machen Jagd auf den Mann, den sie für den Täter halten. Dann ziehen sie zu dem Gemüselager, finden jedoch niemanden, um dem Volkszorn freien Lauf zu lassen. Die Lage eskaliert, die Polizei nimmt schließlich 380 Gewalttäter fest.

Es hatte schon vorher immer wieder ähnliche Fälle gegeben. 2006 zum Beispiel in Kondopoga in Karelien, wo ein Mob Ausländer jagte. Und 2012 gingen Hunderte Menschen im Gebiet Stawropol in Südrussland gegen Tschetschenen auf die Straße. In Samara an der Wolga sperrten Menschen im Sommer 2013 eine Autobahn, um auf die angebliche Kriminalität von Kaukasiern hinzuweisen. Voraus gingen immer Gerüchte über Bluttaten Fremder an der einheimischen Bevölkerung und die Auffassung, die Polizei tue nichts. Und so reagieren die Behörden in Moskau auf die Hatz gegen Kaukasier und Zentralasiaten mit populistischem Aktivismus. Am Rand Moskaus nehmen Sicherheitskräfte nach den nationalistischen Randalierern auch Hunderte Migranten vorübergehend fest und überprüfen ihre Papiere. Der Innenminister kritisiert die Randalierer zwar, forderte aber, solche Lebensmittellager besser im Blick zu behalten. Sie seien eine ständige Quelle für Spannungen. »Ich hoffe, dass diese Arbeit zu einer Gesundung der Zustände in der Stadt führt. Im direkten Wortsinn. Denn sonst werden all diese Provokateure und Extremisten jede Gelegenheit nutzen, um die Jugend auf die Barrikaden zu führen.« In Deutschland heißt das Amtsanmaßung und wird mit bis zu zwei Jahren Haft bestraft. Statt das Gewaltmonopol des Staates durchzusetzen und gegen die selbsternannten Ordnungshüter konsequent vorzugehen, weicht der Staat vor dem Mob und bekämpft die Opfer des Volkszorns. Der Mob ist mobilisierbar.

Immer mehr Menschen versuchen, nicht aufzufallen, sich anzupassen, schweigen. Sie sind nicht dagegen, aber auch nicht dafür, am besten gar nichts. Fremden, nicht nur Ausländern, begegnen viele wieder abwartend. Ich höre ständig im Vertrauen oder auch ganz offen, dass es nicht mehr möglich ist, so offen zu reden, höre, dass Menschen Angst haben, Interviews zu geben, auch der ausländischen Presse. Ich ändere wieder Namen, Berufe, Orte, um meine Gesprächspartner zu schützen. Das hatte ich in Russland seit 1992 nur sehr selten gemacht. Es ist das Gegenteil von dem Aufbruch im Winter 2011/2012, als alle glaubten, dass sie nicht allein sind mit ihren Gedanken, ihrem Drang nach Freiheit und Gerechtigkeit. Die Angst der Sowjetunion ist wieder da und mit ihr die Reflexe und Maßnahmen der Menschen, um sich zu schützen. Die NOD hat Listen angelegt mit Mitgliedern der »Fünften Kolonne«. »Jeder Kampf und jeder Sieg besteht aus Tausenden, vielleicht Millionen Kampfepisoden«, sagt der Abgeordnete und NOD-Gründer Jewgenij Fjodorow im Interview. Selbst der damalige Wirtschaftsminister gilt der NOD als Feind, nur weil er relativ liberal ist. Sie kämpfen den Kampf unerbittlich. Finden sich Menschen am medialen Pranger wieder, müssen sie sich entscheiden: Den Kampf aufnehmen oder gehen. In der Sowjetunion war es ein Vabanquespiel, sich kritisch zu äußern. Das galt auch für Menschen im Regierungsumfeld. Nur wenige, die in Ungnade fielen, konnten ins Ausland fliehen. Sich abzusetzen ist heute einfacher als zur Zeit der geschlossenen Grenzen. Die Aktivisten, die ich im Februar 2012 nach Sibirien begleitet habe, sind teils bereits in der EU, teils haben sie sich ins Private zurückgezogen und zur Sicherheit ein Schengen-Visum oder einen ausländischen Pass. Der Mord an Boris Nemzow im Februar 2015 lässt Schlimmes befürchten.

In einem Café in Montparnasse in Paris sitzt Sergej Guriew. Es ist Samstagmorgen im August 2013. Die Leute kaufen ein, Brot, Fisch, Wein, Gemüse. Treffen Nachbarn. »Schön hier, nicht?« Guriew grinst. Zum Zeitpunkt unseres Treffens lebt er seit drei Monaten in Frankreich. Seine Frau war schon früher hier, hat einen Lehrauftrag. Guriew versucht gerade, seine Möbel und Wertsachen irgendwie aus Russland herauszubekommen. Sergej Guriew ist Ökonom und war von 2008 bis 2012 im Wissenschaftsrat des Präsidenten. Das war in der Amtszeit von Dmitrij Medwedew. Guriew ist Spezialist für Vertragsrecht und war Rektor der privaten und elitären »Russischen Wirtschaftshochschule« in Moskau. Er hat ein Gutachten zum Fall von Michail Chodorkowskij geschrieben, als der noch in einem Straflager in Russland saß. Sechs russische und drei internationale Experten kamen zum gleichen Ergebnis, nämlich, dass Chodorkowskij und sein Geschäftspartner Platon Lebedew im zweiten Verfahren gegen sie zu Unrecht verurteilt wurden. Die Ermittlungsbehörden vernahmen Guriew für ein weiteres, neues Verfahren gegen Chodorkowskij. Im April wurde dann Guriews Büro durchsucht, die E-Mails der letzten fünf Jahre auf Beschluss eines Gerichts beschlagnahmt. Guriew befürchtete, vom Zeugen zum Beschuldigten zu werden. Das Ganze habe sich bereits länger angekündigt, erzählt Guriew. Immer, wenn er über die Grenze wollte, wurde er lange kontrolliert, die Grenzpolizisten riefen jedes Mal einen Vorgesetzten. Guriew rechnete damit, demnächst Moskau nicht mehr verlassen zu dürfen oder verhaftet zu werden.

»Meine Situation in Paris unterscheidet sich von der in Moskau nur dadurch, dass sie mich hier nicht verhaften können.« Guriew ist verpflichtet, nichts über das Verhör beim Ermittlungskomitee zu erzählen, und betont auch, dass er nicht vorhat, das zu tun: »Ich werde hier nichts sagen, was ich dort nicht auch gesagt hätte.« 2006 wurde der Ex-Geheimdienstler und Putin-Kritiker Alexander Litwinenko in London mit Polonium im Sushi vergiftet. »Mit Ihnen würde ich jetzt schon Sushi essen«, sagt Guriew. Er fürchtet nicht um Leib und Leben. »Ich habe aber auch nie zum engen Kreis von Geheimdienst-Offizieren gehört, deshalb habe ich auch niemanden verraten. Und deshalb glaube ich auch nicht, dass ich in dieser Hinsicht etwas befürchten muss.«

Zusätzlich zu dem entlastenden Gutachten für Chodorkowskij hat Guriew einen Teil des Wahlprogramms des Oppositionspolitikers und Putin-Kritikers Alexej Nawalnyj geschrieben, als der im Sommer 2013 für den Bürgermeisterposten in Moskau gegen einen Kremlkandidaten kandidierte. Er hat darin liberale Wirtschaftsreformen gefordert. Zwar haben die staatlichen Medien darüber so gut wie nicht berichtet, Guriews plötzliche Flucht aber hat für Aufregung unter den Liberalen in Russland gesorgt. Auf Guriew angesprochen, verstieg sich Präsident Putin sogar zu der Äußerung, er kenne den Mann nicht – schwer vorstellbar, immerhin war Guriew Berater der Regierung. »Viele Leute werfen mir jetzt Feigheit vor. Dass ich nicht bis zum Ende kämpfe, dass ich nicht geblieben bin, dass ich nicht versucht habe, gegen die Ermittler vorzugehen. Ich kann solche Vorwürfe nur von Leuten akzeptieren, die das selbst durchgemacht haben, die selbst im Gefängnis gesessen haben. Aber ausgerechnet die machen mir keine Vorwürfe. Ich denke, es hat keinen Sinn, ins Gefängnis zu gehen. Ich möchte gern Warlam Schalamow zitieren, der hat gesagt: Lagererfahrung ist komplett negativ. Daran kann man überhaupt nichts Gutes finden.«

Guriew ist gegangen, Nawalnyj kämpft weiter. 30. Dezember 2014. Urteilsverkündung in einem Prozess gegen Alexej Nawalnyj und seinen Bruder. Nawalnyj ist erwartungsgemäß nicht Bürgermeister von Moskau geworden, hat aber immerhin beachtliche 27 Prozent der Stimmen bekommen. »Ein Dieb muss sitzen!«, ruft Maria Katasonowa. Natürlich ist sie zum Gericht gekommen. »Ein Dieb muss sitzen«, war einst die Losung Nawalnyjs. Da war der Dieb Putin. Katasonowa ist egal, ob er etwas geklaut hat. »Wer zu einem Umsturz aufruft, gehört ins Gefängnis.« Nawalnyj hat zu keinem Umsturz aufgerufen. Die Brüder sind angeklagt, den französischen Konzern Yves Rocher um rund eine halbe Million Euro betrogen zu haben, als sie den Vertrieb des Kosmetikkonzerns in Russland organisierten. Der Konzern hat ausgesagt, dass Oleg Nawalnyj billiger als andere Bewerber war, zuverlässig gearbeitet hat und das Unternehmen den Vertrag so auch wieder abschließen würde. Es gibt also keinen Geschädigten. Der Staatsanwalt fordert trotzdem zehn Jahre Haft. Und die Richterin verurteilt die Brüder; Alexej Nawalnyj zu einer Haftstrafe von dreieinhalb Jahren auf Bewährung, seinen Bruder Oleg zur gleichen Strafe, jedoch ohne Bewährung. Oppositionelle sind überzeugt, Oleg werde nur eingesperrt, um Alexej Nawalnyj besser unter Druck setzen zu können.

Das Ziel solcher Schauprozesse ist, Angst zu verbreiten bei jenen, die nicht prominent sind. Das Ziel ist erreicht. »Wer kriegt mit, wenn ich verhaftet werde?« Der Kleinunternehmer Boris aus Moskau geht zwar zu fast jeder größeren Protestkundgebung, zu mehr Engagement reicht sein Mut nicht.

»Ich fühle mich einfach wohl. Da sind so viele freundlich guckende Menschen. Aber mehr, als mitzulaufen, habe ich mich nie getraut.« Ich habe Boris bei einer dieser Demonstrationen kennengelernt. Er hat so nett gelächelt und wollte unbedingt etwas sagen. Boris hat eine Näherei und Angst vor den Steuerbehörden. Mittels Prüfungen können sie Betriebe von unliebsamen Unternehmern lahmlegen. Für Boris ist die Konsequenz: »Besser nicht auffallen. Wenn ich verhaftet werde, dann wissen ein paar Freunde von mir, warum. Und Sie vielleicht. Aber es wird mir niemand helfen können. Ich bin ein Feigling. Aber Putin ist auch nicht stark, der ist nur halb stark. Und das auch nur durch die Machtstrukturen, die er lenkt. Er selbst ist aber keine starke Persönlichkeit. 150 Millionen Leute stehen hinter ihm, das Militär, eine riesige Zahl von Geheimdiensten. Aber ist das Stärke? Nein, das ist keine Stärke.«

Die Stärke der Regierung Putin ist die Angst der anderen. Ein YouTube-Video: Maria Katasonowa vor verschneiter Landschaft. Kahle Birken, graue Sträucher. Weiße Fellmütze, weißer Fellmantel. In den Händen hält sie eine Kalaschnikow, am Mantel steckt das orange-braun gestreifte Georgsband. »Den Menschen zur Freude, den Feinden zum Tod. Frohe Weihnachten«, wünscht sie und: »Heil Neurussland. Die Feinde werden vernichtet, der Sieg ist unser. Und wenn wir verlieren, zerstören wir die ganze Welt.« Katasonowa macht eine große Bewegung mit dem Arm. Schnitt. Ein heller Blitz, und eine Atombombe explodiert.

Wie gefährlich ist diese junge Frau, oder ist sie einfach nur pubertär? Die Gefahr in Russland entspringt der Akzeptanz von Regelverstößen. Sie vermittelt ein Gefühl der Unverwundbarkeit. Der Spot ist dem Landsturm gewidmet, das sind die, die in Donezk und Lugansk einen Volksaufstand vorspiegeln. Bin ich als Deutscher zu empfindlich, wenn jemand »Heil« wünscht und die Bewegung »Nationale Befreiungsbewegung« heißt? Muss doch das Land unfrei sein, um eine Befreiungsbewegung zu rechtfertigen. Ist doch die Unfreiheit ein Baustein der Propaganda bei Menschen, die Freiheit nur als Armut kennengelernt haben. Denen seit der Revolution 1917 mit kurzer Unterbrechung eingebläut wird, dass alle rundherum nur ein Ziel haben: das Land zu besiegen. Sie glauben, der Westen führe Krieg gegen Russland, möchte Russland vernichten, die Ukraine sehen sie als Auftakt einer großen Sache, und ich habe den Eindruck, als freuten sich einige geradezu darauf. Zu schön sind immer die Filme, die im russischen Fernsehen die Helden des Zweiten Weltkriegs verherrlichen.

So einfach ist es aber nicht. Denn gleichzeitig ist die Erinnerung an das Leid, das der Zweite Weltkrieg brachte, in Russland immer vorhanden. »Wir brauchen nichts, Hauptsache, wir bekommen keinen Krieg!«, höre ich immer wieder. Im selben Atemzug fügen die Menschen hinzu: »Aber Putin ist ein Prachtkerl, wir lassen nicht zu, dass die Amerikaner uns überfallen.« Es ist die Meinung, dass nur Drohung und Stärke Kriege verhindern, zumindest den Krieg im eigenen Land, und dann ist da die große Angst, dass andere stärker sein könnten. Diese Angst wird geschürt, indem Feindbilder aufgebaut werden, um der Macht die Macht zu sichern. Die Angst vor der Freiheit ist eine Stütze der Stabilität.

Und so demonstriert Russland auch nach außen Stärke. Das Verteidigungsministerium denkt laut darüber nach, Stützpunkte in Vietnam und auf Kuba wieder zu eröffnen. Jagdbomber fliegen gefährlich nah an einem US-Zerstörer vorbei und verletzen mehrfach den Luftraum von Nato-Ländern. Russland verlegt atomar bestückbare Kurzstreckenraketen nach Kaliningrad. Russische Flugzeuge werfen Bomben in Syrien, die Diplomaten blockieren Lösungen im Weltsicherheitsrat. Putin ist ein Prachtkerl, denn er macht Russland so stark wie einst die Sowjetunion. Aber haben denn die Leute nicht mitgekriegt, dass das Freund-Feind-Denken des Kalten Kriegs eigentlich schon Vergangenheit war? Gibt es irgendjemanden in der westlichen Diplomatie, der dieser russischen Regierung noch in irgendeinem Punkt glaubt? Putins Russland ist kein Partner mehr, Putins Russland ist ein Gegner und möchte auch gar nichts anderes sein. Die Angst vor Russland erwächst aus der Unberechenbarkeit, aus der Lust der Regierungsvertreter an destruktiver Teilhabe am Weltgeschehen.

Die Machtclique um Putin braucht die Angst, um mächtig zu bleiben. Angesichts des Versagens bei der Modernisierung der Wirtschaft und Gesellschaft wären ihre Tage sonst gezählt. Und wer laut ruft, dass der Kaiser nackt ist, der ist nicht mehr sicher. Umso wichtiger, die alten Angstreflexe in die nächste Generation zu überführen.

Im Haus der Kinematographen in Moskau präsentieren Schüler aus ganz Russland Ergebnisse von Geschichtswerkstätten in Schulen, organisiert von der Menschenrechtsorganisation Memorial. Vor dem Haus spielt Musik, »Katjuscha«,

Schlachtsong der Sowjetunion, Schlachtsong der Schlägertruppen im Russland der dritten Amtszeit Putins. Schmissig. Ein Volkslied. Sie tragen diese grünen sackartigen Uniformen aus dem Zweiten Weltkrieg, spielen Akkordeon, rufen »Faschist«, wenn Leute kommen, die zur Preisverleihung möchten. Eine Lehrerin zum Beispiel. »Sie verraten das Vaterland! Faschist! Das sind keine Lehrerinnen, sondern Huren!« Ein Mann schreit mich an, ich bin ihm nie begegnet: »Sie schreiben die Geschichte Russlands um! Warum? Mit Ihren Geldern verdummen Sie unsere Kinder. Sie sind ein Faschist!«

Ich halte ihm mein Mikro hin. Er ruft lauter. Ich lächle ihn an.

»Er versteht dich nicht«, sagt der mit dem Akkordeon.

»Sprechen Sie Russisch?«

»Ja.«

Er brüllt wieder: »Faschist! Sie greifen Russland an!«

Am Rand steht ganz entspannt Maria Katasonowa, in hochgeknöpfter Uniform mit Georgsband am Revers. Ein Mann in Jeans und Anorak hält ein Schild: »Genug mit den Lügen von Memorial!« Der Schreihals ist mit mir fertig. Ich lächle, er weiß nicht, ob er das erwidern soll. Ich stelle mich an den Rand, warte. Auf einem Transparent steht: »Wir brauchen keine alternative Geschichte«. Dann rufen sie mal nicht »Faschist«, sondern »Schande, Schande!«. Die Polizei kommt, setzt an, die selbsternannte Geschichtsreinhaltungstruppe zu kontrollieren und die nicht genehmigte Kundgebung aufzulösen. Katasonowa greift zum Telefon, reicht es dem Einsatzleiter. Der strafft seinen Körper, hört zu, nickt, gibt seinen Leuten ein Zeichen. Sie ziehen sich ein paar Meter zurück. Katasonowa lächelt breit, die Schreihälse rufen: »Ruhm der russischen Polizei!« Dann wieder: »Faschist!« Weitere Gäste kommen. »Faschisten!« Sie spritzen grünliche Farbe, ein Desinfektionsmittel, das nicht mehr rausgeht. Ein Historiker bekommt Farbe ins Auge, die Provokateurstruppe macht sich lustig. Faule Eier fliegen. Sie müssen zu Hause einen Vorrat davon horten. Hier warnen Faschisten vor Faschismus.

Memorial organisiert diesen Schülerwettbewerb seit vielen Jahren. Es geht dabei vor allem um die Unterdrückung in der Stalin-Zeit. Familiengeschichten, viele Einzelschicksale. Es geht um Unschuldige, denen Spionage vorgeworfen wurde und zusätzlich noch konterrevolutionäre Tätigkeit. Und natürlich sehen die jungen Leute die Parallelen, sie sind ja nicht blind. Eigentlich sollte so etwas fast 25 Jahre nach dem Ende der Sowjetunion selbstverständlich sein, und doch scheint selbst von diesen längst vergangenen Verbrechen eine große Angst auszugehen. Angesichts der um sich greifenden Geschichtsfälschungen scheint es fast schon subversiv, den Gedanken der Aufarbeitung an Schüler weiterzugeben.

»Wenn Leute so reagieren, haben wir etwas richtig gemacht«, sagt Dima, einer der Preisträger. Auch der 15-jährige Danilo aus Astrachan schüttelt den Kopf: »Wie können Kinder Faschisten sein? In unserem Land werden die als Faschisten bezeichnet, die nationalistische Ideen vertreten, die Ideologie Hitlers zum Beispiel. Ich verstehe nicht, was wir damit zu tun haben. Wir zum Beispiel hatten den Krieg als

Thema und haben untersucht, wie er das Schicksal der Menschen beeinflusst hat, wie sie gekämpft und ihr Land verteidigt haben. Warum sollen wir da Faschisten sein?«

Das Ziel dieser Geschichtspolierer ist nicht allein, Schüler einzuschüchtern. Geschichte ist längst eine Waffe, um kritische und wissende Menschen auszugrenzen. Wer Fragen stellt und die Sowjetunion als glänzenden Sieger im Großen Vaterländischen Krieg entzaubert, bekommt Ärger. Die Jugendlichen werden morgen nach Hause fahren und von den Ereignissen erzählen, und die Älteren werden sich erinnern an die Methoden in der Sowjetunion und wie wichtig es ist, nicht aufzufallen. So werden die Reflexe der Sowjetunion, eingeübt in mehr als 70 Jahren Diktatur, wiederbelebt.

Bei der Preisverleihung im Saal sind keine Störer. Nur liegt ein leichter Gestank nach faulen Eiern in der Luft. Und statt freudiger Mienen schauen alle besorgt bis irritiert. Der deutsche Botschafter, einer der Redner, bringt es auf den Punkt: »Die Wahrheit lässt sich nicht mit Farbspritzern verhindern.« Aber Realität entsteht ja bekanntlich im Kopf der Mächtigen. Wahrheit wird sie in den Köpfen der Mehrheit. Bisher wurden vor allem Oppositionelle so attackiert und Homosexuelle. Schüler zu attackieren, ist neu und treibt die Angst tiefer in die Gesellschaft. Es kann jeden treffen.

Putin erinnert manchmal an den Zauberlehrling. Nur bleibt offen, ob er die Geister, die er rief, überhaupt loswerden möchte. Es sind die gleichen Geister, die in vielen Diktaturen ihr Unwesen treiben.

Kapitel 12

Nachbetrachtung am Küchentisch

Wo sonst?

Der Besuch aus Deutschland sitzt am Küchentisch und kämpft mit den Tränen um die Freiheit, die doch keiner leben möchte, um die Chancen, die doch keiner haben möchte, um all die Mühe und die Hoffnung, die die Menschen aufgegeben haben. Es ist Sommer 2014 und heiß. Petra war schon in der Sowjetunion, war in Kasachstan, als die Sowjetunion zusammenbrach, hat in den 90er Jahren in Russland gelebt. »Ich hatte gedacht, dass ich das nie wieder sehen muss.« Was? Sie spricht von der Zeit, in der es schwer, viel schwerer war zu überleben als heute. Sie spricht von ihren Studenten, die damals gesagt haben, sie möchten glücklich werden, und die zuversichtlich waren, dass sie ihren Weg gehen können, dass der Staat sie dabei in Ruhe lassen wird. Die sicher waren, dass Politiker sie nicht behindern, dass sie machen können, was sie wollen. »Dafür stehen die 90er auch. Und ich glaube, das ist verloren gegangen. Überall nur Seufzen.« Sie hat einen befreundeten Professor getroffen, 90 Jahre alt, der zum ersten Mal in seinem Leben ans Auswandern denkt. Ein anderer sei in Depressionen verfallen, weil er auswandern könnte, aber seine Schwester pflegen muss. An der Uni überlegt er wieder, was er sagt und wem, um nicht entlassen zu werden. Die Zeit, in der unbedachte Bemerkungen Konsequenzen haben können, ist zurück, war offensichtlich nur kurze Zeit verschwunden: »Die Gewaltherrschaft ist ja keine Erfindung der Sowjetunion, die gab es auch vorher schon.«

Petra erzählt von Lehrerinnen, die damals selbst entschieden haben, was sie unterrichten und wie, und von der großen Mehrheit, die mit dieser Freiheit nicht umgehen konnte oder wollte. Und von drei jungen Männern, die Anfang der 90er Jahre erschlagen wurden, einfach so. »Man wurde für wenig umgebracht.« Die Not war groß. »Als 1998 noch einmal eine große Inflation die Leute in Armut stürzte, zogen die alten Mütterchen wieder mit Schlitten durch Moskau mit ihren sichtlich gelangweilten Enkeln und haben Öl gekauft und Mehl und Zucker, Vorräte angelegt. Die waren wieder in ihrem Element. Das kannten sie, die Mechanismen beherrschten sie.«

In den 90er Jahren galt nichts mehr, was vorher gegolten hatte. »Das können sich naive Westler nur schwer vorstellen.« Viele haben den Zusammenbruch der Sowjetunion persönlich genommen. »Wenn dann jemand sagt, die Sowjetunion war ein Weltreich, und jetzt werden wir es wieder sein, wir sind die Besten und können das alles, dann wird der gewählt. Es war einfach, die Schraube zurückzudrehen. Das fiel auf fruchtbaren Boden.«

Seit Putin an der Macht ist, sehen die Städte besser aus,

sauberer, bequemer. Es gibt Bänke, Bäume, Blumen, die Toiletten sind sauber, das Essen nicht schlecht, wenn auch oft teuer. »Selbst am Flughafen waren die Leute freundlich. Der Zug von Moskau nach St. Petersburg ist super, dort gibt es ein kostenloses Jazzfest, im Freien, und Opernaufführungen auf Landsitzen, für jeden zugänglich. Meine alte Schule hat jetzt eine Rampe für Rollstuhlfahrer. Es gibt Bänke, die nicht kaputt sind, sogar Blumenschmuck. Leute, die zum ersten Mal hierherkommen und keine Russen kennen, finden Moskau sicher super – eine saubere, gut funktionierende Stadt. Und das stimmt auch.« Aber egal, an welcher Fassade man in Russland kratzt, die Sowjetunion ist nur notdürftig abgedeckt. »Die Schule hat zwei Stockwerke. Rollstuhlfahrer kommen nur bis ins Foyer. In einer Klasse ist ein Betonbrocken von der Decke gefallen. Zum Glück war niemand im Raum. Es hat Monate gedauert, bis der Schaden repariert wurde. Dafür war kein Geld da.«

»Mir haben sich die Nackenhaare aufgestellt. Das meiste ist Fake, den viele nicht durchschauen. Ein richtiges Grauen hat sich mir aufgetan.« Sie erzählt von einem Laden in einem Wohngebiet in St. Petersburg. »Dort kaufen alte Menschen das billigste Weißbrot.« Früher stand auf der Verpackung nicht, was drin ist, heute ist es klein gedruckt, zu klein für die Alten, die es nicht lesen können. »Wenn sie mit den Krumen die Spatzen füttern, nehmen die das Weißbrot für ihr Nest. Im Brot sind Sägespäne.«

Im Russland der aktuellen Amtszeit Putins kann man an der Art der politischen Diskussion ablesen, wie viel Fernsehen jemand guckt. »Eine Kollegin von mir schaut nur fern. Wir haben das Gespräch dann sofort auf Persönliches gelenkt, sonst wären wir nicht mehr befreundet gewesen«, berichtet Petra. Der Bruch geht durch alle Gesellschaftsschichten, durch Familien, Ehen. Und so verschließen sich die Menschen. Sie achten wieder darauf, mit wem sie verkehren, am besten nur mit Menschen, die so sind wie sie, die genauso denken. Sie öffnen sich zu Hause, in der Küche, nicht im öffentlichen Raum. Bloß nicht auffallen. All dieses hatte sie gehofft, nie wieder zu sehen.

Bitter die Erkenntnis, dass 25 Jahre nach dem Zusammenbruch der Sowjetunion und der ihr untergeordneten Diktaturen sich Russland nicht auf dem Weg zu einer Demokratie befindet. Wollte dieses Land nicht eigentlich mal frei sein?

Herfried Münkler
Politikwissenschaftler

Foto: picture alliance / ZB / Peter Ending

Herfried Münkler
Macht in der Mitte
Die neuen Aufgaben Deutschlands in Europa

218 Seiten mit einer Landkarte
Euro 18,– (D)
ISBN 978-3-89684-165-0

Eine starke Mitte für Europa

Flüchtlinge aus Afrika, Krieg in der Levante und der Ukraine: Die EU steht unter Druck und braucht starke gemeinsame Positionen. Von Deutschland wird eine klare, furchtlose Haltung erwartet und die Bereitschaft, das europäische Projekt in die Zukunft zu führen. Unsere historisch verständliche Zurückhaltung wird den aktuellen Anforderungen längst nicht mehr gerecht. 25 Jahre nach dem Mauerfall müssen wir die Führungsrolle in Europa endlich akzeptieren, fordert der Politikwissenschaftler Herfried Münkler.

www.edition-koerber-stiftung.de

CPi
Mehr Bäume.
Weniger CO_2.
www.cpibooks.de/klimaneutral

FSC
www.fsc.org
MIX
Papier aus verantwortungsvollen Quellen
FSC® C083411